Marcus Hammann/Jürgen Mayer/Nicole Wellnitz (Hrsg.)

Lehr- und Lernforschung in der Biologiedidaktik
Band 6

Marcus Hammann/Jürgen Mayer/Nicole Wellnitz (Hrsg.)

Lehr- und Lernforschung in der Biologiedidaktik

Band 6

„Theorie, Empirie & Praxis"

Internationale Tagung der Fachsektion Didaktik der Biologie im VBIO, Kassel 2013

StudienVerlag
Innsbruck
Wien
Bozen

© 2015 by Studienverlag Ges.m.b.H., Erlerstraße 10, A-6020 Innsbruck
E-Mail: order@studienverlag.at
Internet: www.studienverlag.at

Buchgestaltung nach Entwürfen von Kurt Höretzeder
Satz und Umschlag: Da-TeX Gerd Blumenstein, Leipzig
Coverfotos: Kay Vollert, ARGUS/Das Foto, Sylke Hlawatsch, Klaus-Jürgen Hövener/Schering AG
Bearbeitung des Manuskripts: IPN Kiel/Ulrike Gessner-Thiel

Gedruckt auf umweltfreundlichem, chlor- und säurefrei gebleichtem Papier.

Bibliografische Information Der Deutschen Bibliothek
Die Deutsche Bibliothek verzeichnet diese Publikation in der Deutschen Nationalbibliografie; detaillierte bibliografische Daten sind im Internet über <http://dnb.ddb.de> abrufbar.

ISBN 978-3-7065-5465-7

Alle Rechte vorbehalten. Kein Teil des Werkes darf in irgendeiner Form (Druck, Fotokopie, Mikrofilm oder in einem anderen Verfahren) ohne schriftliche Genehmigung des Verlages reproduziert oder unter Verwendung elektronischer Systeme verarbeitet, vervielfältigt oder verbreitet werden.

Inhaltsverzeichnis

Vorwort   7

Kathrin Ziepprecht/Julia Schwanewedel/Jürgen Mayer
Strategien und Fähigkeiten von Lernenden beim Erschließen von biologischen
Informationen aus Texten, Bildern und Bild-Text-Kombinationen   9

Sarah Gogolin/Dirk Krüger
Nature of models – Entwicklung von Diagnoseaufgaben   27

Christiane Patzke/Dirk Krüger/Annette Upmeier zu Belzen
Entwicklung von Modellkompetenz im Längsschnitt   43

Yvonne Schachtschneider/Vanessa Pfeiffer/Silvia Wenning/ Angela Sandmann
Entwicklung eines Testinstruments zur Diagnose fachspezifischen Vorwissens
von Studierenden der Biologie im Übergang Schule-Hochschule   59

Christine Heidinger/Franz Radits
Die Förderung des Naturwissenschaftsverständnisses im Zuge von
Forschungs-Bildungs-Kooperationen   75

Anne-Katrin Holfelder/Ulrich Gebhard
Alltagsphantasien und Bildung für nachhaltige Entwicklung   89

Christine Florian/Lisa Sundermann/Angela Sandmann
Kognitive Anforderungsprofile schriftlicher Abituraufgaben verschiedener
Themenbereiche aus elf Bundesländern   105

Philipp Krämer/Stefan Nessler/Kirsten Schlüter
Forschendes Lernen als Herausforderung für Studierende & Dozenten –
Schlussfolgerungen und Lösungsvorschläge für die Lehramtsausbildung   121

Julia Kratz/Steffen Schaal
Strukturierung und Praxisnähe in der Sachunterrichtsausbildung – Eine
Interventionsstudie   137

Dagmar Hilfert-Rüppell/Maike Looß
Fach(seminar)leiter im Interview –
Welche Basis braucht die zweite Phase? 155

Benjamin Steffen/Corinna Hößle
„…es geschieht so ein bisschen aus dem Bauch heraus." – Diagnose von
Bewertungskompetenz durch Lehrkräfte 173

Autorenverzeichnis 189

Vorwort

Dieser Band ist der sechste in der Reihe „Lehr- und Lernforschung in der Biologiedidaktik", in der die Fachsektion Didaktik der Biologie im VBIO (FDdB) aktuelle Forschungsarbeiten veröffentlicht. In der vorliegenden Publikation finden Sie eine Auswahl von Beiträgen der Internationalen Tagung der Fachsektion Didaktik der Biologie „Theorie, Empirie & Praxis", die im September 2013 an der Universität Kassel stattfand. Für das Begutachtungsverfahren stellten sich renommierte Fachdidaktikerinnen und Fachdidaktiker zur Verfügung.

Es ist beabsichtigt, die Bände der Reihe weiterhin in zweijährigem Rhythmus erscheinen zu lassen.

Wir danken den folgenden Kolleginnen und Kollegen für die Begutachtung der Manuskripte:
- Prof. Dr. Claudia von Aufschnaiter (Didaktik der Physik)
- Prof. Dr. Franz X. Bogner (Didaktik der Biologie)
- Prof. Dr. Reinders Duit (Didaktik der Physik)
- Prof. Dr. Hans Fischler (Didaktik der Physik)
- Prof. Dr. Ulrich Gebhard (Didaktik der Biologie)
- Prof. Dr. Harald Gropengießer (Didaktik der Biologie)
- Prof. Dr. Marcus Hammann (Didaktik der Biologie)
- Prof. Dr. Ute Harms (Didaktik der Biologie)
- Prof. Dr. Corinna Hößle (Didaktik der Biologie)
- Prof. Dr. Alexander Kauertz (Didaktik der Physik)
- Prof. Dr. Michael Komorek (Didaktik der Physik)
- Prof. Dr. Dirk Krüger (Didaktik der Biologie)
- Prof. Dr. Maike Looß (Didaktik der Biologie)
- Prof. Dr. Jürgen Mayer (Didaktik der Biologie)
- Prof. Dr. Insa Melle (Didaktik der Chemie)
- Prof. Dr. Claudia Nerdel (Didaktik der Biologie/Chemie)
- Prof. Dr. Birgit Jana Neuhaus (Didaktik der Biologie)
- Prof. Dr. Knut Neumann (Didaktik der Physik)
- Prof. Dr. Helmut Prechtl (Didaktik der Biologie)
- Prof. Mag. Dr. Franz Radits (Didaktik der Biologie)
- Prof. Dr. Carolin Retzlaff-Fürst (Didaktik der Biologie)
- Prof. Dr. Stefan Rumann (Didaktik der Chemie)
- Prof. Dr. Sascha Schanze (Didaktik der Chemie)
- Prof. Dr. Philipp Schmiemann (Didaktik der Biologie)

- Prof. Dr. Kirsten Schlüter (Didaktik der Biologie)
- Prof. Dr. Horst Schecker (Didaktik der Physik)
- Prof. Dr. Lutz Schön (Didaktik der Physik)
- Prof. Dr. Gabriele Schrüfer (Didaktik der Geographie)
- Prof. Dr. Ulrike Spörhase (Didaktik der Biologie)
- Prof. Dr. Miriam Steffensky (Didaktik der Chemie)
- Prof. Dr. Annette Upmeier zu Belzen (Didaktik der Biologie)
- Prof. Dr. Steffen Schaal (Didaktik der Biologie)
- Prof. Dr. Jörg Zabel (Didaktik der Biologie)

Die Herausgeber

Kathrin Ziepprecht/Julia Schwanewedel/Jürgen Mayer

Strategien und Fähigkeiten von Lernenden beim Erschließen von biologischen Informationen aus Texten, Bildern und Bild-Text-Kombinationen

Zusammenfassung

Lernende in die Lage zu versetzen, über biologische Sachverhalte zu kommunizieren, ist ein zentrales Ziel des Biologieunterrichts. Im Rahmen von naturwissenschaftlicher Kommunikation spielen Repräsentationen (Texte, Tabellen, Diagramme und Zeichnungen) eine wichtige Rolle. Im vorliegenden Artikel werden Ergebnisse einer Untersuchung der Fähigkeiten von Lernenden *biologische Informationen aus unterschiedlichen Repräsentationen zu erschließen* vorgestellt. Darüber hinaus werden Strategien, die sie nutzen, um biologische Texte und Bilder zu verstehen, beleuchtet. Es wurde ein 57 Items umfassender, aufgabenbasierter Fähigkeitstest eingesetzt. Außerdem wurde die Anwendung von kognitiven und metakognitiven Strategien beim Verstehen von Repräsentationen mit biologischem Inhalt über einen Fragebogen mit 41 Items erhoben. Die Stichprobe umfasste 968 Schülerinnen und Schüler des neunten und zehnten Jahrgangs. Die Ergebnisse zeigen, dass es für die Lernenden schwieriger ist, biologische Informationen aus Bild-Text-Kombinationen als aus einzelnen Repräsentationen, d. h. aus Bildern oder Texten, zu erschließen. Darüber hinaus lässt sich feststellen, dass die Probanden angeben, in höherem Maße auf übergeordnete (metakognitive) Strategien zuzugreifen, als konkrete Schritte (kognitive Strategien) anzuwenden, wenn sie versuchen, Repräsentationen im Biologieunterricht zu verstehen.

Abstract

A central goal of biology education is to enable learners to communicate about biological issues. In scientific communication, representations (text, tables, charts and drawings) play an important role. Results concerning the abilities of learners in *processing biological information from different representations* are presented in this paper. In addition, the strategies learners use when trying to understand representations in biology are examined. In the study, a task-based test on students' abilities consisting of 57 items was applied. Furthermore, the application of cognitive and metacognitive strategies in understanding representations with biological contents was investigated via a strategy questionnaire consisting of 41 items. The sample included 968 students of ninth and tenth grade. The results show that processing biological information from text-picture combinations represents a higher difficulty for learners than processing information from a single representation. Concerning the strategies, analyses show that students use superordinate (metacognitive) strategies rather than applying concrete steps (cognitive strategies) when trying to understand representations in biology.

Einleitung

Betrachtet man die Kommunikation über naturwissenschaftliche Inhalte in den Fachwissenschaften, so handelt es sich um einen Diskurs unter Experten. Innerhalb des Diskurses haben sie das Ziel, eigene Ergebnisse zu verbreiten, einen Beitrag zum Erkenntnisprozess zu leisten, aber auch sich zu qualifizieren (Goldmann & Bisanz, 2002). Naturwissenschaftliche Kommunikation ist von unterschiedlichen Repräsentationen geprägt, die miteinander kombiniert werden, sodass man von einem multimodalen Diskurs sprechen kann (Norris & Philipps, 2003). Dabei dienen Repräsentationen nicht nur zur Vermittlung bestimmter Inhalte, vielmehr entwickeln sich Erkenntnisse und ihre Repräsentationen in gegenseitiger Abhängigkeit (Kozma & Russell, 2005). Auch die naturwissenschaftliche Kommunikation im Unterricht ist von einer Vielzahl verschiedener Repräsentationen geprägt (Kress et al., 2001). Sie sind auf der einen Seite Mittel im Lernprozess. Ein Text, beispielsweise zum Thema Fotosynthese, dient zunächst einmal dazu, Wissen über den biologischen Sachverhalt zu vermitteln. Auf der anderen Seite sind sie Lerngegenstand, da Schülerinnen und Schüler lernen sollen, wie man mit biologischen Texten, die durch Besonderheiten wie Fachbegriffe geprägt sind, umgeht. Anders als in den Fachwissenschaften geht es jedoch im Unterricht eher darum, eine vorgegebene (korrekte) Repräsentation zu verstehen. Im Gegensatz zu Wissenschaftlern, die mithilfe von Repräsentationen neue Erkenntnisse hervorbringen, generieren Schülerinnen und Schüler Wissen auf individueller Ebene (Ainsworth, Prain & Tytler, 2011).

Der Umgang mit Repräsentationen ist demzufolge ein wichtiges Element naturwissenschaftlicher Kommunikation und wird als Teil fachspezifischer Kommunikationskompetenz in den nationalen Bildungsstandards für das Fach Biologie beschrieben. Dort ist der Erwerb einer erweiterten Lese- und Verstehenskompetenz, die den Umgang mit unterschiedlichen Informationsträgern einschließt, als Ziel des Biologieunterrichts verankert (KMK, 2005). Schülerinnen und Schüler sollen im Biologieunterricht lernen, Repräsentationen zu nutzen und sich Informationen aus diesen zu erschließen. Um die Fähigkeiten der Lernenden *biologische Informationen aus unterschiedlichen Repräsentationen zu erschließen* messen und später Unterricht zur gezielten Förderung gestalten zu können, müssen diese ausdifferenziert und einer empirischen Prüfung zugänglich gemacht werden. Obwohl zahlreiche Arbeiten im Bereich Kommunikation den Umgang mit Repräsentationen im Fokus haben, wurde noch keine explizite Ausdifferenzierung dieser Fähigkeiten vorgenommen. Kulgemeyer & Schecker (2009) beschreiben in ihrem Modell den Aspekt Repräsentationen bei der Informationsweitergabe. Lachmayer (2008) nimmt die Diagrammkompetenz in den Blick. Nitz, Nerdel & Prechtl (2012) haben den Umgang mit Repräsentationen mithilfe von 15 Multiple-Choice-Items zu den Teilaspekten Interpretation, Konstruktion und Translation von Repräsentationen erfasst. Im Rahmen der Studie wird die Notwendigkeit, das Konstrukt für den Biologieunterricht umfassender zu untersuchen, betont.

Theorie

Repräsentationen

Texte, Zeichnungen, Diagramme und Tabellen werden als externe Repräsentationen bezeichnet. Im Rahmen des Verstehensprozesses konstruiert das verstehende Individuum eine interne, mentale Repräsentation (Schnotz, 2001).[1] Repräsentationen lassen sich nach Schnotz (2001) in verbal-sprachliche (deskriptionale) und bildliche (depiktionale) Repräsentationen unterscheiden. Texte sind deskriptionale Repräsentationen, die einen Sachverhalt durch willkürlich festgelegte Symbolzeichen (Wörter oder Sätze) beschreiben (Schnotz, 2001). Bilder sind depiktionale Repräsentationen. Ihre Struktureigenschaften stimmen mit bestimmten Struktureigenschaften des dargestellten Sachverhaltes überein (Schnotz, 2001). Kombinationen aus mindestens zwei Repräsentationen werden als *Multiple ex-*

---

[1] Im vorliegenden Artikel wird, soweit nicht anders gekennzeichnet, unter dem Begriff Repräsentation eine externe Repräsentation verstanden.

ternal representations (MERs) bezeichnet (Ainsworth, 1999). Je nachdem wie die einzelnen Repräsentationen der MER gestaltet sind, sind unterschiedliche Effekte auf das Verstehen einer solchen Bild-Text-Kombination zu erwarten. Die einzelnen Repräsentationen innerhalb einer MER können jeweils gleiche oder unterschiedliche Informationen enthalten (Ainsworth, 1999). Man unterscheidet daher zwischen redundanten und nicht redundanten MERs.

Empirische Ergebnisse weisen darauf hin, dass das Verstehen von kombinierten Repräsentationen für Lernende eine kognitiv anspruchsvolle Aufgabe ist (vgl. Kozma & Russell, 1997). Auf der einen Seite können die Repräsentationen innerhalb einer MER biologisch-inhaltliche Informationen enthalten. Auf der anderen Seite gibt es MERs, bei denen eine Repräsentation biologisch-inhaltliche Informationen enthält und eine weitere eine Veranschaulichung der ersten darstellt. Ein Beispiel für eine Bild-Text-Kombination, in der eine Repräsentation eine veranschaulichende Funktion hat, wäre eine Abbildung, die den Aufbau mehrerer Insektenbeine zeigt, bei denen die unterschiedlichen Glieder in verschiedenen Farben gekennzeichnet sind. Dazu gehört ein Text, in dem erläutert wird, welche Farbe für welches Glied steht und wie die unterschiedlichen Beintypen benannt werden (Schnotz et al., 2010). Nach Mayer (2005) ist bei solchen Bild-Text-Kombinationen ein Multimedia-Effekt zu erwarten. Das bedeutet, dass die Kombination aus erster (inhaltlicher) Repräsentation und zweiter (veranschaulichender) Repräsentation leichter zu verstehen ist, als die inhaltliche Repräsentation allein. Dieser Effekt wurde bei Testaufgaben, die Bild-Text-Kombinationen enthalten, in biologischen Kontexten nachgewiesen (Hartmann, 2013). Der vorliegende Artikel geht von der Annahme aus, dass sich MERs in den Naturwissenschaften oftmals aus nicht redundanten Repräsentationen zusammensetzen, die jeweils inhaltliche Informationen enthalten. Die Verwendung von sogenannten komplementären Bildern, die ein Objekt klassifizieren oder erklären und im Text nicht vorhandene Informationen beinhalten, wurde von Roth & Pozzer-Ardenghi (2013) für Biologieschulbücher gezeigt.

Um die Fähigkeiten der Lernenden *biologische Informationen aus unterschiedlichen Repräsentationen zu erschließen* zu messen, werden diese im vorliegenden Beitrag ausgehend vom Strukturmodell des integrierten Sprach-Bild-Verstehens von Schnotz & Bannert (1999; 2003) beschrieben und differenziert. Im Modell wird davon ausgegangen, dass Informationen aus einem Text im verbalen Kanal verarbeitet werden. Informationen aus einem Bild werden im piktoralen Kanal verarbeitet. In mehreren Schritten werden, sowohl bei der Verarbeitung eines Textes als auch bei der Verarbeitung eines Bildes, ein bildliches mentales Modell und eine verbal-sprachliche propositionale Repräsentation konstruiert. Die Verarbeitung einer Bild-Text-Kombination erfolgt sprachlich angeleitet, jedoch weicht der

Prozess gegenüber der Verarbeitung eines reinen Textes insofern ab, dass zusätzliche Prozesse auf der Bildebene ablaufen (Schnotz & Bannert, 1999; 2003). Auf Basis des Modells werden die Anforderungen an Lernende beim Erschließen von biologischen Informationen aus unterschiedlichen Repräsentationen in drei Teilkonstrukte unterteilt: *biologische Informationen aus Texten (T) erschließen, biologische Informationen aus Bildern erschließen (B)* und *biologische Informationen aus Bild-Text-Kombinationen erschließen (MER)*.

Strategien

Ergebnisse empirischer Studien deuten darauf hin, dass das Erschließen von Informationen aus unterschiedlichen Repräsentationen durch die Verwendung von Strategien beeinflusst wird (vgl. Bannert, 2005; Marton & Säljö, 1984). Strategien werden allgemein als Serien von kognitiven Aktivitäten beschrieben, die eine Person anwendet, um ein Ziel zu erreichen (Taconis et al.; 2001). Dieses Ziel kann beispielsweise sein, einen Text mit biologischem Inhalt zu verstehen. Strategien können in kognitive und metakognitive Strategien differenziert werden. Kognitive Strategien beinhalten konkrete Arbeitsschritte (u. a. Weinstein & Mayer, 1986). Sie können auf der ersten Ebene in oberflächenorientierte und tiefenorientierte Strategien unterschieden werden. Bei der Anwendung von Oberflächenstrategien steht die wortwörtliche Wiedergabe bzw. das Auswendiglernen und Einprägen von Faktenwissen im Mittelpunkt. Zu den Oberflächenstrategien gehören Wiederholungsstrategien wie „Ich lese den Text noch einmal". Tiefenorientierte Strategien zielen hingegen auf das Verstehen von Inhalten und das Erkennen von Bedeutungen (Marton & Säljö, 1984). Zu den tiefenorientierten Strategien gehören z. B. solche, mit denen die Inhalte einer Repräsentation organisiert oder Zusammenhänge zum Vorwissen hergestellt werden. Metakognitive Strategien kontrollieren kognitive Strategien und beinhalten Planungs-, Überwachungs- und Regulationsstrategien (Brown, 1984).

Im Rahmen von empirischen Studien ergeben sich teilweise erhebliche Diskrepanzen zwischen der in Fragebögen erhobenen Selbstauskunft zur Strategienutzung und den handlungsnah erfassten Strategien (vgl. Artelt & Moschner, 2005). Hierbei zeigt sich die Tendenz, dass Lernende ihre Strategienutzung, wenn diese mithilfe eines Fragebogens erhoben wird, überschätzen (vgl. Schiefele, 2005). Die handlungsnahe Erfassung von spontanen Strategieäußerungen beim hypermedialen Lernen von Bannert (2005) ergab für alle Lernenden unabhängig vom Lernerfolg eine signifikant höhere Anzahl metakognitiver Strategieäußerungen als kognitiver Strategieäußerungen. Die Zusammenhänge zwischen unterschiedlichen

Gruppen von Strategien wurden von Artelt (1999) untersucht. Die Ergebnisse der handlungsnahen Studie zeigen, dass ein enger positiver Zusammenhang zwischen der Nutzung von kognitiven Tiefenstrategien und metakognitiven Strategien besteht. Darüber hinaus besteht ein negativer Zusammenhang zwischen der Nutzung von kognitiven Tiefenstrategien sowie metakognitiven Strategien und kognitiven Oberflächenstrategien.

Forschungsfragen

Schwerpunkt des vorliegenden Beitrags sind die Fähigkeiten von Schülerinnen und Schülern, *biologische Informationen aus Texten (T), Bildern (B)* und *Bild-Text-Kombinationen (MER) zu erschließen* sowie die Strategien, die sie beim Erschließen von Informationen aus Repräsentationen mit biologischem Inhalt anwenden. Im Zentrum des vorliegenden Artikels steht die Klärung der folgenden Forschungsfragen:

F 1   Können die Fähigkeiten der Schülerinnen und Schüler *biologische Informationen aus Texten (T), Bildern (B)* und *Bild-Text-Kombination (MER) zu erschließen* sowie ihre Strategien mithilfe der entwickelten Instrumente reliabel gemessen werden?

F 2   Differieren die Itemschwierigkeiten der drei Teilkonstrukte *biologische Informationen aus Texten, Bildern und MERs erschließen*?

F 3   Zeigen sich Unterschiede in der Anwendung von Strategien bei Texten und Bildern bzw. in der Anwendung von kognitiven und metakognitiven Strategien?

Design und Methodik

Zur Datenerhebung wurden zwei quantitative Paper-Pencil-Instrumente in einer Querschnittstudie eingesetzt.

Fähigkeitstest: Der Fähigkeitstest zum Konstrukt *biologische Informationen aus unterschiedlichen Repräsentationen erschließen* besteht aus 57 Items. Bei der Konstruktion der Testitems wurde ein zweidimensionales Aufgabenkonstruktionsmodell zugrunde gelegt. Die Inhaltsdimension bildet die Teilkonstrukte (*T, B, MER*) ab, während die Dimension Komplexität als schwierigkeitserzeugend gilt, wobei drei Komplexitätsstufen unterschieden werden (angelehnt an Kauertz et al. (2010) bzw. Ullrich et al. (2012)). Auf dem Komplexitätsniveau I (ein oder mehrere Fakten) wird von Schülerinnen und Schülern die Berücksichtigung von einem oder mehreren unverbundenen Fakten erwartet. Auf Komplexitätsniveau II (ein oder mehrere Zusammenhänge) wird von Schülerinnen und Schülern die Berücksichtigung einer oder mehrerer funktionaler Beziehungen erwartet. Auf Komplexitätsniveau III (komplexe Relationen) müssen die in den Repräsentationen dargestellten Zusammenhänge untereinander in Beziehung gesetzt werden. Bei der Itementwicklung wurden die Inhaltsdimension und die schwierigkeitserzeugende Dimension gezielt miteinander in Beziehung gesetzt. Die so konstruierten Items lassen sich konzeptionell eindeutig auf beiden Dimensionen verorten.

Tabelle 1: Verteilung der Items auf die Teilkonstrukte und Komplexitätsstufen

	Komplexität			
	I	II	III	
Text	11	6	3	20
Bild	10	5	5	20
MER		7	10	17
	21	18	18	57

Die Testaufgaben bestehen aus einem Aufgabenstamm und mehreren Items. Die Items setzen sich aus einem Itemstamm, einer Fragestellung oder Handlungsaufforderung und den Antwortmöglichkeiten bzw. Platzhaltern zusammen. Um den Einfluss des Vorwissens möglichst gering zu halten, beinhalten Aufgaben- und Itemstamm das gesamte biologische Fachwissen, das zur Lösung der Aufgabe notwendig ist. Die Aufgabenstämme bestehen aus einem Text und einem damit kombinierten Bild. In den Aufgabenstellungen werden Schülerinnen und Schüler aufgefordert, Informationen aus dem Text, dem Bild oder aus Bild und Text zu erschließen. Als Antwortformate wurden Multiple-choice, single-select, Kurzantwort und offenes Antwortformat genutzt. Abb. 1 zeigt ein Beispielitem. Der Aufgabenstamm enthält einen Text und ein Bild. Der Text behandelt das Thema Fotosynthese und beschreibt die ablaufenden Prozesse und die beteiligten Substanzen sowie ihre Wege ins Blatt hinein und wieder hinaus. In der Zeichnung zum Aufbau des Blattes sind die Blattschichten sowie die Zellorganellen, die an der Fotosynthese beteiligt sind, zu sehen. Die Informationen im Text und im Bild sind demnach nicht redundant. Darüber hinaus kann jede der

Repräsentationen für sich stehen und trotzdem einen biologischen Sachverhalt vermitteln. Demnach haben beide Repräsentationen eine inhaltliche Funktion. Dieser Aufbau wird als für die Naturwissenschaften besonders typisch angenommen. Zur Lösung des Items müssen Schülerinnen und Schüler aus Text und Bild jeweils einen Zusammenhang erschließen und dann eine Beziehung zwischen den Zusammenhängen herstellen (Teilkonstrukt *MER*, Komplexität III).

Fragebogen: Der Fragebogen enthält 26 Items zu metakognitiven und kognitiven Strategien. Ihm ist ein kurzes Szenario vorangestellt, in dem beschrieben wird, dass es darum geht, einen Text, ein Diagramm oder eine Tabelle bzw. eine Zeichnung im Biologieunterricht möglichst gut zu verstehen. In den Items sind mögliche Vorgehensweisen beschrieben, z. B. "Ich fasse das Gelesene in eigenen Worten zusammen (mündlich oder schriftlich)". Die Schülerinnen und Schüler müssen auf einer 4-stufigen Likertskala (trifft zu, trifft eher zu, trifft eher nicht zu, trifft nicht zu) angeben, inwieweit diese Vorgehensweisen auf sie zutreffen. Die Items wurden aus Studien wie PISA adaptiert (u. a. Prenzel et al., 2006). Da es in diesen meist um Strategien zum Verstehen von Texten geht, wurden sie für andere Repräsentationen (Diagramm, Tabelle und Zeichnung) entsprechend angepasst.

Stamm: Christian bearbeitet als Hausaufgabe für den Biologieunterricht ein Arbeitsblatt mit dem Titel „Pflanzen bauen organische Stoffe auf":

Pflanzen bauen organische Stoffe auf
Die untere Blattschicht ist durch kleine, schlitzförmige Öffnungen, die Spaltöffnungen, durchbrochen. Über die Spaltöffnungen dringt Kohlenstoffdioxid in das Blattgewebe ein. Im Blattgewebe findet man Blattgrünkörner, die Chloroplasten. Die Chloroplasten nehmen Kohlenstoffdioxid auf und auch Wasser, das über die Leitbündel herangeführt wird. Mit Hilfe des Sonnenlichts wird in den Chloroplasten aus Wasser und Kohlenstoffdioxid Traubenzucker aufgebaut. Gleichzeitig wird Sauerstoff frei, der durch die Spaltöffnungen entweicht. Diesen Aufbauvorgang bezeichnet man als Fotosynthese.

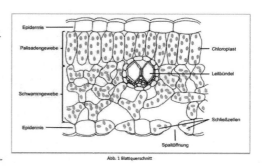

Abb. 1 Blattquerschnitt

Nach dem Lesen des Arbeitsblattes folgert Christian: „In den Zellen des Palisadengewebes, des Schwammgewebes und den Schließzellen der Spaltöffnungen findet Fotosynthese statt. In den Epidermiszellen findet keine Fotosynthese statt." Wie kann Christian seine Schlussfolgerung begründen? Erläutere.

Abbildung 1: Aufgabenbeispiel

Stichprobe und Untersuchungsablauf: Beide Instrumente wurden im Rahmen einer Vorstudie (N = 328) vorgetestet, so dass auf Basis der statistischen Kennwerte geeignete Items ausgewählt und diese dann in der Hauptstudie eingesetzt wurden. Die Hauptstudie umfasste eine Stichprobe von *N* = 968 Schülerinnen und Schülern des 9. und 10. Jahrgangs (Tab. 2).

Tabelle 2: Angaben zur Stichprobe von Vorstudie und Hauptstudie

	Schulform				Geschlecht			Alter		
	H	R	G	GY	♀	♂	k.A.	M	SD	k.A.
Vorstudie	50	0	89	189	166	156	6	14.9	0.9	5
Hauptstudie	42	329	190	407	473	489	6	15.4	0.7	6

H = Hauptschule, R = Realschule, G = integrierte oder kooperative Gesamtschule, GY = Gymnasium

Für die Hauptstudie wurden die Items des Fähigkeitstests im Multimatrixdesign auf verschiedene Testhefte verteilt. Neben 10 bis 12 Items des Fähigkeitstests enthielten alle Testhefte den Strategiefragebogen und einen C-Test zur Kontrolle der Sprachkompetenz (Wockenfuß & Raatz, 2006). Jedes Item des Fähigkeitstests wurde im Mittel von 155.9 Schülerinnen und Schülern beantwortet (SD = 23.8; Min = 86; Max = 187). Die Probanden haben somit jeweils durchschnittlich 9.7 Items bearbeitet. Beim Strategiefragebogen wurde jedes Item im Mittel von 451 Schülerinnen und Schülern beantwortet (SD = 35.8; Min = 395; Max = 503). Jeder Proband hat im Durchschnitt 18 Items beantwortet. Die Bearbeitungszeit für das gesamte Testheft betrug eine Schulstunde (45 Minuten). Zur Auswertung der Daten beider Testinstrumente wurden Raschanalysen mit Winsteps und klassische Analysen mit SPSS durchgeführt. Raschbasierte Analysen von Likert-Skalen (Strategiefragebogen) haben sich auch in anderen Studien bereits als fruchtbar erwiesen (Neumannn, Neumann & Nehm, 2011).

Ergebnisse

Prüfung der Items auf Raschhomogenität

Durch die Raschskalierung werden die geschätzten Personenparameter und die Itemschwierigkeiten des Tests auf einer Skala abgebildet (Abb. 2).

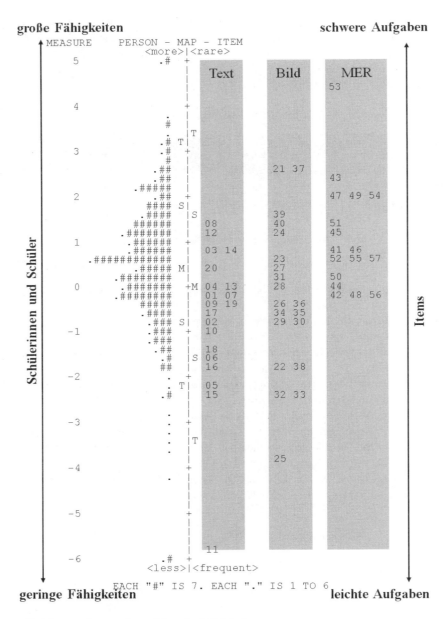

Abbildung 2: Person-Item-Map des Fähigkeitstests

In der Bandbreite von -6 bis 5 sind links die Personen und rechts die Items dargestellt. Personen mit geringen Fähigkeiten und leichte Items befinden sich unten in der Map. Personen mit großen Fähigkeiten und schwierige Items befinden sich oben. Befinden sich Person und Item auf einer Höhe, liegt die Wahrscheinlichkeit dafür, dass die Person dieses Item löst, bei 50 %. Der Test enthält Items sehr unterschiedlicher Schwierigkeit. Somit kann eine weite Spanne von Schülerfähigkeiten abgedeckt werden. Zudem ist die Gesamtschwierigkeit des Tests für die Stichprobe angemessen. Die mittlere Personenfähigkeit ($M = .46$; $SD = 1.45$) liegt nur leicht über der mittleren Itemschwierigkeit ($M = .00$; $SD = 1.67$). Der Gesamttest wies mit .59 eine moderate Personenreliabilität auf. Die Itemreliabilität lag mit .97 im sehr guten Bereich und ist ein Indikator dafür, dass die Anordnung der Items von leicht nach schwer mithilfe des Datensatzes bestätigt werden kann. Die MNSQ-Werte aller Items lagen im zufriedenstellenden Bereich zwischen $.5 < MNSQ < 1.5$ (Wright & Linacre, 1994).

Die Items des Strategiefragebogens wurden ebenfalls raschskaliert ausgewertet. Dadurch werden nicht nur die Zustimmungswerte auf der 4-stufigen Likertskala, sondern auch der relative Abstand der einzelnen Items in die Berechnungen einbezogen. Die Person-Item-Map des Strategiefragebogens zeigt damit den Grad der Zustimmung der Schülerinnen und Schüler zu den Aussagen in den Items des Fragebogens (Abb. 3).

Die oben abgebildeten Personen äußern eine hohe Zustimmung zu den Items, während die Personen unten wenig Zustimmung äußern. Auf Seite der Items bedeutet dies, dass es schwierig ist, den Items oben zuzustimmen, während es im Vergleich dazu einfach ist, den Items unten zuzustimmen. Die Wahrscheinlichkeit, dass eine Person einem Item auf der gleichen Höhe zustimmt, liegt demnach bei 50 %. Betrachtet man eine beliebige Person auf einer bestimmten Höhe in der Person-Item-Map, hat diese Person die Items im Strategiefragebogen, die sich auf gleicher Höhe befinden, häufiger mit „trifft zu" oder „trifft eher zu" auf der 4-stufigen Likertskala angekreuzt, als eine Person mit geringen Werten, die sich weiter unten in der Map befindet. Generell kann man feststellen, dass die mittlere Zustimmung der Personen ($M = .46$; $SD = .69$) etwas höher ist als die mittlere Zustimmbarkeit der Items ($M = .00$; $SD = .85$). Beim Strategiefragebogen lag die Personenreliabilität mit .86 ebenso wie die Itemreliabilität mit .99 im sehr guten Bereich. Die MNSQ-Werte waren mit $.5 < MNSQ < 1.5$ zufriedenstellend. Zudem zeigt die Person-Item-Map des Strategiefragebogens, dass es relativ geringe Unterschiede in der Zustimmung der Schülerinnen und Schüler zu den Items des Fragebogens gibt. D. h. es gibt kaum Probanden, die eine sehr hohe oder sehr geringe Zustimmung äußern. Nach eigenen Angaben nutzen sie die beschriebenen Strategien in relativ hohem Maße, wenn sie versuchen, Texte oder Bilder mit biologischem Inhalt zu verstehen.

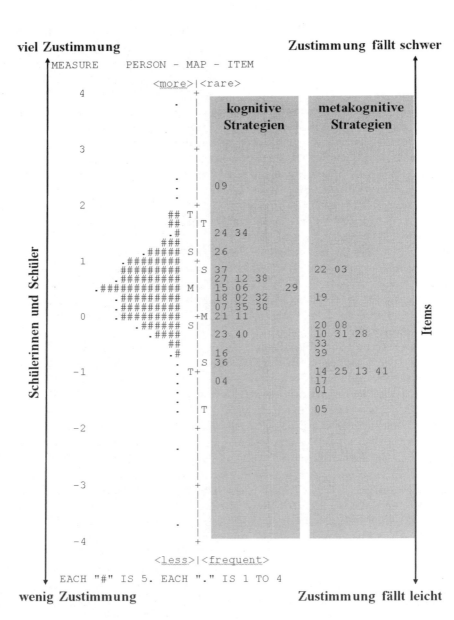

Abbildung 3: Person-Item-Map des Strategiefragebogens

Itemschwierigkeiten beim Erschließen von Informationen aus Texten, Bildern und MERs

Betrachtet man die Person-Item-Map des Fähigkeitstests, zeigt sich, dass die Items zu den drei Teilkonstrukten für die Schülerinnen und Schüler unterschiedlich schwierig sind (Abb. 2). Items zu den Teilkonstrukten *biologische Informationen aus Texten (T)* und *Bildern (B) erschließen* scheinen etwas leichter zu sein als Items zu *Bild-Text-Kombinationen (MER)*. Vergleicht man die Itemparameter zu den drei Teilkonstrukten visuell mithilfe von Boxplots, zeigen sich die Unterschiede in den Schwierigkeiten (Abb. 4).

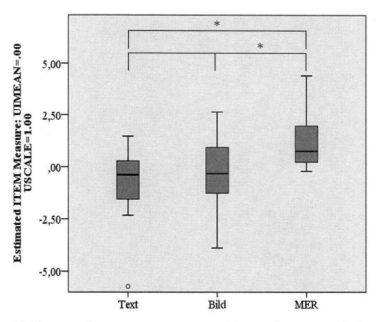

Abbildung 4: Informationen aus Texten, Bildern und MERs erschließen

Die Ergebnisse der ANOVA zeigen beim Vergleich der Itemschwierigkeiten signifikante Unterschiede ($F(2,54) = 6.79, p < .05, r = 0.45$). *MER*-Items (M = 1.11; SD = 1.19) waren signifikant schwieriger als Items zu *biologische Informationen aus Texten erschließen (T)* (M = -.70; SD = 1.6) und Items zu *biologische Informationen aus Bildern erschließen (B)* (M = -.24; SD = 1.7). Die Unterschiede in den Itemschwierigkeiten können als Hinweis darauf angesehen werden, dass die Konstrukte unterschiedlich schwer sind, bzw. die Schülerfähigkeiten zwischen den Konstrukten differieren.

Strategien der Lernenden beim Verstehen von Texten und Bildern

Schülerinnen und Schüler äußern insgesamt zu Items, die metakognitive Strategien (M = -.45; SE = .17) beschreiben, eine signifikant höhere Zustimmung als zu Items, die kognitive Strategien (M = .35; SE = .17) beschreiben ($t(39)$ = -3.29, $p < .05$, $r = 0.47$) (Abb. 5).

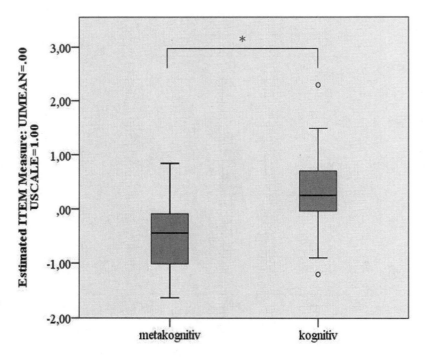

Abbildung 5: Metakognitive und kognitive Strategien

Zusätzlich stellt sich die Frage, ob bezüglich der Strategienutzung bei verschiedenen Repräsentationen Unterschiede bestehen. Es könnte beispielsweise sein, dass Schülerinnen und Schüler bei Texten mehr Strategien anwenden als bei Bildern. Die Ergebnisse des t-Tests zeigen, dass zwischen der mittleren Zustimmung der Schülerinnen und Schüler zu Items, die Vorgehensweisen zum Erschließen von Informationen aus Texten enthalten ($M = .02$; $SE = .30$), und Items, die Vorgehensweisen zum Erschließen von Informationen aus Bildern enthalten ($M = -.01$; $SE = .15$), kein signifikanter Unterschied besteht ($t(39) = .104$ $p > .05$, $r = 0.02$).

Zusammenfassung und Diskussion

Bezüglich der ersten Forschungsfrage kann festgestellt werden, dass zwei reliable Instrumente zur Messung der Fähigkeiten und Strategien von Schülerinnen und Schülern entwickelt wurden. Die Ergebnisse zeigen weiterhin, dass die naturwissenschaftsspezifischen Charakteristika (keine Redundanz, beide Repräsentationen haben eine inhaltliche Funktion), die in den Bild-Text-Kombinationen in den Aufgaben umgesetzt wurden, für Schülerinnen und Schüler eine besondere Schwierigkeit darstellen. Die Analyse des Fähigkeitstests macht deutlich, dass es für Schülerinnen und Schüler schwieriger ist, *biologische Informationen aus Bild-Text-Kombinationen zu erschließen* (*MER*), als aus einzelnen Repräsentationen. Somit geht von den beschriebenen Bild-Text-Kombinationen kein verstehensförderlicher Multimedia-Effekt aus, wie er von Mayer (2005) und Hartmann (2013) für Kombinationen aus inhaltlicher und veranschaulichender Repräsentation beschrieben wurde. Diese Befunde decken sich mit den Ergebnissen von Lachmayer (2008). Im Modell der Diagrammkompetenz besitzt die Komponente Integration ebenfalls eine im Vergleich zu anderen Komponenten höhere Schwierigkeit. In diesem Zusammenhang lässt sich festhalten, dass der Umgang mit Repräsentationen, die in ihren Eigenschaften Repräsentationen in der authentischen naturwissenschaftlichen Kommunikation entsprechen, für Schülerinnen und Schüler schwierig ist und daher im Biologieunterricht explizit eingeübt werden sollte.

Im Gegensatz zu anderen Studien wurden in der vorliegenden Arbeit Strategien beim Informationen erschließen aus Texten und Bildern verglichen (vgl. Artelt, 1999). Die Ergebnisse weisen darauf hin, dass Schülerinnen und Schüler laut Selbstauskunft bei Texten und Bildern in gleichem Maße Strategien anwenden. Bezüglich der im Vergleich zu den kognitiven Strategien intensiveren Nutzung von metakognitiven Strategien zeigt die Untersuchung von Bannert (2005) ähnliche Ergebnisse. Auch hier werden metakognitive Strategien intensiver genutzt als kognitive Strategien. Diese Befunde deuten darauf hin, dass Schülerinnen und Schüler in höherem Maße über allgemeine, übergeordnete Strategien verfügen als über konkrete Schritte und Vorgehensweisen zum Erschließen von Informationen.

Insgesamt kann es allerdings sein, dass die Lernenden ihre Strategienutzung als zu hoch einstufen (vgl. Schiefele, 2005). Kritisch geprüft werden muss jedoch, inwiefern die Zustimmung zu den kognitiven Strategieitems bei Texten der Zustimmung bei den Bild-Items gleicht, da die Aussagen aus Fragebögen zum Textverstehen übernommen und für Bilder adaptiert wurden. Daher könnte es sein, dass die im Fragebogen vorgeschlagenen konkreten Vorgehensweisen bei den Bildern von den Probanden als weniger passgenau empfunden wurden. In einem weiteren Schritt sollen nun die Zusammenhänge zwischen den Fähigkeiten der Lernenden und ihren Strategien untersucht werden. Auf diese Weise sollen Möglichkeiten aufgezeigt werden, Lernende im Umgang mit Repräsentationen zu fördern.

Literatur

Ainsworth, S. (1999). The functions of multiple representations. *Computers & Education, 33*(2), 131–152.
Ainsworth, S., Prain, V. & Tytler, R. (2011). Drawing to Learn in Science. *Science, 333*(6046), 1096–1097.
Artelt, C. (1999). Lernstrategien und Lernerfolg. *Zeitschrift für Entwicklungspsychologie und pädagogische Psychologie, 31*(2), 86–96.
Artelt, C. & Moschner, B. (2005). Lernstrategien und Metakognition: Implikationen für Forschung und Praxis. In C. Artelt & B. Moschner (Hrsg.), *Lernstrategien und Metakognition: Implikationen für Forschung und Praxis*. Münster: Waxmann.
Bannert, M. (2005). Explorationsstudie zum spontanen metakognitiven Strategie-Einsatz in hypermedialen Lernumgebungen. In C. Artelt & B. Moschner (Hrsg.), *Lernstrategien und Metakognition*. Münster: Waxmann.
Brown, A. (1984). Metakognition, Handlungskontrolle, Selbststeuerung und andere noch geheimnisvollere Mechanismen. In F. Weinert, Kluwe, R. (Hrsg.), *Metakognition, Motivation und Lernen* (60–108). Stuttgart: Kohlhammer.
Goldmann, S. & Bisanz, G. (2002). Toward a Functional Analysis of Scientific Genres. In J. Otero, J. A. León & A. Graesser (Hrsg.), *The Psychology of Science Text Comprehension* (19–50). Mahwah: Lawrence Erlbaum.
Hartmann, S. (2013). *Die Rolle von Leseverständnis und Lesegeschwindigkeit beim Zustandekommen der Leistungen in schriftlichen Tests zur Erfassung naturwissenschaftlicher Kompetenz*. Universität Duisburg-Essen.
Kauertz, A., Fischer, H., Mayer, J., Sumfleth, E. & Walpuski, M. (2010). Standardbezogene Kompetenzmodellierung in den Naturwissenschaften der Sekundarstufe I. *Zeitschrift für Didaktik der Naturwissenschaften, 16*, 135–153.

KMK: Sekretariat der Ständigen Konferenz der Kultusminister der Länder in der Bundesrepublik Deutschland. (2005). *Bildungsstandards im Fach Biologie für den mittleren Schulabschluss*. Neuwied: Luchterhand.

Kozma, R. & Russell, J. (2005). Students Becoming Chemists: Developing Representational Competence. In J. K. Gilbert (Hrsg.), *Visualization in Science Education* (121–145). Dordrecht: Springer.

Kozma, R. & Russell, J. (1997). Multimedia and Understanding. *Journal of Research in Science Teaching, 34*(9), 949–968.

Kress, G., Jewitt, C., Ogborn, J. & Tsatsarelis, C. (2001). *Multimodal Teaching and Learning: The Rhetorics of the Science Classroom*: Continuum.

Kulgemeyer, C. & Schecker, H. (2009). Kommunikationskompetenz in der Physik. *Zeitschrift für Didaktik der Naturwissenschaften, 15*, 131–153.

Lachmayer, S. (2008). *Entwicklung und Überprüfung eines Strukturmodells der Diagrammkompetenz für den Biologieunterricht*. Kiel: Universitätsbibliothek.

Marton, F. & Säljö, R. (1984). Approaches to Learning. *The Experience of Learning, 2*, 39–58.

Mayer, R. (2005). Cognitive Theory of Multimedia Learning. In R. E. Mayer (Hrsg.), *The Cambridge Handbook of Multimedia Learning*. New York: Cambridge University Press.

Neumann, I., Neumann, K. & Nehm, R. (2011). Evaluating Instrument Quality in Science Education: Rasch-based analyses of a Nature of Science test. *International Journal of Science Education, 33*(10), 1373–1405.

Nitz, S., Nerdel, C. & Prechtl, H. (2012). Entwicklung eines Erhebungsinstruments zur Erfassung der Verwendung von Fachsprache im Biologieunterricht. *Zeitschrift für Didaktik der Naturwissenschaften, 18*, 117–139.

Norris, S. & Phillips, L. (2003). How Literacy in Its Fundamental Sense Is Central to Scientific Literacy. *Science Education, 87*(2), 224–240.

Prenzel, M., Baumert, J., Blum, W., Lehmann, R., Leutner, D., Neubrand, M., Ramm, G. (2006). *PISA 2003: Dokumentation der Erhebungsinstrumente*. Münster: Waxmann.

Roth, W. M. & Pozzer-Ardenghi, L. (2013). Pictures in Biology Education In D. F. Treagust & C. Tsui (Hrsg.), *Multiple Representations in Biological Education* (39–53). Dordrecht: Springer.

Schiefele, U. (2005). Prüfungsnahe Erfassung von Lernstrategien und deren Vorhersagewert für nachfolgende Lernleistungen. In C. Artelt & B. Moschner (Hrsg.), *Lernstrategien und Metakognition: Implikationen für Forschung und Praxis*. Münster: Waxmann.

Schnotz, W. (2001). Wissenserwerb mit Multimedia. *Unterrichtswissenschaft, 29*(4), 292–318.

Schnotz, W., McElvany, N., Horz, H., Schroeder, S., Ullrich, M., Baumert, J., & Richter, T. (2010). Das BITE-Projekt. *Zeitschrift für Pädagogik, 56. Beiheft.*

Schnotz, W. & Bannert, M. (2003). Construction and interference in learning from multiple representations. *Learning and Instruction, 13,* 141–156.

Schnotz, W. & Bannert, M. (1999). Einflüsse der Visualisierungsform auf die Konstruktion mentaler Modelle beim Bild- und Textverstehen. *Zeitschrift für experimentelle Psychologie, 46,* 216–235.

Taconis, R., Ferguson-Hessler, M. & Broekkamp, H. (2001). Teaching Science Problem Solving. *Journal of Research in Science Teaching., 38*(4), 442–468.

Ullrich, M., Schnotz, W., Horz, H., McElvany, N., Schroeder, S. & Baumert, J. (2012). Kognitionspsychologische Aspekte eines Kompetenzmodells zur Bild-Text-Integration. *Psychologische Rundschau, 63*(1), 11–17.

Weinstein, C. & Mayer, R. (1986). The teaching of learning strategies. In M. Wittrock (Hrsg.), *Handbook of Research on Teaching* (315–327). New York: Macmillan.

Wockenfuß, V. & Raatz, U. (2006). Über den Zusammenhang zwischen Testleistung und Klassenstufe bei muttersprachlichen C-Tests *C-Test: Theorie, Empirie, Anwendungen* (211–242). Frankfurt am Main.

Wright, B. D., Linacre, J. M., Gustafson, J. E. & Martin-Lof, P. (1994). Reasonable mean-square fit values. *Rasch Measurement Transactions, 8*(3), 370.

Sarah Gogolin/Dirk Krüger

Nature of models – Entwicklung von Diagnoseaufgaben

Zusammenfassung

Der Perspektivwechsel vom Modell als Medium hin zum Verständnis, dass Modelle auch als Mittel zur naturwissenschaftlichen Erkenntnisgewinnung eingesetzt werden können, ist Bestandteil einer elaborierten Modellkompetenz. Darauf basierend besteht das Ziel dieses Projektes darin, ein computerbasiertes Instrument zu entwickeln, das Modellverstehen individuell und effizient diagnostiziert, um darauf aufbauend Modellkompetenz differenziert fördern zu können. Dieser Beitrag beschreibt die Entwicklung von Diagnoseaufgaben am Beispiel der Teilkompetenz *Eigenschaften von Modellen*. Die Fragestellungen, welche auf der Grundlage der Ergebnisse einer Vorstudie ($N = 467$) untersucht werden, beziehen sich auf die Beschreibung des Modellverstehens von Schülern[2] und die Analyse der Diagnoseaufgaben im Hinblick auf die Konstruktion des Diagnoseinstruments. Die Ergebnisse zeigen, dass Schüler Modelle vorwiegend unter medialer Perspektive beurteilen. Die entwickelten Aufgaben können zur Diagnose von Modellverstehen genutzt werden.

Abstract

The change of perspective, from seeing a model as a means of representing an original to the awareness that models are tools for scientific inquiry, is an important part of model competence. This project's objective is to construct a computer-based instrument which diagnoses students' individual understanding of models efficiently, in order to generate suggestions to foster their competence. This article presents the design of diagnostic tasks as an example of the aspect *nature of models*. The research questions are discussed on the basis of the results of an empirical survey conducted with 467 students and are aimed at describing the students' understanding of models, as well as the analysis of the diagnostic tasks

---

2 Aus Gründen der besseren Lesbarkeit wird das maskuline Genus generisch verwendet.

with regard to the construction of the final instrument. The findings indicate that the majority of students understand models as representations. The analysis reveals, furthermore, that the developed tasks can be used to diagnose students' understanding of the nature of models.

Einleitung

Die Messung und Förderung von Kompetenzen auf der Basis von Kompetenzmodellen gehören zu den Herausforderungen der modernen Bildungsforschung (Fleischer, Koeppen, Kenk, Klieme & Leutner, 2013). Die Ergebnisse internationaler Schulleistungsstudien zeigen allerdings, dass die gesetzten Ziele im Bereich der naturwissenschaftlichen Bildung nicht vollständig zufriedenstellend erfüllt werden (u. a. Prenzel et al., 2007; Pant et al., 2013).

Im Zuge der Kompetenzorientierung tritt die Vermittlung naturwissenschaftlicher Denk- und Arbeitsweisen immer mehr in den Fokus des Biologieunterrichts (KMK, 2005). Hierbei spielt das Modellieren als Methode naturwissenschaftlicher Erkenntnisgewinnung eine bedeutende Rolle (u. a. Gilbert, Boulter & Elmer, 2000; KMK, 2005; Oh & Oh, 2011).

Upmeier zu Belzen und Krüger (2010) haben ein empirisch evaluiertes Kompetenzmodell entwickelt (vgl. Grünkorn, Upmeier zu Belzen & Krüger, 2014; Krell, 2013; Terzer, 2013), welches Fähigkeiten, die beim Denken über und im Umgang mit Modellen von Bedeutung sind, in fünf Teilkompetenzen strukturiert und eine Grundlage zur Diagnose von Modellkompetenz bietet. Dabei drückt sich eine elaborierte Perspektive in der wissenschaftlichen Nutzung von Modellen als methodische Werkzeuge (Niveau III) aus und lässt sich abgrenzen von Perspektiven auf Modelle als Medien (Niveau I und II; vgl. Upmeier zu Belzen & Krüger, 2010).

Ausgehend von der Forderung nach handlungsrelevanten Rückmeldungen in Bezug auf den Kompetenzstand und die -entwicklung von Schülern (Fleischer et al., 2013) wird im vorgestellten Projekt auf der Grundlage des Kompetenzmodells ein computerbasiertes Instrument entwickelt, das es erlaubt, im Biologieunterricht Modellverstehen individuell und effizient zu diagnostizieren, um darauf aufbauend Modellkompetenz differenziert fördern zu können. Dieser Artikel fokussiert auf die Entwicklung, Pilotierung und Optimierung von Diagnoseaufgaben. Ferner werden Implikationen vorgestellt, die sich aus der Untersuchung für das Diagnoseinstrument ergeben.

Theoretischer Hintergrund

Modellklassifizierung

Modelle stehen als Instrumente zur Erkenntnisgewinnung im Zentrum wissenschaftlicher Forschung (u. a. Bailer-Jones, 2002; Giere, 1999; Van der Valk, Van Driel & De Vos, 2007). Sie sind das Ergebnis eines hypothesengeleiteten Modellierungsprozesses und erlauben die Ableitung weiterer Fragestellungen und Hypothesen (Upmeier zu Belzen & Krüger, 2010). Modelle ermöglichen es Wissenschaftlern, die Gültigkeit von Theorien zu beurteilen und Erkenntnisse über Originale zu gewinnen, indem auf der Grundlage von Analogien die Passung zwischen dem Modell, der Theorie und der Empirie beurteilt wird (Mahr, 2009; Terzer, 2013). Oh und Oh (2011) stellen wie bereits Mahr (2009) und Stachowiak (1973) fest, dass es keine einheitliche Definition für den Modellbegriff gibt. In der Literatur findet sich zudem eine Vielzahl an Klassifizierungsversuchen von Modellen. Hervorzuheben ist für diese Arbeit die Klassifizierung von Suckling, Suckling und Suckling (1978), die im Bereich der Chemie zwischen gegenständlichen und konzeptuell-symbolischen Modellen unterscheiden. Boulter und Buckley (2000) beziehen sich auf die Repräsentationsformen von Modellen und unterscheiden fünf Perspektiven, darunter *concrete, visual* und *mathematical*. Diesen wissenschaftlichen Modellklassifizierungen steht die Sicht von Schülern gegenüber. In einer Studie von Krell, Upmeier zu Belzen und Krüger (2014a) klassifizierten die befragten Schüler Modelle in die Gruppen *gegenständlich, abstrakt* und *besonders*.

Modellkompetenz

Die Bildungsstandards für den Mittleren Schulabschluss im Fach Biologie greifen Modelle und das Modellieren in fünf von 13 Standards im Bereich der Erkenntnisgewinnung auf (KMK, 2005, E9 – E13). Empirische Studien deuten darauf hin, dass Schüler die Bedeutung von Modellen im naturwissenschaftlichen Erkenntnisprozess nur wenig reflektieren. In Interviewstudien zeigt sich, dass Schüler Modelle meistens als Medien verstehen, um Bekanntes darzustellen und zu veranschaulichen. Sie sehen Modelle als im Maßstab veränderte bzw. idealisierte Kopien der Realität. Sehr wenige Schüler geben an, dass ein Modell eine Vermutung über das Original darstellt (u. a. Grosslight, Unger, Jay & Smith, 1991; Trier & Upmeier zu Belzen, 2009). Auch Lehrkräfte beschreiben Modelle bevorzugt als Medien zur Veranschaulichung, während sie deren Rolle als Werkzeuge im wissenschaftlichen Erkenntnisprozess kaum wahrnehmen (u. a. Crawford & Cullin, 2005; Justi & Gilbert, 2003; Treagust, Chittleborough & Mamiala, 2002; Van Driel & Verloop, 2002).

Das Kompetenzmodell nach Upmeier zu Belzen und Krüger (2010) strukturiert Modellkompetenz in fünf Teilkompetenzen. Die Dimensionalität von Modellkompetenz wurde im Rahmen der Evaluation des Kompetenzmodells durch Krell (2013) und Terzer (2013) überprüft. Terzer (2013) berichtet zunächst eine eindimensionale Struktur von Modellkompetenz, relativiert jedoch ihre Ergebnisse und betont, „dass eine eindimensionale Lösung nicht optimal ist und mehrere Dimensionen angenommen werden sollten." (Terzer, 2013, S. 161). Die Ergebnisse der Studie von Krell (2013) stützen die Annahme einer fünfdimensionalen Struktur von Modellkompetenz. Krell (2013) sieht den Mehrwert eines mehrdimensionalen und damit differenzierten Ansatzes jedoch vor allem in der didaktischen Anwendungssituation (vgl. z. B. Crawford & Cullin, 2005; Justi & Gilbert, 2003). Für die Diagnose von Modellverstehen wird entsprechend der Empfehlung von Fleige, Seegers, Upmeier zu Belzen und Krüger (2012), bei der Förderung von Modellkompetenz im Biologieunterricht einzelne Teilkompetenzen getrennt zu fokussieren, das fünfdimensionale Modell zugrunde gelegt.

Jede der fünf Teilkompetenzen lässt sich in drei Niveaustufen unterteilen, die unterschiedlich elaborierte Perspektiven darstellen. Die Teilkompetenz *Eigenschaften von Modellen (nature of models)*, auf die in diesem Artikel der Blick gelenkt wird, deckt Perspektiven ab, die sich auf verschiedene Ähnlichkeits- bzw. Abstraktionsgrade zwischen Modell und Ausgangsobjekt beziehen (Upmeier zu Belzen & Krüger, 2010; Tab. 1).

Tabelle 1: Kategoriensystem zur Teilkompetenz Eigenschaften von Modellen (nach Grünkorn et al., 2014)

Niveau I	Niveau II	Niveau III
Modelle sind Kopien von etwas	**Modelle sind idealisierte Repräsentationen von etwas**	**Modelle sind theoretische Rekonstruktionen von etwas**
Modell als Kopie	Modell ist in Teilen eine Kopie	Modell als hypothetische Darstellung
Modell mit großer Ähnlichkeit	Modell als eine mögliche Variante	
Modell entspricht (nicht) subjektiver Vorstellung vom Original	Modell als fokussierte Darstellung	

Schüler nehmen dabei ein Modell entweder als eine naturgetreue Replikation (Niveau I), eine idealisierte Repräsentation (Niveau II) oder eine theoretische Rekonstruktion (Niveau III) wahr (Tab. 1). Der Sprung vom Verständnis eines Modells als Abbild eines Originals hin zur Sicht auf ein Modell als Vermutung über ein Original erfolgt dabei von Niveau II zu Niveau III.

Vom Kompetenzmodell zum Diagnoseinstrument

Grünkorn et al. (2014; offenes Aufgabenformat) haben ausgehend von Schülerantworten in den Niveaus jeder Teilkompetenz Kategorien beschrieben und damit das Kompetenzmodell verfeinert (Tab. 1). Jede Kategorie in der Teilkompetenz *Eigenschaften von Modellen* repräsentiert dabei eine Perspektive, die von Schülern bezogen auf die Ähnlichkeit zwischen Modell und Ausgangsobjekt geäußert wurde.

Für die Evaluierung von Bildungsprozessen kommt der Diagnose von Kompetenzen eine Schlüsselfunktion zu (Hartig & Jude, 2007). Kompetenz wird von Klieme und Hartig (2007, S. 19) als die kontextspezifische „Verbindung von Wissen und Können in der Bewältigung von Handlungsanforderungen" beschrieben. Die in diesem Projekt entwickelten Aufgaben erfassen die kognitiven Facetten der Modellkompetenz, während individuelle Bereitschaften und manuelle Fertigkeiten nicht erhoben werden. In Anlehnung an Krell (2013) erfassen die Aufgaben somit das Modellverstehen der Schüler, von dem auf Kompetenz geschlossen werden kann.

Grundsätzlich sollte hierbei eine mögliche schwierigkeitserzeugende Wirkung des Aufgabenkontexts berücksichtigt werden. Der Begriff Aufgabenkontext wird in diesem Zusammenhang im Sinne von Aufgabenstamm bzw. Aufgabenmerkmal verstanden. In Bezug auf das Modellverstehen von Schülern betonen z. B. Harrison und Treagust (2000) ebenso wie Krell et al. (2014a), dass unterschiedliche Modelle jeweils spezifische kognitive Anforderungen transportieren. Dies sollte bei der Entwicklung eines Diagnoseinstruments überprüft und bei dessen Einsatz gegebenenfalls berücksichtigt werden (Nehm & Ha, 2011; Krell, Upmeier zu Belzen & Krüger, 2014b).

Mit dem offenen Aufgabenformat von Grünkorn et al. (2014) lassen sich Schülerperspektiven auf Modelle differenziert erheben. Gleichzeitig ist der damit verbundene hohe Auswertungsaufwand für effiziente Diagnosen unökonomisch und damit ungeeignet (Hartig & Jude, 2007).

Das Ziel dieses Projektes besteht darin, ein Instrument zur Individualdiagnose in den fünf Teilkompetenzen zu entwickeln. Ein solches Instrument soll in Schulen den Lehrkräften unmittelbar Hinweise über das Modellverstehen ihrer

Schüler liefern und damit ermöglichen, Modellkompetenz im Biologieunterricht individuell zu fördern. Ferner lässt sich mit einem solchen Instrument die Wirkung von Fördermaßnahmen ökonomisch evaluieren (Pant, 2013).

Fragestellungen und Hypothesen

Die für das Instrument entwickelten Diagnoseaufgaben erfassen beispielhaft in der Teilkompetenz *Eigenschaften von Modellen* das Modellverstehen von Schülern gemäß den im Kompetenzmodell (Upmeier zu Belzen & Krüger, 2010) dargestellten Ausprägungen. Hieraus ergibt sich die erste Forschungsfrage:

F1: Welches Niveau zeigen Schüler in der Teilkompetenz *Eigenschaften von Modellen*?

Grosslight et al. (1991), Grünkorn et al. (2014) sowie Trier und Upmeier zu Belzen (2009) beschreiben für qualitative Untersuchungen, dass Schüler Modelle vermehrt als Kopie eines Originals sehen (Niveau I). Krell (2013) und Treagust et al. (2002) zeigen in quantitativen Untersuchungen, dass die Mehrzahl der Schüler Modelle als idealisierte Repräsentationen eines Originals betrachtet (Niveau II).

Eine Analyse des Antwortverhaltens von Schülern bei unterschiedlichen Aufgabenkontexten bringt Aufschlüsse für die Konstruktion des Diagnoseinstruments:

F2: Inwieweit unterscheidet sich das Antwortverhalten der Schüler zwischen Aufgaben mit theoretisch als gleichartig einzustufenden Aufgabenkontexten?

Die in diesem Projekt theoretisch als gleichartig eingestuften Aufgabenkontexte unterscheiden sich sprachlich und inhaltlich nur geringfügig, weshalb bei solchen Aufgaben das Antwortverhalten der Schüler zu ähnlichen Ergebnissen führen sollte.

Methodisches Vorgehen

Entwicklung der Diagnoseaufgaben

Die Auswahl der Aufgabenkontexte basierte auf den Erfahrungen aus den bisherigen Forschungsprojekten mit offenen (Grünkorn et al., 2014), Multiple Choice- (Terzer, 2013) und Forced Choice-Aufgaben (Krell, 2013).

Für die Entwicklung von Aufgabenkontexten wurden Modelle ausgewählt, die sich in Anlehnung an Krell et al. (2014a) zunächst in *gegenständlich* und *abstrakt* einteilen ließen (Tab. 2).

Tabelle 2: Klasseneinteilung der Aufgabenkontexte

Klassen	gegenständlich				abstrakt			
	Mesokosmos		Mikrokosmos		Schema		Formel	
Aufgabenkontexte	TR	NT	BM	VS	EV	WK	LS	WM

Die Aufgabenkontexte sind folgendermaßen abgekürzt: TR = *Tyrannosaurus rex*; NT = *Neandertaler*; BM = *Biomembran*; VS = *Virus*; EV = *Evolution*; WK = *Wasserkreislauf*; LS = *Luftstrom*; WM = *Wassermelone*.

Dabei beziehen sich zwei gegenständliche Aufgabenkontexte auf den Mesokosmos (TR, NT) und zwei auf den Mikrokosmos (BM, VS). Unter den abstrakten Aufgabenkontexten finden sich zwei, die Prozesse (EV, WK) schematisch darstellen, und zwei, die in Formeln spezifische Beziehungen (LS, WM) ausdrücken (Tab. 2). Allen Modellen ist gemein, dass sie sowohl aus medialer als auch aus methodischer Perspektive betrachtet werden können. In den jeweils drei Kategorien der Niveaus I und II der Teilkompetenz *Eigenschaften von Modellen* (vgl. Grünkorn et al., 2014; Tab. 1) wurden für die vier gegenständlichen Aufgabenkontexte (Tab. 2) je drei unterschiedliche Antwortalternativen entwickelt (d. h. eine Antwortalternative pro Kategorie). Drei inhaltlich identische Antwortalternativen wurden gemäß der einen Kategorie im Niveau III (Tab. 1) formuliert. Für die vier abstrakten Aufgabenkontexte (Tab. 2) wurden nur jeweils zwei Antwortalternativen pro Niveau entwickelt, da eine sinnvolle Formulierung von drei Alternativen nicht für alle Niveaus möglich war.

Die Antwortalternativen zu jeweils zwei theoretisch als gleichartig eingestuften Aufgabenkontexten wurden nahezu identisch formuliert (TR/NT, BM/VS, EV/WK und LS/WM; vgl. Tab. 2) und vor dem Einsatz durch Biologiedidaktik-Experten auf ihre Verständlichkeit und ihre Passung zum Niveau der Teilkompetenz überprüft.

Für die Pilotierung der Diagnoseaufgaben wurde jeweils eine Antwortalternative aus jedem Niveau in eine Rangordnungs-Aufgabe implementiert. Bei diesem Forced Choice-Aufgabentyp müssen die drei präsentierten Antwortalternativen in eine Rangfolge gebracht werden (Bock & Jones, 1968). Bei der Aufgabenentwicklung wurden alle Kombinationen der Antwortalternativen der drei Niveaus berücksichtigt.

Der Aufgabenkontext aller Aufgaben besteht aus grundlegenden Information zum biologischen Modell, Bildern zu Original und Modell und einer standardisierten Fragestellung (Abb. 1, vgl. Grünkorn et al., 2014; Krell & Krüger, 2010).

Pilotierung der Diagnoseaufgaben

Für die Befragung wurden die Aufgabenkontexte auf 24 verschiedene Testhefte verteilt. Zu den Kontexten TR, NT, BM und VS wurden je drei Forced Choice-Aufgaben, zu den Kontexten EV, WK, LS und WM je zwei Forced Choice-Aufgaben präsentiert. Dabei wurden in jeder Aufgabe drei Antwortalternativen (jeweils eine pro Niveau) kombiniert. Die drei bzw. zwei Aufgaben pro Aufgabenkontext wurden den Schülern jeweils zusammenhängend präsentiert.

Jeder Schüler bearbeitete drei Aufgabenkontexte und fällte dabei pro Testheft (je nach Aufgabenkontext) minimal sechs und maximal neun Entscheidungen. Die Befragung dauerte 20 Minuten und wurde mit 467 Schülern im Alter von 13 bis 18 Jahren durchgeführt.

In der Auswertung wurde jedem Schüler für jede Entscheidung das erstrangig gewählte Niveau (I – III) zugeordnet. Dies geschah in Anlehnung an Krell, Czeskleba und Krüger (2012), die zeigen konnten, dass bei entsprechenden Forced Choice-Aufgaben oft nur die erste Präferenz inhaltlich valide ausfällt. Zur Beantwortung der ersten Fragestellung wurden die Häufigkeitsverteilungen in den Niveaus analysiert.

Um Unterschiede im Antwortverhalten zwischen den einzelnen Aufgabenkontexten zu untersuchen (F2), wurden die Daten der theoretisch als gleichartig eingestuften Aufgabenkontexte verglichen (Mann-Whitney-U-Test). Für diesen Vergleich wurden nur die Daten derjenigen Schüler verwendet, die ein Testheft mit beiden Aufgabenkontexten bearbeitet hatten.

Ergebnisse

Modellverstehen der Schüler (Forschungsfrage 1)

Insgesamt präferieren 64,6 % der Schüler Aussagen auf Niveau I oder II und nehmen damit die präsentierten Modelle als Kopien oder idealisierte Repräsentatio-

In der linken Abbildung siehst du den Knochenfund eines *T. rex* (*Tyrannosaurus rex*) und in der rechten Abbildung ein Modell eines *T. rex*, das Biologen entworfen haben.	
Abbildung 1: Knochenfund eines *T. rex*.	Abbildung 2: Modell eines *T. rex*.

Gib an, inwieweit dieses Modell des *T. rex* so aussieht wie ein *T. rex*, der vor 68 Millionen Jahren lebte! Schreibe die Buchstaben A, B oder C neben jede Aussage.	
Das Modell des *T. rex* ...	
... zeigt nur wesentliche Eigenschaften des Knochenfundes, z. B. die kurzen Arme, das große Gebiss und den langen Schwanz. (II)	B
... gleicht dem damals lebenden *T. rex* möglicherweise, sicher kann man aber nicht wissen, wie er ausgesehen hat. (III)	A
... stimmt mit dem damals lebenden *T. rex* überein, weil das Modell eine Nachbildung des Knochenfundes ist. (I)	C

Abbildung 1: Forced Choice-Aufgabe zur Teilkompetenz Eigenschaften von Modelle. In der Instruktion wurden die Probanden gebeten, ihre Präferenz mit A (stärkste Zustimmung), B und C anzugeben. Die Angabe der Niveaus (I, II, III) dient hier der Illustration.

nen eines Original wahr. Dagegen wählen 35,4 % der Schüler bevorzugt Aussagen auf Niveau III, die Modelle als theoretische Rekonstruktionen beschreiben (Tab. 3).

Unterschiede zwischen den Aufgabenkontexten (Forschungsfrage 2)

In den Aufgabenkontexten TR, NT und EV wird vermehrt das Niveau III präferiert, während in den anderen Aufgabenkontexten Niveau II bevorzugt gewählt wird (Tab. 3). Die Ergebnisse zeigen für die jeweils theoretisch gleichartig eingestuften Aufgabenkontexte mit Ausnahme der Paarung EV/WK ähnliche Häufigkeitsverteilungen (Tab. 3).

Tabelle 3: Häufigkeiten der präferierten Niveaus in den einzelnen Aufgabenkontexten in Prozent.

	TR	NT	BM	VS	EV	WK	LS	WM	Gesamt
Niveau I	23,3	14,6	20,2	20,4	19,1	33,7	32,3	18,5	22,2
Niveau II	36,2	36,0	46,0	47,2	31,8	40,7	41,7	63,6	42,4
Niveau III	40,5	49,4	33,8	32,4	49,1	25,6	26,0	17,9	35,4

Die Ergebnisse des Mann-Whitney-U-Tests (Tab. 4) zeigen im Vergleich der jeweils theoretisch gleichartig eingestuften Aufgabenkontexte nur in einem Fall einen signifikanten Unterschied. Im Aufgabenkontext Evolution (EV) präferieren die Schüler durchschnittlich ein signifikant höheres Niveau als im Aufgabenkontext Wasserkreislauf (WK) ($U = 5725$, $Z = 4,34$, $p < .001$). Die Effektstärke fällt klein aus ($r = .272$).

Tabelle 4: Vergleich der theoretisch gleichartig eingestuften Aufgabenkontexte (Mann-Whitney-U-Test)

Aufgabenkontext		N	Z	P (2-seitig)
TR	T. rex	165	Σ 329	n.s.
NT	Neandertaler	164	-1,819	
BM	Biomembran	173	Σ 345	n.s.
VS	Virus	172	-0,958	
EV	Evolution	128	Σ 255	$p < .001$
WK	Wasserkreislauf	127	-4,340	
LS	Luftstrom	110	Σ 223	n.s.
WM	Wassermelone	113	-0,680	

Diskussion und Ausblick

Die Ergebnisse der Befragung deuten darauf hin, dass die entwickelten Aufgaben die Erfassung verschiedener Perspektiven auf Modelle zulassen und für eine Diagnose des Modellverstehens bei Schülern genutzt werden können. Die Beobachtung, dass die Mehrheit der Schüler Modelle unter medialer Perspektive beurteilt (Niveau I / II), stimmt mit den Befunden anderer Studien überein (Grosslight et al., 1991; Grünkorn et al., 2014; Krell, 2013; Trier & Upmeier zu Belzen, 2009). Ein möglicher Grund für die prominente Perspektive auf Modelle als Repräsentationen der Wirklichkeit ist nach Crawford und Cullin (2005) der Einfluss des Modellverstehens der Lehrkräfte auf die Vorstellungen der Schüler. Van Driel und Verloop (2002) gehen davon aus, dass Modelle im Unterricht primär als Mittel zur Veranschaulichung genutzt werden und ihr Potential zur Hypothesenbildung nur selten genutzt und zu wenig reflektiert wird.

Die Ergebnisse der vorliegenden Studie unterstreichen die Notwendigkeit einer Förderung von Modellkompetenz im naturwissenschaftlichen Unterricht. Als Grundlage für eine differenzierte Förderung dieser Kompetenz wird im vorliegenden Projekt ein Diagnoseinstrument entwickelt.

Die Tatsache, dass beim Vergleich gleichartig eingestufter Aufgabenkontexte keine durchgängig und systematisch wiederkehrenden Unterschiede in der Verteilung festgestellt wurden, deutet auf die grundsätzliche Konsistenz der konstruierten Aufgaben hin. Die Verschiebung beim Aufgabenkontext Evolution (EV) gegenüber dem Wasserkreislauf (WK) ins höhere Niveau ist möglicherweise auf den bekannten Status der Evolution als Theorie zurückzuführen. Dies würde erklären, weshalb die Mehrzahl der Schüler beim Aufgabenkontext Evolution (EV) Aussagen auf Niveau III präferieren.

Eine geeignete Strategie, die Gründe für Entscheidungen der Schüler empirisch zu überprüfen, stellt die Methode des „Lauten Denkens" (Sandmann, 2014) dar. Dabei lassen sich die Denk- und Entscheidungsprozesse der Schüler während der Aufgabenbearbeitung näher untersuchen und verstehen. Insgesamt bietet diese Methode auch die Möglichkeit zu prüfen, inwieweit der biologische Inhalt verschiedener Aufgabenkontexte als schwierigkeitserzeugendes Aufgabenmerkmal (Kauertz, 2008) wirkt. Da jedes Modell spezifische Anforderungen an einen Schüler stellt (Harrison & Treagust, 2000; Krell et al., 2014a), sollte der Aufgabenkontext bei der Fällung eines Diagnoseurteils berücksichtigt werden.

Ferner ist eine Validierung der Aufgaben mittels halbstrukturierter Interviews (Niebert & Gropengießer, 2014) geplant, die im Anschluss an eine Aufgabenbearbeitung durchgeführt werden sollen. Hierbei kann außerdem festgestellt werden, wie sicher sich ein Schüler in seiner Perspektive auf ein bestimmtes Modell ist.

Die durch qualitative Untersuchungen gewonnenen Erkenntnisse über die Denkprozesse der Schüler und die spezifischen Anforderungen der einzelnen Aufgaben dienen zum einen dem Prozess der Validierung und geben zum anderen Hinweise darauf, wie die Beantwortung einer Aufgabe in einem computerbasierten Diagnoseinstrument gewertet und interpretiert werden soll. Schließlich soll ein adaptiver Computeralgorithmus entwickelt werden, der die aus der Vorstudie vorliegenden Wahrscheinlichkeitsverteilungen nutzt, um das Niveau eines neu befragten Schülers zu bestimmen. Das Verfahren soll zudem durch einen Algorithmus in der Lage sein, aus den Ergebnissen weiterer Befragungen zu lernen und somit die Diagnose stetig zu optimieren. Mit steigender Stichprobengröße können weitere diskriminierende Variablen wie z. B. der Aufgabenkontext oder die Klassenstufe des Schülers mit in die Diagnose einbezogen werden.

Unter einer Vermittlungsperspektive ist eine Reduktion der drei Niveaus des Kompetenzmodells (Upmeier zu Belzen & Krüger, 2010) auf zwei Perspektiven sinnvoll, wobei zwischen einer medialen (Niveau I / II) und einer methodischen Perspektive (Niveau III) auf Modelle unterschieden wird. Hierbei ergibt sich als Diagnoseurteil entweder die Empfehlung unterstützender Fördermaßnahmen von Schülern auf Niveau I / II oder einer expliziten und aktivierenden Herausforderung von Schülern auf Niveau III (vgl. Fleige et al., 2012; Upmeier zu Belzen & Krüger, 2013).

Literatur

Bailer-Jones, D. M. (2002). Naturwissenschaftliche Modelle: Von Epistemologie zu Ontologie. In A. Beckermann & C. Nimtz (Hrsg.), *Argument und Analyse – Sektionsvorträge* (S. 1–11). Paderborn: Mentis.

Bock, R., & Jones, L. (1968). *The measurement and prediction of judgment and choice*. San Diego, CA: Holden-Day.

Boulter, C. J., & Buckley, B. C. (2000). Constructing a typology of models for science education. In J. K. Gilbert & C. J. Boulter (Hrsg.), *Developing models in science education* (S. 41–57). Dordrecht: Kluwer Academic.

Crawford, B., & Cullin, M. (2005). Dynamic assessments of preservice teachers' knowledge of models and modelling. In K. Boersma, M. Goedhart, O. de Jong, & H. Eijkelhof (Hrsg.), *Research and the quality of science education* (S. 309–323). Dordrecht: Springer.

Fleige, J., Seegers, A., Upmeier zu Belzen, A., & Krüger, D. (2012). Förderung von Modellkompetenz im Biologieunterricht. *MNU, 65*, 19–28.

Fleischer, J., Koeppen, K., Kenk, M., Klieme, E., & Leutner, D. (2013). Kompetenzmodellierung: Struktur, Konzepte und Forschungszugänge des DFG-Schwerpunktprogramms. *Zeitschrift für Erziehungswissenschaft, Sonderheft 18*, 5–22.

Giere, R. (1999). Modelle und Theorien. In V. Gadenne & A. Visintin (Hrsg.), *Wissenschaftsphilosophie* (S. 147–165). Freiburg: Karl Alber.

Gilbert, J. K., Boulter, C. J., & Elmer, R. (2000). Positioning models in science education and in design and technology education. In J. K. Gilbert & C. J. Boulter (Hrsg.), *Developing models in science education* (S. 3–17). Dordrecht: Kluwer Academic.

Grosslight, L., Unger, C., Jay, E., & Smith, C. (1991). Understanding models and their use in science: Conceptions of middle and high school students and experts. *Journal of Research in Science Teaching, 28*, 799–822.

Grünkorn, J., Upmeier zu Belzen, A., & Krüger, D. (2014). Assessing students' understandings of biological models and their use in science to evaluate a theoretical framework. *International Journal of Science Education, 36*, 1651–1684.

Harrison, A., & Treagust, D. (2000). A typology of school science models. *International Journal of Science Education, 22*, 1011–1026.

Hartig, J., & Jude, N. (2007). Empirische Erfassung von Kompetenzen und psychometrische Kompetenzmodelle. In J. Hartig & E. Klieme (Hrsg.), *Möglichkeiten und Voraussetzungen technologiebasierter Kompetenzdiagnostik* (S. 17–36). Bonn: BMBF.

Justi, R., & Gilbert, J. K. (2003). Teacher's views on the nature of models. *International Journal of Science Education, 25*, 1369–1386.

Kauertz, A. (2008). *Schwierigkeitserzeugende Merkmale physikalischer Leistungstestaufgaben.* Berlin: Logos.

Klieme, E., & Hartig, J. (2007). Kompetenzkonzepte in den Sozialwissenschaften und im erziehungswissenschaftlichen Diskurs. *Zeitschrift für Erziehungswissenschaft, Sonderheft 8*, 11–29.

KMK (Sekretariat der Ständigen Konferenz der Kultusminister der Länder in der BRD, Hrsg.). (2005). *Bildungsstandards im Fach Biologie für den Mittleren Schulabschluss*. München: Wolters Kluwer.

Krell, M. (2013). *Wie Schülerinnen und Schüler biologische Modelle verstehen.* Berlin: Logos.

Krell, M., & Krüger, D. (2010). Diagnose von Modellkompetenz: Deduktive Konstruktion und Selektion von geschlossenen Items. *Erkenntnisweg Biologiedidaktik, 9*, 23–37.

Krell, M., Czeskleba, A., & Krüger, D. (2012). Validierung von Forced Choice-Aufgaben durch Lautes Denken. *Erkenntnisweg Biologiedidaktik, 11*, 53–70.

Krell, M., Upmeier zu Belzen, A., & Krüger, D. (2014a). How year 7 to year 10 students categorise models: Moving towards a student-based typology of biological models. In D. Krüger & M. Ekborg (Hrsg.), *Research in biological education* (S. 117–131). Verfügbar unter http://www.bcp.fu-berlin.de/biologie/arbeitsgruppen/didaktik/eridob_ 2012/eridob_proceeding/8-How-year.pdf?1389177404.

Krell, M., Upmeier zu Belzen, A., & Krüger, D. (2014b). Context-specificities in students' understanding of models and modelling in science: An issue of critical importance for both assessment and teaching. In C. Constantinou, N. Papadouris, & A. Hadjigeorgiou (Hrsg.), *E-Book proceedings of the ESERA 2013 conference. Science education research for evidence-based teaching and coherence in learning. Part 6. Nature of science: History, philosophy and sociology of science*. Nicosia, Zypern. Verfügbar unter http://www.esera.org/ media/esera2013/ Moritz_Krell_07Feb2014.

Mahr, B. (2009). Die Informatik und die Logik der Modelle. *Informatik Spektrum, 32,* 228–249.

Nehm, R. H., & Ha, M. (2011). Item feature effects in evolution assessment. *Journal of Research in Science Teaching, 48,* 237–256.

Niebert, K., & Gropengießer, H. (2014). Leitfadengestützte Interviews. In D. Krüger, I. Parchmann & H. Schecker (Hrsg.), *Methoden in der naturwissenschaftsdidaktischen Forschung* (S. 121–132). Berlin: Springer.

Oh, P., & Oh, S. (2011). What teachers of science need to know about models: An overview. *International Journal of Science Education, 33,* 1109–1130.

Pant, H. A. (2013). Wer hat einen Nutzen von Kompetenzmodellen? *Zeitschrift für Erziehungswissenschaft, Sonderheft 18,* 71–79.

Pant, H. A., Stanat, P., Schroeders, U., Roppelt, A., Siegle, T., & Pöhlmann, C. (Hrsg.). (2013). *IQB-Ländervergleich 2012: Mathematische und naturwissenschaftliche Kompetenzen am Ende der Sekundarstufe I.* Münster: Waxmann.

Prenzel, M., Schöps, K., Rönnebeck, S., Senkbeil, M., Walter, O., Carstensen, C. H., & Hammann, M. (2007). Naturwissenschaftliche Kompetenz im internationalen Vergleich. In M. Prenzel, C. Artelt, J. Baumert, W. Blum, M. Hammann, E. Klieme & R. Pekrun (Hrsg.), *PISA 2006. Die Ergebnisse der dritten internationalen Vergleichsstudie* (S. 63–105). Münster: Waxmann.

Sandmann, A. (2014). Lautes Denken – die Analyse von Denk-, Lern- und Problemlöseprozesse. In D. Krüger, I. Parchmann & H. Schecker (Hrsg.), *Methoden in der naturwissenschaftsdidaktischen Forschung* (S. 179–188). Berlin: Springer.

Stachowiak, H. (1973). *Allgemeine Modelltheorie.* Wien: Springer.

Suckling, C., Suckling, K., & Suckling, C. (1978). *Chemistry through models: Concepts and applications of modelling in chemical science and industry.* Cambridge, MA: Cambridge U. P.

Terzer, E. (2013). *Modellkompetenz im Kontext Biologieunterricht* (Dissertation). Humboldt Universität zu Berlin. Verfügbar unter http://edoc.hu-berlin.de/ dissertationen/terzer-eva-2012-12-19/PDF/terzer.pdf.

Treagust, D., Chittleborough, G., & Mamiala, T. (2002). Students' understanding of the role of scientific models in learning science. *International Journal of*

Science Education, 24, 357–368.

Trier, U., & Upmeier zu Belzen, A. (2009). „Wissenschaftler nutzen Modelle, um etwas Neues zu entdecken, und in der Schule lernt man einfach nur, dass es so ist." Schülervorstellungen zu Modellen. *Erkenntnisweg Biologiedidaktik, 8*, 23–38.

Upmeier zu Belzen, A., & Krüger, D. (2010). Modellkompetenz im Biologieunterricht. *Zeitschrift für Didaktik der Naturwissenschaften, 16*, 41–57.

Upmeier zu Belzen, A., & Krüger, D. (2013). Lernen mit Modellen. Modelle bauen und mit Modellen Neues erfahren. *Grundschule, 6*, 6–9.

Van der Valk, T., Van Driel, J., & De Vos, W. (2007). Common characteristics of models in present-day scientific practice. *Research in Science Education, 37*, 469–488.

Van Driel, J., & Verloop, N. (2002). Experienced teacher's knowledge of teaching and learning of models and modeling in science education. *International Journal of Science Education, 24*, 1255–1277.

Christiane Patzke/Dirk Krüger/Annette Upmeier zu Belzen

Entwicklung von Modellkompetenz im Längsschnitt

Zusammenfassung

Schülerinnen und Schüler nehmen Modelle im Biologieunterricht vorwiegend unter einer medialen Perspektive als Mittel zur Veranschaulichung naturwissenschaftlicher Phänomene wahr. Damit sie Modelle darüber hinaus als eine Methode zur Erkenntnisgewinnung verstehen, ist es nötig, eine umfassende Modellkompetenz zu fördern, die sowohl eine mediale als auch eine methodische Sicht auf Modelle beinhaltet. Um entsprechende Fördermaßnahmen zu konzipieren und gezielt einzusetzen, sind Studien zur längsschnittlichen Entwicklung von Kompetenzen entscheidend. Sie zeigen die zeitliche Veränderung von Kompetenzstrukturen auf und helfen dabei, förderliche Bedingungen für den Kompetenzerwerb zu identifizieren.

Basierend auf einem Kompetenzmodell zu Modellkompetenz (Upmeier zu Belzen & Krüger, 2010) wird daher in diesem Projekt die Entwicklung von Modellkompetenz in einem dreijährigen Längsschnitt betrachtet. Dieser Beitrag bezieht sich auf die Auswertung der Kompetenzveränderung zwischen den ersten beiden Messzeitpunkten. Dabei stieg die Modellkompetenz der Schülerinnen und Schüler nur sehr gering an. Erklärungen hierfür, wie die fehlende Implementierung von Modellkompetenz im Biologieunterricht, werden diskutiert.

Abstract

In biology education students perceive models primarily as a pedagogical tool to illustrate scientific contents. To enable students to understand the role models play in the process of scientific inquiry, it is necessary to foster a comprehensive model competence which focuses on models as a pedagogical tool as well as a scientific method. Longitudinal studies investigating competence development are essential for the design of instructions and their specific application. They help to clarify how different aspects of competence change over time and to detect which conditions support competence development.

This study is based on a theoretical structure of model competence and investigates in a longitudinal study over three years how students' understanding of models and modeling develops. In this article the competence development between the first two time points is presented. The results indicate that students' model competence improved only in a small way. Explanations for this small development, such as the limited integration of model competence in biology education, are discussed.

Einleitung

Modelle nehmen im wissenschaftlichen Arbeits- und Erkenntnisprozess eine Schlüsselrolle ein: Sie stellen eine grundlegende Methode der Erkenntnisgewinnung dar und sind sowohl ein wesentliches Produkt der Wissenschaft als auch entscheidend für die Kommunikation wissenschaftlicher Erkenntnisse (Boulter & Gilbert, 2002; Schwarz et al., 2009). Somit sind Kompetenzen im Umgang mit Modellen eine bedeutende Voraussetzung zum Lehren und Lernen von Wissenschaft (Harrison & Treagust, 2000) und stehen in enger Beziehung zu einem allgemeinen Wissenschaftsverständnis und *Scientific Literacy* (Leisner-Bodenthin, 2006; Schwarz et al., 2009).

Dieser Bedeutung von Modellen wird in nationalen sowie internationalen Steuerungsdokumenten (KMK, 2005; NGSS, 2013) Rechnung getragen: Modellbildung wird als ein grundlegendes wissenschaftsmethodisches Vorgehen beschrieben, das Schülerinnen und Schüler in ihrem Erkenntnisprozess anwenden sollen, um neue Erkenntnisse zu gewinnen und Vorhersagen zu treffen (KMK, 2005; NGSS, 2013).

Bisherige Studien zeigen allerdings, dass Schülerinnen und Schüler die Funktion von Modellen weniger in der oben beschriebenen Anwendung als Denk- und Arbeitsweise zur Erkenntnisgewinnung sehen, sondern vor allem darin, bereits bekannte naturwissenschaftliche Phänomene zu veranschaulichen und zu erklären. Sie nehmen Modelle vorwiegend als exakte Kopie wahr, die nicht geändert werden muss (z. B. Grosslight et al., 1991; Grünkorn et al., 2014). Damit Schülerinnen und Schüler darüber hinaus eine wissenschaftliche Sicht auf Modelle entwickeln, ist es nötig, Kompetenzen im Umgang mit Modellen im Biologieunterricht zu fördern. Hierfür sind Kenntnisse über die längsschnittliche Entwicklung von Kompetenzen entscheidend. Sie liefern Anhaltspunkte für die systematische Weiterentwicklung schon vorhandener Fähigkeiten und für eine kumulative Förderung von Kompetenzen (Hammann, 2004).

Bisher liegen jedoch keine umfassenden Erkenntnisse darüber vor, wie sich Modellkompetenz über die Zeit entwickelt, da die Mehrheit der Studien zu Modellkompetenz querschnittlich (z. B. Krell, 2013; Grünkorn et al., 2014; Terzer, 2013) oder als Interventionsstudie (z. B. Leisner-Bodenthin, 2006; Schwarz et al.,

2009) angelegt ist. Daher ist das Ziel dieser Studie, basierend auf einem Kompetenzstrukturmodell zu Modellkompetenz (Upmeier zu Belzen & Krüger, 2010), in einem Längsschnitt zu überprüfen, inwiefern dieses Kompetenzmodell auch die Entwicklung von Modellkompetenz abbildet.

Theorie

Modellierung von Kompetenzentwicklung

Während bei Kompetenzstruktur- und -niveaumodellen vor allem die Frage im Vordergrund steht, in welche und wie viele Dimensionen und Niveaus sich eine Kompetenz sinnvoll unterteilen lässt, nehmen Kompetenzentwicklungsmodelle zudem die zeitliche Veränderung von Kompetenzstrukturen in den Blick (Schecker & Parchmann, 2006). Sie bilden Entwicklungsverläufe von Kompetenz ab und geben Aufschluss über bestehende Kompetenzausprägungen und deren potentielle Weiterentwicklung. Aus diesem Grund ermöglichen sie einen kumulativen Kompetenzaufbau und nehmen für die unterrichtliche Förderung von Kompetenzen eine zentrale Rolle ein (Hammann, 2004).

Dabei können Dimensionierung und Graduierung eines Kompetenzstruktur- und -niveaumodells nicht ohne Weiteres auf ein Kompetenzentwicklungsmodell übertragen werden (Artelt & Schneider, 2011). Vielmehr bedarf die Modellierung von Kompetenzentwicklung einer systematischen längsschnittlichen Beschreibung von Kompetenzverläufen (Schecker & Parchmann, 2006). Es muss überprüft werden, inwiefern ein Kompetenzmodell bei unterschiedlichen Populationen und zu unterschiedlichen Zeitpunkten gültig ist (Robitzsch, 2013). Eine Kompetenzentwicklung muss jedoch nicht zwingend monoton ansteigend verlaufen. So sind bei curricular abhängigen Kompetenzen auch stagnierende oder absinkende Verläufe möglich (Robitzsch, 2013).

In der naturwissenschaftsdidaktischen Forschung überwiegen vor allem Querschnitts- und Interventionsstudien (vgl. White & Arzi, 2005), während es nur vereinzelt Untersuchungen zur längsschnittlichen Kompetenzveränderung gibt, wie z. B. zur Entwicklung des wissenschaftlichen Denkens (Grube, 2011).

Modellkompetenz

Grundlage für die längsschnittliche Untersuchung von Modellkompetenz ist ein von Upmeier zu Belzen und Krüger (2010) entwickeltes Kompetenzmodell. Es ist in fünf Teilkompetenzen und drei Niveaustufen differenziert. Diese Studie fokussiert auf die Teilkompetenzen *Zweck, Testen* und *Ändern von Modellen*, die Fähigkeiten bei der Erkenntnisgewinnung mit Modellen im Modellbildungsprozess umfassen (Upmeier zu Belzen & Krüger, 2010, Tab. 1). Die Graduierung von Modellkompetenz in drei Niveaustufen beschreibt in Anlehnung an Mahr (2008) und Grosslight et al. (1991) unterschiedliche Komplexitätsgrade, Modelle als ein Mittel zur Erkenntnisgewinnung zu verstehen. Entscheidend hierbei sind zwei Perspektiven, die auf Modelle eingenommen werden können. Demnach werden ausgehend von einem Ausgangsobjekt bestimmte Erkenntnisse oder Merkmale auf ein Modell übertragen, so dass ein Modell als ein Modell von etwas verstanden werden kann (Mahr, 2008). Zudem können ausgehend von einer Anwendung des Modells wiederum Erkenntnisse gewonnen und auf das Ausgangsobjekt zurückbezogen werden, so dass ein Modell auch immer ein Modell für etwas sein kann (Mahr, 2008). Bezogen auf das Kompetenzmodell werden Modelle auf den ersten beiden Niveaustufen vorwiegend als Modell von etwas gesehen (Mahr, 2008) und maßgeblich als ein Medium verstanden, das zur Veranschaulichung und Wissensvermittlung bereits bekannter Sachverhalte dient. Erst auf Niveau III werden Modellierungsprozesse als eine Denk- und Arbeitsweise und als ein Modell für etwas (Mahr, 2008) verstanden, das die Überprüfung von Hypothesen und die Gewinnung neuer Erkenntnisse erlaubt.

Für die einzelnen Teilkompetenzen bedeutet dies, dass beim *Zweck von Modellen* auf den ersten beiden Niveaus ein Modell als ein Modell von etwas (Mahr, 2008) verstanden und eine Beziehung zwischen Modell und dem Original hergestellt wird. Der Zweck des Modells wird darin gesehen, anhand des Modells einen Sachverhalt zu veranschaulichen (Niveau I) oder bereits bekannte Zusammenhänge im Original zu erklären (Niveau II). Auf Niveau III dagegen wird das Modell als Modell für etwas (Mahr, 2008) angewendet, um mithilfe des Modells Voraussagen über das Original zu treffen. Fähigkeiten in der Teilkompetenz *Testen von Modellen* beziehen sich auf die Überprüfung von Modellen. Während auf Niveau I nur das Modellobjekt auf seine Funktionalität hin getestet wird, wird auf Niveau II ein Modell als ein Modell von etwas (Mahr, 2008) reflektiert und Modell und Original miteinander verglichen. Auf Niveau III wird ein Modell wiederum als ein Modell für etwas (Mahr, 2008) verstanden und die dem Modell zugrundeliegende Hypothese über das Original wird überprüft. Eng verbunden mit dem *Testen von Modellen* sind die Begründungen zum Ändern eines Modells. So kann ein *Ändern von Modellen* auf Niveau I mit einem grundlegenden Fehler im Modellobjekt begründet werden oder auf Niveau II mit einer mangelnden Passung zwischen Modell und Original. Letzeres erfolgt, wenn durch aktuelle Forschung neue Erkenntnisse über das Original vorliegen und das Modell entsprechend angepasst werden muss. Auf Niveau III wird erkannt, dass jedem Modell eine Hypothese über den Aufbau oder die Funktionsweise des Originals zugrundeliegt und dass bei Falsifikation dieser Hypothese das Modell geändert werden muss.

Im Hinblick auf die Verwendung von Modellen im naturwissenschaftlichen Unterricht ist herauszustellen, dass Modelle vorwiegend als Medium (Niveau I und II) eingesetzt werden, um etwas zu beschreiben und zu erklären und der Einsatz von Modellen zur Erkenntnisgewinnung (Niveau III) eher gering ist (z. B. van Driel & Verloop, 1999).

Tabelle 1: Kompetenzmodell der Modellkompetenz mit den drei Teilkompetenzen Zweck, Testen und Ändern von Modellen (Upmeier zu Belzen & Krüger, 2010).

Teilkompe-tenz	Komplexität		
	Niveau I	Niveau II	Niveau III
Zweck von Modellen	Modellobjekt zur Beschreibung von etwas einsetzen	Bekannte Zusammenhänge und Korrelationen von Variablen im Ausgangsobjekt erklären	Zusammenhänge von Variablen für zukünftige neue Erkenntnisse voraussagen
Testen von Modellen	Modellobjekt überprüfen	Parallelisieren mit dem Ausgangsobjekt, Modell von etwas testen	Überprüfen von Hypothesen bei der Anwendung, Modell für etwas testen
Ändern von Modellen	Mängel am Modellobjekt beheben	Modell als Modell von etwas durch neue Erkenntnisse oder zusätzliche Perspektiven revidieren	Modell für etwas aufgrund falsifizierter Hypothesen revidieren

Befunde zur Graduierung und Entwicklung von Modellkompetenz

Die im Kompetenzmodell theoriegeleitete Graduierung von Modellkompetenz wurde in mehreren Querschnittsstudien von der siebten bis zehnten Jahrgangsstufe ($N = 1177$) empirisch überprüft (Krell, 2013; Grünkorn et al., 2014; Terzer, 2013). Dabei konnten 17,5 % der Itemschwierigkeit durch die angenommenen Niveaus erklärt werden (Terzer, 2013). Zudem weisen Schülerinnen und Schüler in höheren Jahrgangsstufen höhere Niveaus von Modellkompetenz auf (Terzer, 2013). Für eine relativ große Stichprobe ist somit untersucht worden, inwiefern es Unterschiede in der Modellkompetenz zwischen verschiedenen Jahrgangsstufen gibt. Allerdings bilden diese Unterschiede nur interindividuelle Differenzen ab (Molenaar & Campbell, 2009). Diese können auch auf Unterschiede in der Stichprobe wie unterschiedliche Schulen oder Klassen zurückzuführen sein.

Weitere Befunde, die Aufschluss darüber geben, wie sich die Sicht auf Modelle entwickelt, geben Studien von Leisner-Bodenthin (2006) und Schwarz et al. (2009). So zeigte Leisner-Bodenthin (2006) in einer Interventionsstudie über ein Schuljahr, dass vor allem die wiederholte Reflexion und Diskussion über die Modellbildung wirksam für die Förderung des Modellverständnisses von Schülerinnen und Schülern der Jahrgangsstufen 7–10 war. Allerdings wurde das durchschnittliche Modellverständnis der Interventionsgruppe auch nach der Intervention weiterhin als unangemessen eingeschätzt. Leisner-Bodenthin (2006) folgerte daraus, dass Modellkompetenz nicht durch exemplarisches Lernen erworben werden kann, sondern es einer langfristigen und umfangreichen Thematisierung im Unterricht bedarf. Auch Schwarz et al. (2009) unterscheidet zwischen einer medialen Sicht auf Modelle auf unteren Niveaus und einer methodischen Sicht auf Modelle auf höheren Niveaus. In einer Interventionsstudie, in der Lernende eigene Modelle konstruieren und evaluieren sollten, konnte gezeigt werden, dass die Schülerinnen und Schüler Modelle nur vereinzelt unter einer methodischen Sicht wahrnahmen und sich Entwicklungen vorwiegend innerhalb der unteren beiden Niveaus vollzogen.

Wie allgemein in der naturwissenschaftsdidaktischen Forschung überwiegen auch zur Untersuchung der Entwicklung von Modellkompetenz Querschnitts- und Interventionsstudien. Damit stellt die längsschnittliche Erfassung von Kompetenzveränderungen als Grundlage für die Konstruktion theoretisch fundierter und empirisch überprüfter Kompetenzentwicklungsmodelle nach wie vor ein Forschungsdesiderat dar (Artelt & Schneider, 2011).

Fragestellung

Die vorliegende Studie kommt diesem Desiderat nach. Hierfür soll in einem Längsschnitt überprüft werden, inwiefern das Kompetenzmodell auch die Entwicklung von Modellkompetenz abbildet.

Dazu wird folgende Fragestellung verfolgt: Inwiefern entwickelt sich Modellkompetenz innerhalb der theoretisch formulierten Niveaus von der siebten bis zur zehnten Jahrgangsstufe?

Da bei einer vergleichbaren Stichprobe (Jahrgangsstufe sieben bis zehn, Gymnasium) im Querschnitt signifikante Unterschiede zwischen den Jahrgangsstufen gefunden werden konnten (Terzer, 2013), wird davon ausgegangen, dass die Modellkompetenz der Schülerinnen und Schüler im Längsschnitt ansteigt.

Methode

Untersuchungsdesign

Die Entwicklung der Modellkompetenz wird in einer Längsschnittstudie mit zwei Kohorten und drei Messzeitpunkten an sieben Berliner Gymnasien jeweils am Ende eines Schuljahres untersucht. Mit den Bildungsstandards für das Fach Biologie (KMK, 2005) als Referenzrahmen dieser Studie wird entsprechend eine Kohorte von der siebten bis zur neunten und eine zweite Kohorte von der achten bis zur zehnten Jahrgangsstufe befragt. Der erste und zweite Messzeitpunkt wurden bereits durchgeführt. An beiden Erhebungen nahmen $N = 514$ Schülerinnen und Schüler teil. Dabei setzte sich die erste Kohorte aus 157 Schülern und 177 Schülerinnen zusammen ($n = 334$), die durchschnittlich 12.8 (Min.: 11, Max.: 15, $SD = 0.5$) Jahre alt waren. Die zweite Kohorte bestand aus 75 Schülern und 105 Schülerinnen ($n = 180$), deren Alter durchschnittlich 13.8 Jahre (Min.: 12, Max.: 15, $SD = 0.5$) betrug.

Zur Erfassung naturwissenschaftlicher Kompetenzen werden häufig geschlossene und offene Antwortformate miteinander kombiniert (z. B. Wellnitz, 2012). Auf diese Weise können formatspezifische Vor- und Nachteile berücksichtigt werden, so dass dieses Vorgehen eine möglichst genaue und valide Messung der jeweiligen Kompetenz erlaubt. Während sich Multiple-Choice Aufgaben durch eine hohe Auswertungsobjektivität und Testökonomie auszeichnen, kann bei offenen Aufgaben durch die eigenständige Formulierung der Antwort der individuelle Lösungsweg nachvollzogen werden, so dass sich diese gut zur Erfassung von Lernverläufen eignen (Hartig & Jude, 2007; Wilson, 2005). Generell weisen offene Aufgaben eine höhere Schwierigkeit als geschlossene Aufgaben auf (Martinez, 1991). Um möglichst das gesamte Spektrum an Personenfähigkeiten mit einem Kompetenztest zu erfassen, empfiehlt es sich daher, möglichst beide Aufgabenformate zu verwenden. Aus diesem Grund werden in dieser Studie zur Erfassung der Modellkompetenz Multiple-Choice und offene Items eingesetzt, die zuvor in einer Querschnittstudie mit $N = 1177$ Schülerinnen und Schülern von der siebten bis zehnten Jahrgangsstufe pilotiert und evaluiert wurden (Grünkorn et al., 2014; Terzer, 2013). Alle Items beginnen mit einem Aufgabenstamm, in dem ein bestimmtes Modell präsentiert und das zur Beantwortung nötige Fachwissen dargelegt wird. Es folgen ein standardisierter Stimulus und bei den Multiple-Choice Aufgaben entsprechend vier Antwortmöglichkeiten mit einem Attraktor als richtige Antwort (Terzer, 2013). Während die Multiple-Choice Aufgaben jeweils ein bestimmtes Niveau einer Teilkompetenz erfassen, sind die Fragen der offenen Aufgaben so gestellt, dass Antworten auf allen drei Niveaus möglich sind (Grünkorn et al., 2014). Die zu den offenen Aufgaben generierten Schülerantworten werden basierend auf einem Kodiermanual (Grünkorn et al., 2014) eingeordnet und den Niveaus zugeordnet. Insgesamt wurden 25 Multiple-Choice und neun offene Items eingesetzt. Aus Gründen der Testökonomie wurden insgesamt mehr geschlossene als offene Aufgaben eingesetzt, da die Bearbeitungszeit offener Aufgaben deutlich höher ist als die geschlossener Aufgaben (Hartig & Jude, 2007). Dabei bearbeiteten die Schülerinnen und Schüler immer nur einen Teil der Aufgaben. Die Aufgaben waren in einem Multi-Matrix-Design auf 19 verschiedene Testhefte verteilt. Jedes Testheft enthielt 12 Multiple-Choice und vier offene Items. Als Hintergrundvariablen wurden neben Alter, Geschlecht und Schulnoten (Biologie, Chemie, Physik, Mathematik, Deutsch, erste Fremdsprache) zudem Leseverständnis und -geschwindigkeit (LGVT 6–12, Schneider et al., 2007), kognitive Fähigkeiten (KFT 4–12R, Skala N2 non-verbal, Heller & Perleth, 2000) sowie Aspekte des Wissenschaftsverständnisses (Urhahne et al., 2008) erhoben. Desweiteren beantworten die Biologielehrkräfte der befragten Schülerinnen und Schüler einen Fragebogen über ihren Einsatz von Modellen im Unterricht.

Veränderungsmessung

Zur Modellierung einer intraindividuellen Veränderung der Modellkompetenz über mehrere Messzeitpunkte hinweg wurden Modelle der Item-Response-Theorie (IRT) mit dem Programm ConQuest (Wu et al., 1997) berechnet. Ein allgemeiner Vorteil der IRT ist, dass auch bei designbedingt unvollständigen Datenstrukturen, wie sie bei dieser Studie durch das Multi-Matrix-Design vorliegen, Personen- und Itemparameter geschätzt und auf einer gemeinsamen Skala abgebildet werden können (Hartig & Frey, 2013). Bezogen auf die Veränderungsmessung besteht ein weiterer Vorteil der IRT darin, dass sie die Möglichkeit bietet, eine Veränderung der Personenfähigkeiten zwischen mehreren Messzeitpunkten möglichst unverzerrt zu schätzen (Hartig & Kühnbach, 2006). Dies wird im Rahmen von mehrdimensionalen IRT Modellen realisiert, bei denen jede latente Dimension einen Messzeitpunkt darstellt (Hartig & Kühnbach, 2006).

Bezogen auf die in diesem Beitrag vorzustellenden Ergebnisse wurde eine Veränderung der Modellkompetenz zwischen den ersten beiden Messzeitpunkten in einem zweidimensionalen Modell berechnet. In die Schätzung dieses Modells gingen nur die Antworten auf die Multiple-Choice Items mit Alter, Geschlecht, Jahrgangsstufe und Noten als Hintergrundvariablen ein. Um hierbei die Personenfähigkeiten beider Dimensionen gemeinsam skalieren zu können, mussten die Itemschwierigkeiten restringiert und zu beiden Messzeitpunkten gleichgesetzt werden. Daher wurden nach der Empfehlung von Hartig und Kühnbach (2006) in einem ersten Schritt die Itemparameter in einem eindimensionalen Modell geschätzt. Hierfür wurde ein virtueller Datensatz erstellt, bei dem dieselben Personen vom ersten und zweiten Messzeitpunkt als zwei verschiedene Personen behandelt wurden. Auf diese Weise konnte das Antwortverhalten der Schülerinnen und Schüler zu beiden Messzeitpunkten bei der Schätzung der Itemschwierigkeiten berücksichtigt werden. Zudem wurde überprüft, inwiefern die Itemparameter in einem als akzeptabel einzuordnenden Bereich ($0.75 < $ wMNSQ $ < 1.30$; $t < 1.96$) lagen (Bond & Fox, 2007). In einem zweiten Schritt wurden die Itemschwierigkeiten in das zweidimensionale Modell eingelesen, sodass die Personenfähigkeiten beider Messzeitpunkte parallel geschätzt werden konnten. Als Personenschätzer wurden jeweils fünf *plausible values* (PV) pro Dimension verwendet, da sie sich am besten zur Veränderungsmessung auf Populationsebene eignen (vgl. Hartig & Kühnbach, 2006; von Davier et al., 2009). Um zu untersuchen, inwiefern sich die Modellkompetenz der Schülerinnen und Schüler verändert hat, wurde im Anschluss über einen t-Test geprüft, inwiefern eine signifikante Differenz zwischen den Personenfähigkeiten zwischen erstem und zweitem Messzeitpunkt vorliegt ($Mpv_{dim1} - Mpv_{dim2}$). Entsprechend des von von Davier et al. (2009) beschriebenen PV-R Verfahrens wurden diese nachgeschalteten Analysen für jedes *plausible values*-Paar separat durchgeführt, im Anschluss gemittelt und der entsprechende Standardfehler berechnet. Zudem wurde die Effektstärke berechnet, um zu berücksichtigen, dass bei wachsender Stichprobe auch geringe Unterschiede signifikant werden.

Ergebnisse

An dieser Stelle werden Ergebnisse der Entwicklung der Modellkompetenz vom ersten zum zweiten Messzeitpunkt vorgestellt, die durch die Multiple-Choice Aufgaben erfasst wurde. Um einen globalen Überblick über die Kompetenzentwicklung zu geben, werden die Daten für alle drei Teilkompetenzen zusammen skaliert aufgeführt.

Wie zuvor erläutert, handelte es sich bei der Auswertung um ein zweischrittiges Verfahren, so dass in einem ersten Schritt in einem eindimensionalen Modell die Itemparameter basierend auf der virtuellen Stichprobe $N = 1028$ geschätzt wurden. Die Werte des *weighted mean square* (wMNSQ) mit einem Erwartungswert von 1 lagen mit 0.81 bis 1.14 innerhalb des als akzeptabel einzuordnenden Bereichs (Bond & Fox, 2007). Anhand der zugehörigen t-Werte, die sich von -1.4 bis 1.7 erstreckten, wurde sichergestellt, dass keine signifikante Abweichung vom Erwartungswert vorlag (Bond & Fox, 2007).

Die zweidimensionale Skalierung zur Schätzung der Personenfähigkeiten zu beiden Messzeitpunkten mit den Variablen Geschlecht, Alter, Jahrgangsstufe und Noten im Hintergrundmodell ist in einer *Wright Map* dargestellt (Abb. 1).

Tabelle 2: Varianz und EAP/PV-Reliabilität sowie die latente Korrelation der beiden Dimensionen.

Dimension	Varianz	EAP/PV-Reliabilität	Latente Korrelation
1	0.239	0.576	0.739
2	0.262	0.746	

Die linke Verteilung markiert die Personenfähigkeiten zum ersten, die rechte Verteilung die Fähigkeiten zum zweiten Messzeitpunkt. Die Itemschwierigkeiten sind rechts aufgetragen. Tabelle 2 zeigt die entsprechenden Werte für die Varianz und EAP/PV-Reliabilität der beiden Dimensionen sowie der latenten Korrelation zwischen den beiden Messzeitpunkten.

Als Personenschätzer wurden pro Dimension und Kohorte fünf *plausible values* gezogen. Anhand eines t-Tests für verbundene Stichproben wurde getestet, inwiefern sich die Personenfähigkeiten der beiden Kohorten vom ersten zum zweiten Messzeitpunkt veränderten. Dabei zeigte sich, dass die Modellkompetenz der Schülerinnen und Schüler der ersten Kohorte von der siebten zur achten Jahrgangsstufe im Mittel mit 0.07 Logits (t (333) = -3.281; $p \leq 0.05$, $SE = 0.90$) zwar signifikant anstieg, allerdings mit einer sehr geringen Effektstärke ($d = 0.18$). Bei der zweiten Kohorte von der achten zur neunten Jahrgangsstufe handelte es sich mit 0.02 Logits (t (179) = -0.771; $p \geq 0.05$, $SE = 0.53$) ebenfalls um einen sehr geringen Anstieg, der allerdings nicht signifikant war.

Diskussion und Ausblick

Wie in der *Wright Map* (Abb. 1) zu erkennen ist, verteilen sich die Personenfähigkeiten und Itemschwierigkeiten angemessen über die Logit-Skala. Allerdings wird deutlich, dass gerade im oberen Bereich Aufgaben fehlen, um gut zwischen

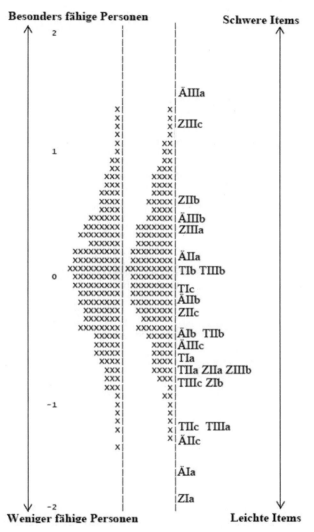

Abbildung 1: Wright Map des zweidimensionalen Modells mit den Personenfähigkeiten (zwei linke Spalten) und Itemschwierigkeiten (rechte Spalte) auf einer Logit-Skala. Die ersten Buchstaben beziehen sich auf die Teilkompetenzen Zweck (Z), Testen (T) und Ändern von Modellen (Ä). Die Ziffern beziehen sich auf die Niveaustufen I, II, III und die Buchstaben (a, b, c) auf zwei bis drei Items pro Zelle des Kompetenzmodells. Jedes X repräsentiert drei Personen.

Personen mit hoher Fähigkeit zu unterscheiden. Um möglichst das gesamte Spektrum an Personenfähigkeiten zu erfassen, ist es von Vorteil geschlossene und offene Aufgabenformate innerhalb eines Kompetenztests gemeinsam zu verwenden. Entsprechend werden nach Abschluss der Auswertung der offenen Aufgaben in folgenden Analysen die offenen und geschlossenen Aufgaben gemeinsam skaliert. Da offene Aufgaben im Allgemeinen schwieriger sind als geschlossene (Martinez, 1991), wird davon ausgegangen, dass die bislang nicht gut abgedeckten höheren Fähigkeitsbereiche somit besser erfasst werden können.

Bezüglich der aufgestellten Hypothese zur Kompetenzentwicklung ist herauszustellen, dass es sich bei beiden Kohorten mit einem Kompetenzanstieg von 0.07 bzw. 0.02 Logits vom ersten zum zweiten Messzeitpunkt um eine sehr gering ausgeprägte Entwicklung handelte, auch im Vergleich zu anderen Studien zur Kompetenzentwicklung (z. B. Grube, 2011). Im Hinblick darauf, dass zwar bei einer vergleichbaren Stichprobe signifikante Unterschiede in der Modellkompetenz zwischen den Jahrgangsstufen gezeigt werden konnten (Terzer, 2013), ist zu beachten, dass es sich bei letzterer um eine Querschnittsstudie handelt. Die beobachteten Unterschiede sind somit interindividuell und können beeinflusst sein durch Unterschiede in der Stichprobe wie unterschiedliche Schulen oder Klassen (Molenaar & Campbell, 2009). Zudem zeigten sich auch in der querschnittlichen Studie zum Teil nur geringe Kompetenzunterschiede. So betrug der Unterschied von der siebten zur achten Jahrgangsstufe 0.206 Logits und der von der neunten zur zehnten 0.028 Logits (Terzer, 2013).

Auffällig ist zudem die geringe Varianz. Hierfür gibt es verschiedene Erklärungen (vgl. Terzer, 2013). Unter anderem ist denkbar, dass trotz der Berücksichtigung von Modellkompetenz in den Bildungsstandards (KMK, 2005), Modellkompetenz nicht umfassend im Unterricht vermittelt wird. Dies könnte bedeuten, dass sich die Modellkompetenz bei Lernenden bereits zum ersten Messzeitpunkt nicht stark voneinander unterschied, da sie kaum Gelegenheiten hatten eine umfassende Modellkompetenz im Unterricht zu erwerben. Gestützt wird diese Vermutung durch eine Reihe von Studien zum Modellverstehen und -einsatz von Lehrkräften (z. B. van Driel & Verloop, 1999), die aufzeigen, dass Modelle vorwiegend verwendet werden, um bereits bekannte Sachverhalte zu erklären, jedoch nicht als eine Methode zur Erkenntnisgewinnung. Dabei zeigte sich auch in anderen Studien (z. B. Leisner-Bodenthin, 2006), dass für die Entwicklung einer umfassenden Modellkompetenz ein exemplarisches Lernen nicht ausreicht, sondern hierfür eine langfristige und umfangreiche Thematisierung im Unterricht nötig ist. Entsprechend sind bei curricular abhängigen Kompetenzbereichen, wie bei dieser Studie, stagnierende oder sogar absinkende Kompetenzverläufe möglich (Robitzsch, 2013). Hier wird die Auswertung des Lehrerfragebogens zum Modelleinsatz bei den Biologielehrkräften der befragten Schülerinnen und Schüler weitere Hinweise liefern. Auf diese Weise lassen sich Einblicke gewinnen, unter welcher Perspektive und wie häufig Modelle Gegenstand des Unterrichts waren. Zudem können die Analyse des dritten Messzeitpunktes, der Einbezug der offenen Aufgaben sowie die systematische Untersuchung der Kompetenzentwicklung für die einzelnen Teilkompetenzen zu einem differenzierteren Befund führen.

Fazit

Zwar konnte für die Auswertung der ersten beiden Messzeitpunkte nicht bestätigt werden, dass sich Modellkompetenz signifikant mit einer mittleren bis hohen Effektstärke entwickelt. Dennoch steht außer Frage, dass die auf Niveau III angestrebte methodische Sicht auf Modelle entscheidend für die Entwicklung eines umfassenden Wissenschaftsverständnisses als Teil einer *Scientific Literacy* (Leisner-Bodenthin, 2006; Schwarz et al., 2009) ist. Die Befunde legen nahe, dass Modellkompetenz im Unterricht bislang noch nicht ausreichend implementiert ist. Aus diesem Grund sind weitere Maßnahmen zur Förderung von Modellkompetenz nötig, damit Lernende langfristig eine elaborierte Sicht auf Modelle entwickeln können.

Das Kompetenzmodell kann, auch wenn es zum jetzigen Zeitpunkt noch nicht als Entwicklungsmodell empirisch bestätigt werden konnte, im Sinne eines normativen Modells als Strukturierungshilfe zur Planung von Unterricht dienen (vgl. Schecker & Parchmann, 2006). Mit der Definition von Teilkompetenzen, die für einen reflektierten Umgang mit Modellen entscheidend sind, werden Anhaltspunkte für die unterrichtliche Förderung von Modellkompetenz gegeben, beispielsweise für die Erstellung von Kompetenzrastern (Grünkorn et al., im Druck).

Danksagung

Das hier vorgestellte Projekt wird im Rahmen der Nachwuchsförderung im Bereich Empirische Fundierung der Fachdidaktiken vom BMBF gefördert.

Literatur

Artelt, C. & Schneider, W. (2011). Editorial: Herausforderungen und Möglichkeiten der Diagnose und Modellierung von Kompetenzen und ihrer Entwicklung. *Zeitschrift für Entwicklungspsychologie und Pädagogische Psychologie, 43*(4), 167–172.

Bond, T. G. & Fox, C. M. (2007). *Applying the Rasch model: Fundamental Measurement in the Human Sciences*. Mahwah, NJ: Lawrence Erlbaum Associates Publishers.

Boulter, C. J. & Gilbert, J. K. (2000). Challenges and Opportunities of Developing Models in Science Education. In C. J. Boulter & B. C.Buckley (Hrsg.), *Developing Models in Science Education* (S. 343–362). Dordrecht: Kluwer.

Grosslight, L., Unger, C. & Jay, E. (1991). Understanding models and their use in science: conceptions of middle and high school students and experts. *Journal of Research in Science Teaching, 28*(9), 799–822.

Grube, C. (2011). *Kompetenzen naturwissenschaftlicher Erkenntnisgewinnung. Untersuchung der Struktur und Entwicklung des wissenschaftlichen Denkens bei Schülerinnen und Schülern der Sekundarstufe I*. Verfügbar unter https://kobra.bibliothek.uni-kassel.de/handle/urn:nbn:de:hebis:34-2011041537247

Grünkorn, J., Upmeier zu Belzen, A. & Krüger, D. (2014). Assessing Students' Understandings of Biological Models and their Use in Science to Evaluate a Theoretical Framework. *International Journal of Science Education*, 1–34.

Grünkorn, J., Lotz, A. & Terzer, E. (im Druck). Erfassung von Modellkompetenz im Biologieunterricht. *MNU*

Hammann, M. (2004). Kompetenzentwicklungsmodelle: Merkmale und ihre Bedeutung. *MNU, 57*(4), 196–203.

Hartig, J. & Kühnbach, O. (2006). Schätzung von Veränderung mit Plausible Values in mehrdimensionalen Rasch-Modellen. In A. Ittel & H. Merkens (Hrsg.), *Veränderungsmessung und Längsschnittstudien in der Erziehungswissenschaft* (S. 27–44). Wiesbaden: Verlag für Sozialwissenschaften.

Hartig, J. & Jude, N. (2007). Empirische Erfassung von Kompetenzen und psychometrische Kompetenzmodelle. In J. Hartig & E. Klieme (Hrsg.), *Möglichkeiten und Voraussetzungen technologiebasierter Kompetenzdiagnostik* (S.17–36). Bonn Berlin: Bundesministerium für Bildung und Forschung.

Hartig, J. & Frey, A. (2013). Sind Modelle der Item-Response-Theorie (IRT) das „Mittel der Wahl" für die Modellierung von Kompetenzen? In D. Leutner, E. Klieme, J. Fleischer & H. Kuper (Hrsg.), *Kompetenzmodelle zur Erfassung individueller Lernergebnisse und zur Bilanzierung von Bildungsprozessen. Aktuelle Diskurse im DFG-Schwerpunktprogramm* (S. 47–51). Wiesbaden: Springer.

Harrison, A. & Treagust, D. (2000). A typology of school science models. *International Journal of Science Education, 22*(9), 1011–1026.

Heller, K. A. & Perleth, C. (2000). *KFT 4–12R – Kognitiver Fähigkeits-Test für 4. bis 12. Klassen, Revision*. Göttingen: Hogrefe.

KMK-Ständige Konferenz der Kultusminister der Länder in der Bundesrepublik Deutschland (Hrsg.) (2005). *Bildungsstandards im Fach Biologie für den Mittleren Schulabschluss*. München Neuwied: Wolters Kluwer.

Krell, M. (2013). *Wie Schülerinnen und Schüler biologische Modelle verstehen: Erfassung und Beschreibung des Modellverstehens von Schülerinnen und Schülern der Sekundarstufe I*. Berlin: Logos Verlag.

Leisner-Bodenthin, A. (2006). Zur Entwicklung von Modellkompetenz im Physikunterricht. *ZfDN, 12*, 91–109.

Mahr, B. (2008). Cargo: Zum Verhältnis von Bild und Modell. In I. Reichle, S. Siegel & A. Spelten (Hrsg.), *Visuelle Modelle*. Paderborn: Verlag Wilhelm Fink.

Martinez, M. (1991). A Comparison of Multiple-Choice and Constructed Figural Response Items. *Journal of Educational Measurement, 28*(2), 131–145.

Molenaar, P. C. & Campbell, C. G. (2009). The New Person-Specific Paradigm in Psychology. *Current Directions in Psychological Science, 18*(2), 112–117.

Next Generation Science Standards Lead States (2013). *Next Generation Science Standards: For States, By States*. Appendix A. Washington, DC: The National Academies Press.

Robitzsch, A. (2013). Wie robust sind Struktur- und Niveaumodelle? Wie zeitlich stabil und über Situationen hinweg konstant sind Kompetenzen? In D. Leutner, E. Klieme, J. Fleischer & H. Kuper (Hrsg.), *Kompetenzmodelle zur Erfassung individueller Lernergebnisse und zur Bilanzierung von Bildungsprozessen. Aktuelle Diskurse im DFG-Schwerpunktprogramm* (S. 41–45). Wiesbaden: Springer.

Schecker, H. & Parchmann, I. (2006). Modellierung naturwissenschaftlicher Kompetenz. *ZfDN, 12*, 45–66.

Schneider, W., Schlagmüller, M. & Ennemoser, M. (2007). *LGVT 6-12: Lesegeschwindigkeits-und -verständnistest für die Klassen 6–12*. Göttingen: Hogrefe.

Schwarz, C., Reiser, B., Davis, E., Kenyon, L., Achér, A., Fortus, D., Shwartz, Y., Hug, B. & Krajik, J. (2009). Developing a Learning Progression for Scientific Modeling: Making Scientific Modeling Accessible and Meaningful for Learners. *Journal of Research in Science Teaching, 46*(6), 632–654.

Terzer, E. (2013). *Modellkompetenz im Biologieunterricht – Empirische Beschreibung von Modellkompetenz mithilfe von Multiple-Choice Items*. Verfügbar unter http://edoc.hu-berlin.de/dissertationen/terzer-eva-2012-12-19/PDF/terzer.pdf.

Upmeier zu Belzen, A. & Krüger, D. (2010). Modellkompetenz im Biologieunterricht. *ZfDN, 16*, 41–57.

Urhahne, D., Kremer, K. & Mayer, J. (2008). Welches Verständnis haben Jugendliche von der Natur der Naturwissenschaften? Entwicklung und erste Schritte zur Validierung eines Fragebogens. *Unterrichtswissenschaft, 36*, 72–94.

van Driel, J. H. & Verloop, N. (1999). Teachers' knowledge of models and modelling in science. *International Journal of Science Education, 21*(11), 1141–1153.

von Davier, M., Gonzalez, E. & Mislevy, R. (2009). Plausible values: What are they and why do we need them? *IERI Monograph Series: Issues and Methodologies in Large-Scale Assessments, 2,* 9–36.

Wellnitz, N. (2012). *Kompetenzstruktur und -niveaus von Methoden naturwissenschaftlicher Erkenntnisgewinnung.* Berlin: Logos Verlag.

White, R. & Arzi, H. (2005). Longitudinal Studies: Designs, Validity, Practically, and Value. *Research in Science Education, 35*(137–149).

Wilson, M. (2005). *Constructing measures: An item response modeling approach.* Mahwah: Erlbaum.

Wu, M. L., Adams, R. J. & Wilson, M. R. (1997). *ConQuest: Generalised item response modelling software.* Camberwell: Draft Release 2. Australian Council for Educational Research.

Yvonne Schachtschneider/Vanessa Pfeiffer/Silvia Wenning/
Angela Sandmann

Entwicklung eines Testinstruments zur Diagnose fachspezifischen Vorwissens von Studierenden der Biologie im Übergang Schule-Hochschule

Zusammenfassung

Im Beitrag wird die Entwicklung eines Diagnoseinstruments vorgestellt, mithilfe dessen das fachspezifische Vorwissen von Studienanfängern in grundlegenden Teildisziplinen der Biologie erhoben werden kann. Der Wissenstest deckt die in der Sekundarstufe II zu vermittelnden Pflichtthemen unter Berücksichtigung studienrelevanter Inhalte der Studieneingangsphase ab. Die Testinhalte wurden durch Experten aus Schulpraxis und Universität legitimiert und die Testaufgaben in drei Teilstudien erprobt und optimiert. Der Gesamttest zum fachspezifischen Vorwissen von Studienanfängern umfasst 73 Multiple-Choice-Items, die im WS 12/13 mit 194 Erstsemestern verschiedener biologischer Studiengänge pilotiert wurden. Rasch Analysen ergeben für den Test eine EAP/PV-Reliabilität von 0.87 (Cronbachs Alpha: α = 0.88). Die Itemfit-Werte (wMNSQ) liegen zwischen 0.80 und 1.22. Die Konstruktvalidität wurde mittels Korrelationen und Gruppenvergleichen analysiert. In Bezug auf das Vorwissen der Studienanfänger in Biologie zeigen erste Ergebnisse, dass diese im Schnitt 51 % der Testaufgaben korrekt lösen können. Über die Diagnose des Eingangswissens hinaus kann das Testinstrument dazu genutzt werden, die Wissensentwicklung von Studierenden der Biologie in der Studieneingangsphase zu beschreiben sowie Zusammenhänge mit weiteren Personenmerkmalen zu analysieren.

Abstract

This study is focused on measuring and assessing biological knowledge of first-year students of biology. The knowledge test consists of 73 multiple-choice items including biological contents which are obligatory in German senior classes. In fall 2012, a total of 194 university students took part in a pilot study that was designed to test the reliability and validity of the questionnaire and to check the item fit statistics. Rasch analyses showed an EAP/PV-reliability of 0.87 (Cronbach's Alpha α=0.88) and itemfits (MNSQ's) in the range of 0.85 and 1.22. Construct validity was indicated by analyses of variance and correlations. First results show 51 % correct answers on average. First-year students as well as students studying in their third semester will be tested to allow empirically-based statements to be made about the development of the surveyed variables over the course of the first academic year.

Einleitung

Absolventen der gymnasialen Oberstufe erwerben mit dem Abitur die zentrale Eingangsvoraussetzung für ein Hochschulstudium. Die Abiturnote, die sog. Note der Hochschulzugangsberechtigung, gilt diesbezüglich als einer der besten Prädiktoren für Studienleistungen bzw. Studienerfolg (Trapmann, Hell, Weigand & Schuler, 2007), da sie eine durchschnittliche Bewertung von Schulleistungen durch mehrere Personen darstellt. Einzelne Fachnoten besitzen darüber hinaus meist keinen prognostischen Wert (vgl. Gold & Souvignier, 2005; Steyer, Yousfi & Würfel, 2005). Jedoch stehen Einzelnoten und Studienleistungen immer dann im Zusammenhang, wenn hohe inhaltliche Übereinstimmungen zwischen den zu testenden Studienvorleistungen und den Studienanforderungen bestehen (Gold & Souvignier, 2005). Dies gilt insbesondere für fachspezifische Studieneingangstests, die das in der Schulzeit erworbene Wissen und Können der Studierenden abbilden und daher aus fachspezifischer Perspektive besonders interessant sind (z. B. Hell, Trapmann & Schuler, 2007). Dieser Beitrag beschreibt die Entwicklung eines fachspezifischen Studieneingangstests für Biologiestudierende von der Inhaltsauswahl über die Itemtestung bis zur Pilotierung des Gesamttests und gibt einen Einblick in erste Ergebnisse zu den Wissensvoraussetzungen von Studienanfängern der Biologie.

Kognitive Eingangsvoraussetzungen und Studienerfolg

Individuelle Eingangsvoraussetzungen stellen in Studienerfolgsmodellen eine zentrale Determinante für der Verlauf eines Studiums dar (z. B. Rindermann & Oubaid, 1999) und ihr Einfluss auf den Studienerfolg wurde vielfach in empirischen Studien untersucht. Dabei hat sich gezeigt, dass kognitive Eingangsfaktoren die größte Prädiktionswirkung auf Studienerfolg haben und der größte Teil der beobachteten Leistungsvarianz auf diese zurückgeführt werden kann (Bloom, 1976; Kuusinen & Leskinen, 1988). Nationale wie internationale Metaanalysen belegen insbesondere hohe Effekte der Schulleistung auf Studienerfolg (z. B. Burton & Ramist, 2001; Robbins et al., 2004; Trapmann, Hell, Weigand & Schuler, 2007). So berichten Studien über mittlere korrigierte Korrelationen der Abiturnote zu den Studiennoten von über .40 für verschiedene Fächer (Rindermann & Oubaid, 1999; Steyer et al., 2005) und benennen dementsprechend die Hochschulzugangsberechtigungsnote als den validesten Einzelprädiktor für Studienerfolg (Blömeke, 2009; Brandstätter & Farthofer, 2002; Gold & Souvignier, 2005; Schiefele, Streblow, Ermgassen & Moschner, 2003; Schmidt-Atzert, 2005).

In Deutschland ist trotz erweiterter Möglichkeiten (z. B. Eingangstests, Auswahlgespräche, Motivationsschreiben) die Abiturnote das häufigste und meist einzige Kriterium, welches zur Auswahl oder Vorauswahl der Studierenden von Universitäten herangezogen wird (Heine, Briedis, Didi, Haase & Trost, 2006) und dies obwohl die Vergleichbarkeit der Abiturnoten verschiedener Bundesländer und Schulformen häufig in Frage gestellt wird (Deidesheimer Kreis, 1997, S. 79f). Untersuchungen zu einzelnen Noten zeigen, dass deutliche Differenzen in den Bewertungsmaßstäben zwischen Klassen und Fächern bestehen (Ingenkamp & Lissmann, 2008). Allerdings seien sie „weder so schlecht, wie sie hingestellt wurden, noch so gut, wie sie ihrem Anspruch nach sein müssten" (Tent, 2006, S. 878), sollten jedoch als alleiniges Entscheidungskriterium z. B. zur Studienzulassung nicht verwendet werden. Es werden vor allem die fehlende Spezifität im Hinblick auf die Anforderungen einzelner Studiengänge und/oder Hochschulen bemängelt (Gold & Souvignier, 2005) und Auswahlkriterien verlangt, die die Eignung des Studienplatzbewerbers für einen speziellen Studiengang an einer bestimmten Hochschule ausweisen.

Auch in den Vereinigten Staaten ist die gute Validität von Schulnoten belegt (Willingham, Lewis, Morgan & Ramist, 1990). Dort werden jedoch seit vielen Jahren zusätzlich Studierfähigkeitstests zur Auswahl von Studierenden eingesetzt und zur Validierung groß angelegte Studien durchgeführt. Eine Metaanalyse bescheinigt dem Scholastic Apitude Test (SAT) eine mittlere unkorrigierte Validität von .36, den Schulnoten sogar von .42 (Burton & Ramist, 2001). Durch die gemeinsame Verwendung von Test und Schulnoten kann die Vorhersagevalidität auf .52 gesteigert werden. Auch in Deutschland konnte bereits für das Studienfach Psychologie gezeigt werden, dass durch die Kombination der Abiturnote und eines fachspezifischen Eingangstests mehr Varianz der mittleren Studiennote aufgeklärt werden kann als durch einen der beiden Prädiktoren allein (Formazin, Schroeders, Köller, Wilhelm & Westmeyer, 2011).

Fachspezifisches Vorwissen und Studienerfolg

Studierende beginnen ihr Studium üblicherweise mit einem äußerst heterogenen Wissensstand (Entrich & Graf, 1984). Dies trifft insbesondere auch auf Biologiestudierende zu, da das deutsche Schulsystem durch die Kurswahl in der gymnasialen Oberstufe eine unterschiedlich intensive Ausbildung in Biologie ermöglicht (vgl. z. B. Urhahne, 2006). Heterogene Wissensstände führen in der Studieneingangsphase jedoch immer wieder zu Schwierigkeiten, da das fachspezifische Vorwissen auch im Studium eine entscheidende Rolle für den weiteren Wissenserwerb spielt (Helmke & Schrader, 2010; Weinert & Helmke, 1995; Weinert, 1994) und einen starken Prädiktor für Lernerfolg darstellt (Byrnes, 1995; Dochy, Segers & Buehl, 1999; Renkl, 1996; Weinert, Schrader & Helmke, 1989). Gerade wenn anspruchsvolle Lernleistungen wie in einem Hochschulstudium angestrebt werden, ist fachspezifisches Vorwissen ein wesentlicher Einflussfaktor, der nicht ohne Weiteres durch allgemeine kognitive Fähigkeiten kompensiert werden kann (Weinert et al., 1989; Weinert, 1994). Die Bedeutung fachwissenschaftlicher Kompetenz ist für Studierende in Fachstudiengängen zentral, für angehende Lehrerinnen und Lehrer stellt das Fachwissen darüber hinaus die Grundlage für den Erwerb fachdidaktischen Wissens dar (Baumert & Kunter, 2006; Brunner et al., 2006; van Driel, Verloop & Vos 1998).

Für das Studienfach Biologie liegen verschiedene empirische Arbeiten zum Wissensstand von Studienanfängern vor. Diese sind jedoch entweder älter (Entrich & Graf, 1984; Eschenhagen & Schilke, 1973), fragen lediglich Kenntnisse in Teilbereichen der Biologie ab (Hesse, 2002; Lumer & Hesse, 1993; Müller & Gerhardt-Dircksen, 2000) oder bieten keinen umfassenden Überblick über das Abiturwissen (Müller, 2003). Allen Untersuchungen gemeinsam ist aber die Erkenntnis, dass die Studienanfänger über erhebliche Defizite hinsichtlich des erwarteten biologischen Fachwissens verfügen.

Zur Erklärung dieser Defizite sind im Rahmen mehrerer Studien allgemeine Leistungsindikatoren sowie Personenmerkmale zum Vergleich von Lehramtsstudierenden und Diplom- bzw. Magisterstudierenden verschiedener Fachrichtungen erhoben worden. Sowohl Gold und Giesen (1993) als auch Klusmann, Trautwein, Lüdtke, Kunter und Baumert (2009) konnten in ihren Studien zeigen, dass Gymnasiallehramtsstudierende ähnliche kognitive Merkmalsprofile aufweisen wie Studierende anderer Fachrichtungen. Spinath, van Ophuysen und Heise (2005) ermitteln bei MINT-Studierenden zwar signifikant höhere IQ-Werte, Studierende der Erziehungs- oder Wirtschaftswissenschaft erreichen aber ähnliche Werte wie die Lehramtskandidaten. Allerdings berichten alle drei Untersuchungen eine negative Binnenselektion innerhalb der Lehramtsstudiengänge, bei der die Studierenden für das Sekundarstufe-I-Lehramt schlechter in den erhobenen Leistungsmerkmalen abschneiden. So erhöht sich die Chance ein Sekundarstufe-I-Lehramt zu studieren mit schlechterer Abiturnote (Klusmann et al., 2009). Darüber hinaus ergibt sich, dass die Wahl des Studiengangs sowie der Lehramtsstufe sowohl geschlechtsabhängig ist (Gold & Giesen, 1993; Klusmann et al., 2009; Retelsdorf & Möller, 2012) als auch mit dem sozioökonomischen Status in Zusammenhang steht (Brookhart & Freeman, 1992; Klusmann et al., 2009).

Meist sind diese Untersuchungen jedoch fächerübergreifend und geben keine Auskunft über fachspezifische Eingangsvoraussetzungen von Studierenden eines bestimmten Fachs.

Ziel und Fragestellungen der Studie

Im Rahmen des Bund-Länder-Programms „Bildungsgerechtigkeit im Fokus" der Universität Duisburg-Essen werden Eingangsvoraussetzungen von Studierenden der Biologie am Übergang von der Schule zur Hochschule ermittelt, um mit Hilfe dieser Erkenntnisse die Studieneingangsphase zu optimieren. Das fachspezifische Vorwissen von Studienanfängern ist eine wesentliche kognitive Eingangsvoraussetzung.

Ziel dieser Studie ist es, ein Testinstrument zur Diagnose des fachspezifischen Vorwissens von Biologiestudierenden zu entwickeln und zu erproben. Mit dessen Hilfe sollen die folgenden Fragestellungen beantwortet werden:
1. Welche fachspezifischen Eingangsvoraussetzungen besitzen Biologiestudierende zu Beginn ihres Studiums und unterscheiden sich die Studierenden verschiedener biologischer Studiengänge (z. B. Lehramt vs. Nicht-Lehramt) diesbezüglich voneinander?
2. Welche individuellen Persönlichkeitsmerkmale (z. B. Studieninteresse, akademisches Selbstkonzept) besitzen Studienanfänger im Fach Biologie und wie hängen diese mit der Wahl des biologischen Studiengangs und dem Fachwissen zu Studienbeginn zusammen?

Die Entwicklung des Testinstruments erfolgte in drei Schritten:
Schritt 1: Lehrplananalyse und Expertenbefragung
Schritt 2: Itementwicklung und Itemtestung in drei Vorstudien
Schritt 3: Pilotierung des Vorwissenstests

Entwicklung des Testinstruments

Schritt 1: Lehrplananalyse und Expertenbefragung

Um das studienrelevante Abiturwissen erheben und Aufgaben für den Test entwickeln zu können, wurde zunächst eine Analyse des Lehrplans für das Fach Biologie für die Sekundarstufe II in Nordrhein-Westfalen (Ministerium für Schule und Weiterbildung des Landes Nordrhein-Westfalen, 1999) durchgeführt. Die für den Grundkurs obligatorischen Fachinhalte wurden herausgefiltert und sowohl Lehrkräften, Fachleitern und Moderatoren (N=17) als auch Dozenten der Einführungsvorlesungen für Zellbiologe, Zoologie, Genetik und Botanik der Universität Duisburg-Essen (N=4) zur Einschätzung der Relevanz der Inhalte für den Oberstufenunterricht bzw. für die grundständigen Lehrveranstaltungen der Studieneingangsphase vorgelegt. Die Fachinhalte wurden dabei auf einer vierstufigen Likert-Skala von „unwichtig" bis „wichtig" eingestuft.

Für alle Einführungsvorlesungen sind nach Ansicht der zuständigen Dozenten Kenntnisse im Bereich der Zellbiologie notwendig. Zudem wird pro Fach vor allem auf grundlegende Kenntnisse der in der Sekundarstufe II vermittelten Themengebiete Wert gelegt. Die Lehrkräfte halten tendenziell mehr Lehrplaninhalte für wichtig als von den Universitätsdozenten für den Beginn eines Studiums für notwendig befunden werden. Allerdings wird durch die unterschiedlichen Schwerpunkte der Einführungsvorlesungen (Botanik, Zoologie, Zellbiologie etc.) ein Großteil der in der Sekundarstufe II unterrichteten obligatorischen Inhalte von mindestens einem Dozenten als Voraussetzung genannt. Auffällig ist, dass nur solche Inhalte als nicht wichtig für den Beginn eines Biologiestudiums eingeschätzt werden, die sich mit Spezialfällen und konkreten Beispielen beschäftigen (z. B. die Genregulation am Beispiel des Operon-Modells in der Genetik).

Schritt 2: Itementwicklung und Itemtestung in drei Vorstudien

Im Rahmen dreier Vorstudien zu den Themengebieten „Zellbiologie, Genetik und Zoologie" (Schachtschneider, 2012) „Evolution und Humanbiologie" (Spree, 2013) sowie „Botanik und Ökologie" (Still, 2013) wurden auf Grundlage der als wichtig eingeschätzten Inhalte insgesamt 123 Multiple-Choice-Items zu den in der Oberstufe behandelten Pflichtthemen entwickelt und mit Studierenden bzw. Abiturienten (N=472) getestet. Tabelle 1 gibt einen Überblick über die Vorstudien inklusive je eines Itembeispiels.

Tabelle 1: Daten der Vorstudien inklusive eines Itembeispiels. (FS=Fachsemester, HS=Hauptstudium, GK=Grundkurs Biologie)

Vorstudie 1 **Zellbiologie, Genetik & Zoologie** (Schachtschneider 2012)	Vorstudie 2 **Evolution & Humanbiologie** (Spree 2013)	Vorstudie 3 **Botanik & Ökologie** (Still 2013)
N = 216 41 Items Studierende 1. FS& HS	N = 177 40 Items Studierende 2. FS	N = 79 42 Items Abiturienten GK
Beispielitem: Die homologen Chromosomen einer diploiden Zelle werden bei der Mitose…	Beispielitem: Zu einer biologischen Art gehören…	Beispielitem: Als Biozönose bezeichnet man…
☐ In der Anaphase II auf die Tochterzellen vererbt. ☐ Nach väterlichen und mütterlichen Chromosomen getrennt auf die Tochterzellen verteilt. ☐ Zufällig auf die Tochterzellen verteilt. ☐ Am Zentromer getrennt und auf die Tochterzellen verteilt	☐ Individuen, die sich miteinander fortpflanzen können und die von anderen Populationen reproduktiv isoliert sind. ☐ Individuen, die in wesentlichen morphologischen Merkmalen übereinstimmen ☐ Individuen eines unveränderlichen Typus, der von anderen Typen geographisch getrennt ist. ☐ Individuen, die von einem gemeinsamen Vorfahren abstammen.	☐ Alle abiotischen Faktoren, welche auf eine Population innerhalb eines abgegrenzten Lebensraums einwirken. ☐ Den Lebensraum einer Population, welche diesen als realisierte ökologische Nische monopolisiert hat. ☐ Die Gesamtheit von Organismen verschiedener Arten in einem abgegrenzten Lebensraum. ☐ Die Gesamtheit aller Wechselbeziehungen verschiedener Organismen innerhalb eines Habitats.
α = .77	α = .77	α = .55

Schritt 3: Pilotierung des Vorwissenstests

Anhand der Ergebnisse der drei Vorstudien wurden unter Berücksichtigung von Itemtrennschärfen und -schwierigkeiten sowie Distraktorenanalysen Items ausgewählt und überarbeitet. Dabei wurden alle Items, die eine Trennschärfe von < .30 aufwiesen und/oder in extremen Schwierigkeitsbereichen (Lösungswahrscheinlichkeiten < .20 und > .80) lagen, überarbeitet. Distraktoren, die deutlich häufiger als der Attraktor oder kaum gewählt wurden, sind ebenfalls einem Überarbeitungsprozess unterzogen worden. Anschließend standen für die Pilotierung des Vorwissenstests insgesamt 73 Items zu den Themen Physiologie, Genetik, Ökologie, Evolution und Neurobiologie zur Verfügung. Dieser wurde im Wintersemester 2012 bei Studierenden verschiedener Studiengänge der Biologie der Universität Duisburg-Essen eingesetzt und in Bezug auf Konstruktvalidität (ANOVAs, Spearman-Rangkorrelationen), Reliabilität (EAP/PV-Reliabilität, Cronbachs α) und Itemkennwerte untersucht. Hierzu wurden die statistischen Kennwerte, insbesondere die Fit-Werte, zu Rate gezogen. Darüber hinaus erfolgte anhand der Antwortmuster wiederum eine Prüfung der Distraktoren.

Insgesamt nahmen 194 Erstsemesterstudierende (69 % weiblich) mit Studienfach Biologie der Universität Duisburg-Essen teil. Es handelte sich dabei um Studierende der drei Lehramtsbachelorstudiengänge Gymnasium/Gesamtschule (GyGe), Haupt-/Real-/Gesamtschule (HRGe) und Berufskolleg (BK) sowie um Studierende der Bachelorstudiengänge Biologie (BA Bio) und Medizinische Biologie (MedBio) (vgl. Tabelle 2). Die Teilnahme an der Studie war freiwillig und sämtliche Daten wurden anonymisiert erhoben. Durch die Generierung eines Identifikationscodes war es den Studierenden jedoch möglich eine individuelle Rückmeldung über die Testleistung zu erhalten. Für die Bearbeitung des gesamten Fragebogens hatten die Teilnehmer 90 Minuten Zeit.

Tabelle 2: Umfang und Zusammensetzung der Pilotierungsstichprobe.

	N
Probanden insgesamt	194 (69 % ♀)
Studiengang	
Medizinische Biologie	29
Bachelor Biologie	31
Lehramt GyGe	75
Lehramt BK	11
Lehramt HRGe	48

Ergebnisse

Rasch Analysen ergeben für den Fachwissenstest eine EAP/PV-Reliabilität von 0.87 (Cronbachs Alpha: α=0.88). 72 von 73 Items weisen eine gute Passung zum Raschmodell auf, da die Fit-Werte innerhalb der für Mehrfachwahlaufgaben als akzeptabel geltenden Grenzen von 0.80 und 1.20 (Bond & Fox, 2007, S. 243) liegen (vgl. Tabelle 3).

Tabelle 3: Statistische Kennwerte der Rasch-Skalierung für das Gesamtmodell.

Kennwerte	Fachwissenstest	Kennwerte	Fachwissenstest
Itemzahl	73	Verteilung der Trennschärfen	
Deviance	16 870	Niedrig ($0<r_{it}<0.3$)	37 %
Sep. Reliabilität	0.985	Mittel ($0.3 \leq r_{it} \leq 0.5$)	58,8 %
EAP/PV-Reliabilität	0.871	Hoch ($r_{it}>0.5$)	4,2 %
Schwierigkeit M_θ	0.080		
Itemparameter		Itemfit	
Min_σ	-3.148	Min_{wMNSQ}	0.85
Max_σ	2.032	Max_{wMNSQ}	1.22

Auch die Itemparameter liegen innerhalb akzeptabler Grenzen (Moosbrugger, 2006, S.76), wobei der Gesamttest eine angemessene Schwierigkeit von $M_\theta=0.08$ für die untersuchte Stichprobe aufweist, wie auch die Verteilung der Item- und Personenparameter in Abbildung 1 zeigt. Der Test ist demnach weder zu leicht noch zu schwer für die Studierenden und in der Lage das Leistungsspektrum der Studienanfänger abzubilden und ihr biologisches Wissen zu Studienbeginn zu erfassen.

Allerdings zeigen die statistischen Kennwerte (vgl. Tabelle 3) auch, dass 37 % der Items noch relativ geringe Trennschärfen besitzen ($r_{it}<0.3$) und dass zur weiteren Testoptimierung vornehmlich leichte Aufgaben hinzugefügt werden sollten (vgl. Itemverteilung in Abbildung 1).

Hinsichtlich der Validität zeigt sich erwartungsgemäß, dass die Testleistung mit der Biologienote ($r=0.451$; $p<0.001$) sowie dem Abiturdurchschnitt korreliert

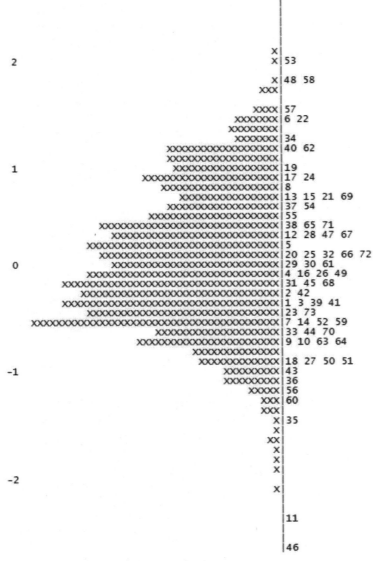

Abbildung 1: Verteilung der Item- (N=73) und Personenparameter (N=194) (x≡0,3 Fälle).

($r=0.529$; $p<0.001$). In einer Varianzanalyse (ANOVA) ergeben sich zudem für unterschiedliche Biologieleistungen in der Schule signifikante Unterschiede ($F(2,172)=22.36$; $p<0.001$; N=175). Studierende mit sehr guten Leistungen in Biologie (Note 1) erreichen die höchsten Testergebnisse (M=44.01 Punkte; SD=10.13; N=69). Außerdem besitzen Studierende, die einen Biologie-Leistungskurs besucht haben, ein höheres Vorwissen als Studierende, die einen Biologie-Grundkurs besucht haben ($U=2261.5$, $z=-2.62$, $p=0.009$, $r=-0.19$, N=191).

In Bezug auf das verfügbare Vorwissen zeigt sich, dass die Studienanfänger im Mittel 51 % (M=37,52 Punkte; SD=10,96) aller Items richtig beantworten, wobei sich die Testleistungen von Studierenden verschiedener Studiengänge (siehe Abbildung 2) signifikant unterscheiden (F(4,189)=12.14; $p<.001$; N=194), was aufgrund des unterschiedlichen NCs der Studienfächer (z. B. NC Medizinische Biologie=1,1) zum Teil zu erwarten war. So schneiden Studierende der Medizinischen Biologie (M=47.14, SD=10.90) besser ab als alle anderen Studiengänge (GyGe: M=38.64; SD=9.75, $p<.001$; BK: M=29.91, SD=7.34, $p<.001$; HRGe: M=32.38, SD=9.01, $p<.001$; BA Biologie: M=36.48, SD=11.02, $p<.001$). Das fachliche Wissen der gymnasialen Lehramtsstudierenden ist mit dem der Bachelor-Biologiestudierenden vergleichbar (M=38.64 Punkte; SD=9.75; N=75 bzw. M=36.48 Punkte; SD=11.02; N=31; $p=0.307$). Allerdings besitzen Studierende des Lehramtes für die Sekundarstufe I signifikant geringeres Fachwissen als Studierende des gymnasialen Lehramtes ($p=0.001$).

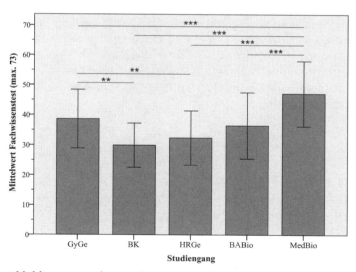

Abbildung 2: Mittlere Testleistung und Unterschiede der Studierenden der befragten Studiengänge (** p<.01; *** p<.001; Fehlerbalken: +/- 1 SD).

Diskussion und Ausblick

In der Studie wurde ein Testinstrument entwickelt, welches zur Diagnose des fachspezifischen Eingangswissens von Studierenden der Biologie geeignet ist. Der Test weist eine befriedigende Reliabilität und eine gute Modellpassung der Items auf. Die Ergebnisse geben Hinweise darauf, dass bei weiterer Testoptimierung vor allem leichte Items in den Vorwissenstest integriert werden sollten.

Die bisherigen Ergebnisse über die Unterschiede zwischen Studierenden verschiedener Biologiestudiengänge stützen die Befunde bisheriger Forschung über Eingangscharakteristiken von Studierenden (z. B. Klusmann et al., 2009; Gold & Giesen, 1993). So schneiden zwar die Studierenden der Medizinischen Biologie deutlich besser ab als alle anderen Studierenden der untersuchten Studiengänge, ein Unterschied hinsichtlich des biologischen Fachwissens zwischen Gymnasiallehramtsstudierenden und Bachelor-Biologiestudierenden existiert jedoch nicht. Die Ergebnisse lassen ebenfalls den Schluss einer Binnenselektion innerhalb der Lehramtsstudiengänge zu.

In Folgestudien wird das Testinstrument dazu genutzt werden können, die Wissensentwicklung von Studierenden der Biologie in der Studieneingangsphase im prä-post-Testdesign zu untersuchen. Darüber hinaus können Zusammenhänge zwischen weiteren Persönlichkeitsmerkmalen analysiert werden, wie z. B. zum Studieninteresse (FSI, Krapp, Schiefele, Wild & Winteler, 1993), zu allgemeinen und studienbezogenen Selbstwirksamkeitserwartungen (Schwarzer & Jerusalem, 1999; Jerusalem & Schwarzer, 1986), zum akademischen Selbstkonzept (Dickhäuser, Schöne, Spinath & Stiensmeier-Pelster, 2002) und der Motivation zur Wahl des Lehramtsstudiums (Pohlmann & Möller, 2010). Die Ergebnisse können als Basis für Förderprogramme in der Studieneingangsphase sowie für die Lehroptimierung genutzt werden.

Literatur

Bond, T. G. & Fox, C. M. (2007). *Applying the Rasch Model. Fundamental Measurement in the Human Sciences* (2nd ed.). Mahwah, New Jersey: Lawrence Erlbaum Associates Publishers.

Baumert, J. & Kunter, M. (2006). Stichwort: Professionelle Kompetenz von Lehrkräften. *ZfE, 9*(4), 469–520.

Blömeke, S. (2009). Ausbildungs- und Berufserfolg im Lehramtsstudium im Vergleich zum Diplom-Studium – Zur prognostischen Validität kognitiver und psycho-motivationaler Auswahlkriterien. *ZfE, 12*(1), 82–110.

Bloom, B.S. (1976). *Human characteristics and school learning,* New York: McGraw-Hill.

Brandstätter, H. & Farthofer, A. (2002). Studienerfolgsprognose- konfigurativ oder linear additiv? *Zeitschrift für Differentielle und Diagnostische Psychologie, 23*(4), 381–391.

Brookhart, S.M. & Freeman, D.J. (1992). Characteristics of entering teacher candidates. *Review of Educational Research, 62*(1), 37–60.

Brunner, M., Kunter, M., Krauss, S., Baumert, J., Blum, W., Dubberke, T., Jordan, A., Klusmann, U., Tsai, Y.-M., Neubrand & Michael (2006). Welche Zusammenhänge bestehen zwischen dem fachspezifischen Professionswissen von Mathematiklehrkräften und ihrer Ausbildung sowie beruflichen Fortbildung? *ZfE, 9*(4), 521–544.

Burton, N.W. & Ramist, L. (2001). Predicting Success in College: SAT® Studies of Classes Graduating Since 1980. *The College Board Research Report, 2.*

Byrnes, J. (1995). Domain Specificity and the Logic of Using General Ability as an Independent Variable or Covariate. *Merrill-Palmer Quarterly, 41*(1), 1–24.

Deidesheimer Kreis (1997). *Hochschulzulassung und Studieneignungstests. Studienfeldbezogene Verfahren zur Feststellung der Eignung für Numerus-clausus- und andere Studiengänge,* Göttingen [u.a.]: Vandenhoeck & Ruprecht.

Dickhäuser, O., Schöne, C., Spinath, B. & Stiensmeier-Pelster, J. (2002). Die Skalen zum akademischen Selbstkonzept. Konstruktion und Überprüfung eines neuen Instrumentes. Skalen zum akademischen Selbstkonzept (SASK). *Zeitschrift für Differentielle und Diagnostische Psychologie, 23*(4), 393–405.

Dochy, F.R.C., Segers, M. & Buehl, M.M. (1999). The relation between assessment practices and outcomes of Studies: The case of research on prior knowledge. *Review of Educational Research, 69*(2), 145–186.

Entrich, H. & Graf, H.-U. (1984). Untersuchungen zum biologischen Wissen und zur Studienmotivation von Studienanfängern im Fach Biologie. In Hedewig, R. & Staeck, L. (Hrsg.), *Biologieunterricht in der Diskussion* (S. 252–273). Köln: Aulis.

Eschenhagen, D. & Schilke, K. (1973). Untersuchungen zum biologischen Fachwissen von Studienanfängern. *PdN-B, 22*(10), 253–263.

Formazin, M., Schroeders, U., Köller, O., Wilhelm, O. & Westmeyer, H. (2011). Studierendenauswahl im Fach Psychologie. *Psychologische Rundschau, 62*(4), 221–236.

Gold, A. & Giesen, H. (1993). Leistungsvoraussetzungen und Studienbedingungen bei Studierenden verschiedener Lehrämter. *Psychologie in Erziehung und Unterricht, 40,* 111–124.

Gold, A. & Souvignier, E. (2005). Prognose der Studierfähigkeit. Ergebnisse aus

Längschnittanalysen. *Z für Entwicklungspsychologie und Pädagogische Psychologie, 37*(4), 214–222.

Heine, C., Briedis, K., Didi, H.-J., Haase, C. & Trost, G. (2006). Auswahl- und Eignungsfeststellungsverfahren. Eine Bestandsaufnahme.

Hell, B., Trapmann, S. & Schuler, H. (2007). Eine Metaanalyse der Validität von fachspezifischen Studierfähigkeitstests im deutschsprachigen Raum. *Empirische Pädagogik*, 251–270.

Helmke, A. & Schrader, F.-W. (2010). Determinanten der Schulleistung. In Rost, D.H. (Hrsg.), *Handwörterbuch Pädagogische Psychologie* (S. 90–102). Weinheim: Beltz.

Hesse, M. (2002). Nur geringes Wissen über Zellbiologie. Eine empirische Studie an Lehramtsstudierenden. *IDB Münster Ber. Inst. Didaktik Biologie, 11*, 21–33.

Ingenkamp, K. & Lissmann, U. (2008). *Lehrbuch der pädagogischen Diagnostik,* Weinheim, Basel: Beltz.

Jerusalem, M. & Schwarzer, R. (1986). Selbstwirksamkeit. In Schwarzer, R. (Hrsg.), *Skalen zur Befindlichkeit und Persönlichkeit.* (Forschungsbericht 5). Berlin: Freie Universität.

Klusmann, U., Trautwein, U., Lüdtke, O., Kunter, M. & Baumert, J. (2009). Eingangsvoraussetzungen beim Studienbeginn. Werden die Lehramtskandidaten unterschätzt? *Zeitschrift für Pädagogische Psychologie, 23*(3–4), 265–278.

Krapp, A., Schiefele, U., Wild, K.-P. & Winteler, A. (1993). Der Fragebogen zum Studieninteresse (FSI). *Diagnostica, 39*(4), 335–351.

Kuusinen, J. & Leskinen, E. (1988). Latent structure analysis of longitudinal data on relations between intellectual abilities and school achievement. *Multivariate Behavioral Research, 8*, 103–118.

Lumer, J. & Hesse, M. (1993). Chemiekenntnisse von Studienanfängern. Untersuchung zur Stellung der Chemie im Biologieunterricht. *IDB Münster Ber. Inst. Didaktik Biologie, 2*, 77–90.

Ministerium für Schule und Weiterbildung des Landes Nordrhein-Westfalen (1999). *Richtlinien und Lehrpläne für die Sekundarstufe II – Gymnasium/Gesamtschule in Nordrhein-Westfalen, Biologie,* Frechen: Ritterbach.

Moosbrugger, H. (2006). Item-Response-Theorie (IRT). In Amelang, M. & Schmidt-Atzert, L. (Hrsg.), *Psychologische Diagnostik und Intervention* (S. 64–88). Berlin: Springer.

Müller, H. (2003). Biologische Kenntnisse von Studienanfängern. *MNU, 56*(1), 4–12.

Müller, S. & Gerhardt-Dircksen, A. Dr. (2000). Nur geringes Wissen über Ökologie – eine empirische Studie. Darstellung von Ergebnissen einer Fragebogenstudie zum ökologischen Wissen von Schülerinnen und Schülern der gymnasialen Oberstufe. *MNU, 53*(4), 202–209.

Pohlmann, B. & Möller, J. (2010). Fragebogen zur Erfassung der Motivation fuer die Wahl des Lehramtsstudiums (FEMOLA). A questionnaire assessing motivation for choosing teacher education. *Zeitschrift für Pädagogische Psychologie*, 24(1), 73–84.

Renkl, A. (1996). Vorwissen und Schulleistung. In Möller, J. & Köller, O. (Hrsg.), *Emotionen, Kognitionen und Schulleistung* (S. 175–190). Weinheim: Beltz, Psychologie Verl.-Union.

Retelsdorf, J. & Möller, J. (2012). Grundschule oder Gymnasium? Zur Motivation ein Lehramt zu studieren. *Zeitschrift für Pädagogische Psychologie: ZfPP; German journal of educational psychology*, 26(1), 5–17.

Rindermann, H. & Oubaid, V. (1999). Auswahl von Studienanfängern durch Universitäten – Kriterien, Verfahren und Prognostizierbarkeit des Studienerfolgs. *Zeitschrift für Differentielle und Diagnostische Psychologie*, 20(3), 172–191.

Robbins, S., Lauver, K., Le Davis, H., Davis, D., Langley, R. & Carlstrom, A. (2004). Do Psychosocial and Study Skill Factors Predict College Outcomes? A Meta-Analysis. *Psychological Bulletin*, 130(2), 261–288.

Schachtschneider, Y. (2012). *Entwicklung und Erprobung eines Diagnoseinstruments zu den Themenfeldern Zellbiologie, Zoologie und Genetik für Lehramtsstudierende im Fach Biologie*. Unveröffentlichte Staatsexamensarbeit. Universität Duisburg-Essen.

Schiefele, U., Streblow, L., Ermgassen, U. & Moschner, B. (2003). Lernmotivation und Lernstrategien als Bedingungen der Studienleistung. Ergebnisse einer Längsschnittstudie. *Zeitschrift für Pädagogische Psychologie*, 17(3/4), 185–198.

Schmidt-Atzert, L. (2005). Prädiktion von Studienerfolg bei Psychologiestudenten. *Psychologische Rundschau*, 56(2), 131–133.

Schwarzer, R. & Jerusalem, M. (1999). Skalen zur Erfassung von Lehrer- und Schülermerkmalen. Dokumentation der psychometrischen Verfahren im Rahmen der Wissenschaftlichen Begleitung des Modellversuchs Selbstwirksame Schulen, Berlin.

Spinath, B., van Ophuysen, S. & Heise, E. (2005). Individuelle Voraussetzungen von Studierenden zu Studienbeginn: Sind Lehramtsstudierende wirklich so schlecht wie ihr Ruf? *Psychologie in Erziehung und Unterricht*, 52, 186–197.

Spree, M. (2013). *Entwicklung und Erprobung eines Diagnoseinstruments zu den Themenfeldern Humanbiologie und Evolution für Lehramtsstudierende im Fach Biologie*. Unveröffentlichte Staatsexamensarbeit. Universität Duisburg-Essen.

Steyer, R., Yousfi, S. & Würfel, K. (2005). Prädiktion von Studienerfolg. *Psychologische Rundschau*, 56(2), 129–131.

Still, C. (2013). *Entwicklung und Erprobung eines Diagnoseinstruments zu den Themenfeldern Botanik und Ökologie für Lehramtsstudierende im Fach Biologie*.

Unveröffentlichte Staatsexamensarbeit. Universität Duisburg-Essen.
Tent, L. (2006). Zensuren. In Rost, D.H. (Hrsg.), *Handwörterbuch Pädagogische Psychologie* (S. 873–880). Weinheim: Beltz.
Trapmann, S., Hell, B., Weigand, S. & Schuler, H. (2007). Die Validität von Schulnoten zu Vorhersage des Studienerfolgs – eine Metaanalyse. *Zeitschrift für Pädagogische Psychologie, 21*(1), 11–27.
Urhahne, D. (2006). Ich will Biologielehrer(-in) werden! – Berufswahlmotive von Lehramtsstudierenden der Biologie. *ZfDN, 12*, 111–125.
van Driel, J.H., Verloop, N. & Vos, W. de (1998). Developing Science Teachers' Pedagogical Content Knowledge. *Journal of Research in Science Teaching, 35*(6), 673–695.
Weinert, F.E. (1994). Lernen lernen und das eigene Lernen verstehen. In Reusser, K. & Reusser-Weyeneth, M. (Hrsg.), *Verstehen. Psychologischer Prozess und didaktische Aufgabe* (S. 183–205). Bern: Huber.
Weinert, F.E. & Helmke, A. (1995). Interclassroom differences in instructional quality and interindividual differences in cognitive development. *Educational Psychologist, 10*(30), 15–20.
Weinert, F.E., Schrader, F.-W. & Helmke, A. (1989). Quality of instruction and achievement outcomes. *International Journal of Educational Research, 13*(8), 895–914.
Willingham, W.W., Lewis, C., Morgan, R. & Ramist, L. (1990). *Predicting college grades: An analysis of institutional trends over two decades.* Educational Testing Service.

Christine Heidinger/Franz Radits

Die Förderung des Naturwissenschaftsverständnisses im Zuge von Forschungs-Bildungs-Kooperationen

Zusammenfassung

In Forschungs-Bildungs-Kooperationen forschen Schüler/innen an der Seite von Wissenschaftler/innen an deren Forschungsfragen. In diesem Beitrag wird die Bildungsrelevanz von Forschungs-Bildungs-Kooperationen als gegenwärtiges Konstrukt unseres Bildungssystems untersucht. Das Potential von Forschungs-Bildungs-Kooperationen für den Aufbau eines adäquaten Naturwissenschaftsverständnisses liegt vor allem im Zugang zu authentischer Wissenschaftspraxis; allerdings ist noch kaum erforscht, ob Schüler/innen diese Praxis überhaupt ihrem Sinn nach erfassen können. In der vorliegenden Studie wird daher ein Fall einer Forschungs-Bildungs-Kooperation genauer untersucht. Ein Neurobiologe hat mit einer Schulklasse im Rahmen ihres Biologieunterrichts kooperiert und gemeinsam an einem Verhaltensexperiment an einer Jagdspinne gearbeitet. Die Analyse des Verstehensprozesses der Schüler/innen beim Nachvollzug der Denk- und Arbeitsweisen des Wissenschaftlers zeigt, dass im Zuge der Kooperation zentrale Aspekte naturwissenschaftlicher Erkenntnisgewinnung (wie z. B. das Wesen der Parameterreduktion in einem Verhaltensexperiment) für Schüler/innen erfahrbar und verstehbar wurden. Als zentral stellte sich dabei jedoch heraus, die epistemologischen und konzeptuellen Vorstellungen der Lerner/innen in der Zusammenarbeit miteinzubeziehen. Weitere, erste Hinweise zur lernförderlichen Gestaltung von Forschungs-Bildungs-Kooperationen lassen sich vom untersuchten Fall ableiten und werden in der Studie diskutiert.

Abstract

Students collaborate in Research-Education-Cooperation together with scientists on their research questions. The aim of this contribution is to examine the potential of Research-Education-Cooperation as a learning environment to foster students' learning about the Nature of Science (NoS). The access to authentic scientific practice in Research-Education-Cooperation is seen as a promising condition for students' learning about NoS. However, it is questionable whether or not students are able to grasp the meaning of the scientists' work in these cooperations. Therefore, the research paper on hand strives to gather more knowledge about the meaning-making process of students in Research-Education-Cooperation. A case analysis of a cooperation between a neurobiologist and students (grade 10) was carried out. The students worked together with the scientist on a behavioural-choice-experiment with a hunting spider. The analysis revealed that the students in this cooperation developed a deeper understanding of numerous central procedures and characteristics of scientific research (e.g. the procedure of parameter reduction in a biological experiment). However the focus on students' perspectives in the course of the cooperation turned out to be a prerequisite for students' understanding of the scientist's work. Additional features of Research-Education-Cooperation, which supported learning in the investigated case, will be discussed in the paper.

Einleitung

Kooperationen von Forschungs- und Bildungseinrichtungen (auch: Forschungs-Bildungs-Kooperationen – FBKs) sind sowohl in der österreichischen als auch in der internationalen Bildungslandschaft keine Seltenheit mehr (Sadler et al., 2010; Lok, 2010). Beispielsweise fördert in Österreich das Bundesministerium für Wissenschaft und Forschung (bmwf) seit 2008 Kooperationen von wissenschaftlichen Instituten und Schulklassen, in die bis dato rund 550 Schulklassen aus ganz Österreich eingebunden waren. Schüler/innen sind in diesen Kooperationen aktiv an der aktuellen Forschungsarbeit der Wissenschaftler/innen beteiligt. Die Eingebundenheit in die Forschung der Wissenschaftler/innen ist in den Projekten unterschiedlich ausgeprägt und reicht von der gemeinsamen Datenerhebung bis zur gemeinsamen Entwicklung von Forschungsfragen. Das Ziel, das mit der Einrichtung von FBKs von Seiten des Ministeriums verfolgt wird, ist u.a. die Förderung wissenschaftlichen Nachwuchses und ein Transfer wissenschaftlicher Erkenntnisse an die Öffentlichkeit (z. B. bmwf, 2013).

Die Teilnahme an einer FBK beansprucht in vielen Fällen einen wesentlichen Anteil der regulären Unterrichtszeit, was nicht zuletzt die Frage legitimiert, ob und inwieweit eine solche Kooperation den (Fach-)Unterricht dabei unterstützt, seine Bildungsziele zu erreichen. Im Rahmen des Projekts KiP[3] untersuchen die Verfasser/innen des vorliegenden Beitrags Forschungs-Bildungs-Kooperationen, die im Rahmen von Biologieunterricht stattfinden. Es wird dabei aus fachdidaktischer Sicht der Frage nachgegangen, ob und inwieweit solche Kooperationen den Biologieunterricht dabei unterstützen können, das Wissenschaftsverständnis bei Schülern/innen auszubauen.

Theoretischer Hintergrund

Die derart gestellte Frage nach der Bildungsrelevanz verlangt zunächst nach einem Maß, das einschätzen lässt, ob ein Mensch über ein ausgeprägtes Naturwissenschaftsverständnis verfügt. Dieses Maß anzugeben erfordert eine Positionsbestimmung innerhalb des internationalen naturwissenschaftsdidaktischen Diskurses, da noch zum Teil heftige Debatten darüber geführt werden, was ein Mensch weiß und kann, der über ein adäquates Wissenschaftsverständnis verfügt (Lederman, 2007; Deng et al., 2011; Allchin, 2011; Abd-El-Khalick, 2012).

Bei der Verfolgung des Erkenntnisinteresses dieser Studie hat sich der *„Whole Science"*-Ansatz von D. Allchin (2011) als fruchtbar erwiesen, da Allchin seine Konzeption von Wissenschaftsverständnis eng am Verstehen von wissenschaftlicher Praxis entwickelt: *„Students should develop an understanding of how science works with the goal of interpreting the reliability of scientific claims in personal and public decision making"* (S. 521).

Nach Allchin lässt sich demnach ein ausgeprägtes Wissenschaftsverständnis daran erkennen, dass Menschen in der Lage sind, wissenschaftliches Wissen auf seine Zuverlässigkeit und Glaubwürdigkeit hin zu beurteilen, um in persönlich und gesellschaftlich wichtigen Fragen, in denen wissenschaftlich generierte Expertise eine Rolle spielt, entscheidungs- und handlungsfähig zu sein. Was es dazu braucht, ist nach Allchin ein möglichst breites Verständnis der wissenschaftlichen Praxis. Lerner/innen müssen erfahren mit welchen Methoden und Praktiken Wissenschaftler/innen danach streben, sicheres Wissen zu generieren und auch an welchen Stellen und warum diese Methoden und Praktiken manchmal versagen (Allchin, 2011).

Im Hinblick auf die vorliegende Untersuchung stellt sich demnach die Frage, ob die Teilnahme an einer FBK zu einem Aufbau von Wissenschaftsverständnis im Sinne Allchins Definition führt. Eine erste Antwort auf diese Frage ermöglicht die Verortung von FBKs im naturwissenschaftsdidaktischen Diskurs der *„Authentic Science"*-Strömung (u.a. Roth et al., 2008). Ansätze aus dieser Denk-

---

3 Kids Participation in Research: http://aeccbio.univie.ac.at/sparkling-science

richtung kritisieren, dass Naturwissenschaftsunterricht oft an einem veralteten und wenig validen Modell von Naturwissenschaft orientiert ist (Braund & Reiss, 2006; Stockelmayer et al., 2010). Eine zentrale Studie in diesem Zusammenhang ist die Studie von Chinn & Malhotra (2002), die systematisch Aufgaben zum Forschenden Lernen im Unterricht analysiert. Die Autoren können eindrücklich aufzeigen, dass diese Aufgaben zu wenig an den realen Aktivitäten von Forschern/innen orientiert sind. Überwiegend kommen im Unterricht stark vereinfachte Forschungsaufgaben zum Einsatz. Es handelt es sich meist um vollständig angeleitete Demonstrationsexperimente oder um Versuche, bei denen die zu variierenden und messenden Parameter vorab festgelegt sind. Ein typisches Beispiel dafür ist die Aufgabenstellung, ein Versuchsdesign zu entwickeln, das die Frage klären hilft, welche der drei Parameter – Erde, Licht und/oder Wasser – zur Samenkeimung notwendig sind. Die Komplexität der eigentlichen Frage „Was brauchen Samen zum Keimen?" wird dadurch schon entscheidend reduziert. Diese im Vergleich zu authentischer Wissenschaftspraxis enorme Komplexitätsreduktion führt nun dazu, so schlussfolgern die Autoren, dass Schüler/innen naturwissenschaftliche Denk- und Arbeitsstrategien nicht erlernen, da sich diese erst im Umgang mit komplexen Problemstellungen ausbilden. Die Autoren fürchten darüber hinaus, dass solche Lernumgebungen ein falsches Bild der naturwissenschaftlichen Erkenntnisgewinnung vermitteln. Naturwissenschaft erscheint darin rein auf beobachtbare Phänomene gerichtet, und sicheres Wissen wird unter Anwendung simpler, algorithmischer Regeln (z. B. im Zuge der Parametervariation) von diesen Phänomenen abgeleitet.

Der große Vorteil von Lernumgebungen wie der der Forschungs-Bildungs-Kooperation wird daher aus Sicht der „*Authentic Science*"-Strömung gerade darin gesehen, dass Schülern/innen dort der Zugang zu authentischen Aufgabenstellungen von Wissenschaftlern/innen ermöglicht wird (Stockelmayer et al., 2010).

Erkenntnisse aus der Wissenschaftsforschung lassen allerdings zweifeln, ob Schüler/innen diesen Zugang auch tatsächlich nutzen können, um darin über naturwissenschaftliche Erkenntnisgewinnung zu lernen. Wissenschaftlicher Diskurs ist aufgrund seiner Abstraktheit und Komplexität für Laien nicht mit dem Alltagsverständnis zu durchdringen und bleibt daher unverständlich (Sharma & Anderson, 2009). Die Nachvollziehbarkeit im Sinne der Einsicht in die Begründetheit wissenschaftlichen Wissens und wissenschaftlicher Erkenntnisgewinnungsmethoden ist jedoch nach Allchin (2011) Voraussetzung für den Aufbau eines Wissenschaftsverständnisses, das in Kritik- und Handlungsfähigkeit mündet. Es bleibt daher zu befürchten, dass Lernern/innen in FBKs zwar authentische wissenschaftliche Forschung präsentiert wird, es ihnen aber nicht möglich ist, daraus adäquates Wissen über die naturwissenschaftliche Erkenntnisgewinnung abzuleiten und Einblick in das Wesen naturwissenschaftlichen Wissens zu erlangen. Autoren/innen der „Authentic Science"-Strömung erkennen diese Problemstellung und fordern ein konstruktivistisches Element in authentischen Lernumgebungen (Gelbart & Yarden, 2006; Braund und Reiss, 2006): Schülern/innen muss in diesen Lernumgebungen die Möglichkeit geboten werden, die neuen und vielleicht fremden Denk- und Arbeitsweisen an ihre Vorstellungswelten anzudocken. Unklar bleibt allerdings, wie dieses Element in FBKs Einzug hält bzw. Einzug halten kann. Es liegen dazu noch keine Untersuchungen vor (Sadler et al., 2010).

Forschungsfragen

Diese in der aktuellen naturwissenschaftsdidaktischen Literatur identifizierte Forschungslücke wird in der vorliegenden Forschungsarbeit zum Anlass genommen, FBKs als spezifisches gegenwärtiges Konstrukt unseres Bildungssystems genauer zu untersuchen. Der Forschungsfokus wird dabei auf den Verstehensprozess der Schüler/innen gelegt:

Wie gestaltet sich die Aneignung von Wissen über die naturwissenschaftliche Erkenntnisgewinnung in FBKs bei den Schülern/innen? Erschließt sich für Schüler/innen die Sinnhaftigkeit wissenschaftlicher Praktiken und Methoden in der Arbeit der Wissenschaftler/innen?

Bei einer positiven Beantwortung der zuletzt genannten Frage ist darüber hinaus von Interesse, ob sich Gestaltungselemente von FBKs identifizieren lassen, die sich als verstehensförderlich erweisen.

Methode

Die Untersuchung der Forschungsfragen erfolgt auf Basis von Daten aus dem Projekt KiP, im Zuge dessen im Zeitraum von 2008 bis 2013 vierzehn FBKs stattgefunden haben, in denen Biowissenschaftler/innen der Universität Wien mit Schulklassen in Wien kooperierten. Die hier vorgestellte Studie ist Teil eines größeren Forschungsvorhabens, das im Paradigma der Fallstudienforschung (Yin, 2009) danach strebt, die ‚bildenden Elemente' von FBKs zu identifizieren und ihre funktionale Bedeutung für den Aufbau des Wissenschaftsverständnisses der Schüler/innen verstehen und erklären zu können. Dazu werden Einzelfallstudien von FBKs durchgeführt, die anschließend verglichen werden, um fallübergreifend Antworten auf die Forschungsfragen zu erarbeiten.

In der vorliegenden Studie wird eine Einzelfallanalyse einer FBK vorgestellt. Ein Neurobiologe und sein Diplomand haben in dieser Kooperation im Jahr 2009 mit 20 Schülern/innen einer 10. Schulstufe eines Wiener Realgymnasiums im Rahmen ihres Biologieunterrichts kooperiert. Der Neurobiologe untersucht in seiner Forschung die Entwicklung und Funktion des sensorischen Systems bei Arthropoden am Beispiel von ausgewählten Modellorganismen.

Er schlägt in dieser Kooperation vor, mit einem experimentellen Design zu arbeiten, das derzeit an seinem Department eingesetzt wird. Es handelt sich um ein Verhaltensexperiment mit der Spinne *Cupiennius salei*, einer Jagdspinne, die in Urwaldgebieten Mittelamerikas heimisch ist. Spinnen dieser Art erklettern – laut Auskunft des Wissenschaftlers – instinktiv einen nahen Baum, um Schutz, Nahrung und Sexualpartner zu finden. Den Wissenschaftler interessiert u.a., nach welchen Kriterien die Spinne ihren nächsten Baum zum Raufklettern aussucht. Ein Verhaltensexperiment liefert die Antwort auf die Frage. In einer weißen Arena von zwei mal zwei Metern werden dazu an einem Ende zwei schwarze Pappstreifen angebracht (s. Abb. 1). Diese Pappstreifen repräsentieren Bäume. Pro Versuch wird ein Merkmal variiert (z. B. die Breite des Baumes bzw. des Pappbalkens). Untersucht wird in diesem

Abbildung 1: Versuchsaufbau im neurobiologischen Experiment des Wissenschaftlers (Foto: Irmgard Stelzer)

Experiment zu welchem Balken die Spinnen öfter laufen. Dies lässt Schlüsse über die Funktionsweise des visuellen Orientierungssystems der Spinne zu.

Die Arbeit mit den Schülern/innen gestaltet der Wissenschaftler folgendermaßen: Er lässt die Schüler/innen zunächst am aktuellen Versuchsaufbau des Experiments am Department arbeiten. Sie bekommen eine Einführung und führen erste Versuche mit der Spinne im Labor durch. Anschließend entwickeln sie im Unterricht mit Unterstützung des Diplomanden – nahe am Experimentalparadigma des Wissenschaftlers – ein eigenes Versuchsdesign und führen die entsprechenden Versuche bei einem weiteren Besuch am Department durch. Vor und nach den Arbeiten im Labor kommt es zu ausgedehnten Plenargesprächen, in denen der Wissenschaftler mit den Schülern/innen das Vorgehen bespricht.

Die Daten bestehen aus Transkripten der Gespräche zwischen den Akteuren/innen während der gesamten Kooperation (Es handelt sich dabei um neun Stunden Audioaufnahme).

Um den Verstehensprozess der Schüler/innen in den Blick zu bekommen, wird der Fokus bei der Datenanalyse auf die Schülervorstellungen, die sich im Gespräch zeigen, gelegt und darauf, wie sie sich im weiteren Verlauf des Gesprächs verändern. Die Analysemethode orientiert sich dabei an der Methode von Schoenfeld et al. (1993): Ausgehend von den Aussagen der Schüler/innen im Gespräch, ihrem Sprachgebrauch und ihren argumentativen Strategien, werden in einem iterativen Verfahren zunächst die den Aussagen zugrundeliegenden Schülervorstellungen interpretativ erschlossen und anschließend am weiteren Gesprächsverlauf validiert. Veränderungen in den Schülervorstellungen werden darüber hinaus systematisch mit Interaktionen während des Prozessgeschehens in Beziehung gesetzt, um so lernförderliche sowie lernhinderliche Elemente der Lernumgebung identifizieren zu können.

Ergebnisse

Zur Beantwortung der Forschungsfragen wird zunächst der Gesprächsprozess in der untersuchten FBK so zur Darstellung gebracht, dass die Schlüsse, die anschließend daraus gezogen werden, für die Leser/innen nachvollziehbar werden.

Die Darstellung des nahezu zehnstündigen Gesprächsprozesses erfolgt durch einen Wechsel an Nacherzählung des Geschehenen in verdichteter Form und der Anführung von ausgewählten Gesprächspassagen samt Analysen, was sowohl Einblicke in den Datenanalyseprozess als auch in entscheidende Momente im Prozess ermöglicht:

Die Schüler/innen folgen in der Zusammenarbeit mit dem Wissenschaftler zunächst bereitwillig seinem „Curriculum", sie beteiligen sich an den Gesprächen und an der Laborarbeit. Aber schon am Beginn der gemeinsamen Arbeit zeigen sich konträre Vorstellungen, wie ein kurzer Blick in den Prozess zeigt. Der Wissenschaftler gibt den Schülern/innen nicht einfach den Versuch vor, sondern fordert sie nach einer kurzen Hinführung zur Fragestellung auf, selbst ein passendes Versuchsdesign zur Beantwortung der Forschungsfrage zu entwerfen. Anschließend entwickelt sich folgendes Gespräch[4]:

W: [...] Wie findet Spinne Bäume? Nach welchen Kriterien wählt sie aus? Wir haben eine Frage, brauchen ein Experiment! Ihr habt's Spinnen zur Verfügung und Versuchsraum.
S: Biotop einrichten
W: sehr aufwendig
S: verschiedene Blattarten
W: Blätter sind erst oben
S: unterschiedliche Rinde

Die kurze Gesprächssequenz lässt vermuten, dass Schüler/innen einen anderen Weg wählen würden, um die Forschungsfrage zu beantworten. Einen Weg der eher in die Richtung der Herstellung einer natürlichen Versuchsumgebung geht, anstatt in die einer stark reduzierten Laborumgebung. Der Wissenschaftler geht diesen Fehlantworten und den zugrundeliegenden Vorstellungen nicht näher nach, sondern führt die Schüler/innen über ein klassisches Frage-Antwort-Schema (Mortimer & Scott, 2010) auf die wissenschaftlich adäquate Versuchsumgebung hin. Das Rational hinter der Parameterreduktion und die Erklärung, wie aus der Fülle der möglichen Parameter in der natürlichen Lebensumgebung der Spinne, die relevanten Parameter ausgewählt werden, wird von ihm dabei nicht thematisiert.

Interessant ist nun an diesem Fall, dass die Schüler/innen beginnen, das Versuchsdesign des Wissenschaftlers in Frage zu stellen, indem sie dem Wissenschaftler und seinem Diplomanden u.a. folgende Fragen stellen:

S: Das Problem, das ich sehe, dass die Spinne weiß, dass das Bäume sind. Woher können die Forscher das wissen?

S: Habt ihr auch einen Baum gehabt?

---

[4] Diese Stelle des Gesprächs liegt leider aufgrund technischer Gebrechen nur als Stichwortprotokoll vor; man erkennt jedoch dennoch das Entscheidende, das sich hier abspielt. Die in den Gesprächsausschnitten verwendeten Abkürzungen „W", „S" und „D" stehen für „Wissenschaftler", „Schüler/in" und „Diplomand".

S: *Ich versteh's noch immer nicht. Die Spinne ist immer im Labor. Woher weiß die dann „das ist ein echter Baum"?*

S: *Und woher wissen Sie jetzt genau, dass die Spinnen, die in der Natur aufwachsen und ganz andere Faktoren dort sind, viel mehr Bäume und alles, die gleichen Gesetze befolgen wie Ihre Spinnen in dem Kasten?*

Aus diesen Schüleraussagen lässt sich schon erkennen, was die Gesprächsanalyse mit Fokus auf die Schülervorstellungen zeigt: Die Schüler/innen haben Schwierigkeit die starke Parameterreduktion im neurobiologischen Experiment zu akzeptieren und stellen die externe Validität des Experiments in Frage. Es entspinnt sich eine Kontroverse zwischen den Schülern/innen und den beiden Wissenschaftlern, die sich über die gesamte Kooperation verfolgen lässt und die rund um die Frage kreist „Kann man mit dem Versuchsdesign der Wissenschaftler die Forschungsfrage beantworten?". Die Schüler/innen verneinen dies zunächst. Sie gehen dabei in ihrer Argumentation von einer anthropomorphen Organismuskonzeption aus: Die Schüler/innen konzipieren die Spinne als ein denkendes und autonom handelndes Individuum, das Erfahrungen macht und entsprechend der Erfahrungen rational handelt. Eine Spinne im Labor macht keine der Erfahrungen, die eine Spinne im Urwald macht und kann daher nicht wissen, was ein Baum ist, geschweige denn ein ‚guter Baum'. Somit kann aus Sicht der Schüler/innen das Experiment keine validen Aussagen über das Verhalten der Spinne in ihrer natürlichen Lebensumgebung liefern.

In der Bezugnahme auf die Zweifel der Schüler/innen decken die Wissenschaftler nun Stück für Stück das dem Versuch zugrundeliegende Rational auf und zwar eng an der Vorstellungswelt der Schüler/innen, immer als direkte Reaktion auf ihre Fragen und ihre Kritik. Hier ein Beispiel:

S: *Habt ihr auch einen Baum gehabt?*
D: *Das ist auch versucht worden. [...] Und es ist auch versucht worden, ob's vielleicht wichtig ist, dass das Strukturen hat [...] wie ein Schatten von einer Pflanze, also mit Blättern weg und so. [...] das ist eben alles ausgetestet worden und macht eben keinen Unterschied.*

Viele wichtige Konzepte, die für das Verstehen der konkreten Versuchsanordnung zentral sind, kommen so ins Gespräch: So liefern die Wissenschaftler ein Rational für die naturwissenschaftliche Methode der Parameterreduktion in einem neurobiologischen Experiment. Sie erklären wie aus der Fülle möglicher Stimuli die relevanten Parameter ausgewählt werden – nämlich unter Einbezug von Wissen über den natürlichen Lebensraum der Spinne, von Wissen über die Wahrnehmungsfähigkeit der Spinne und von Wissen über evolutionäre Mechanismen der Verhaltensformung. Die externe Validität des Versuchs wird unter Rückbezug auf Ergebnisse aus Vorversuchen als gesichert gezeigt. Es wurden z. B. Versuche im Freiland durchgeführt und auch Versuche unter Verwendung von Stimuli, die der natürlichen Lebenswelt der Spinne entstammen (s. Bsp. o.), um das hohe Reduktionsmaß abzusichern. Weiters stellen die Wissenschaftler die wissenschaftliche Konzeption der Spinne dem Spinnen-Modell der Schüler/innen gegenüber. Die Spinne aus Sicht der Wissenschaftler gleicht einer Maschine, deren Verhalten vollständig determiniert ist und automatisch durch Stimuli der Umwelt ausgelöst wird (Schark, 2005).

Erst all dieses Wissen legitimiert diesen Versuchsaufbau für die Beantwortung der Forschungsfrage und ermöglicht ein Verstehen des Forschungsansatzes der Wissenschaftler in diesem Experiment.

Zusammenfassend lassen sich die Forschungsfragen der vorliegenden Studie wie folgt beantworten:

Die Analyse des Aneignungsprozesses von naturwissenschaftlicher Erkenntnisgewinnung in dieser FBK zeigt, dass die Schüler/innen zunächst konträre Vorstellungen zum Forschungsgegenstand und zu seiner adäquaten Beforschung in die Kooperation mitbringen. Vor dem Hintergrund ihrer Vorstellungen erscheint die wissenschaftliche Praxis anfangs wenig verständlich. Erst der Einbezug der Schülervorstellungen führt dazu, dass jenes Wissen in den Diskurs gelangt, das es den Schülern/innen ermöglicht, die fremden Denk- und Herangehensweisen der Wissenschaftler nachzuvollziehen.

Auf Basis dieses Falls lassen sich bereits thesenhaft erste verstehensförderliche Elemente von FBKs benennen[5], die Voraussetzung dafür sind, dass Schülern/innen ein verstehender Einblick in die naturwissenschaftliche Erkenntnisgewinnung im Zuge der Teilnahme an FBKs ermöglicht wird:

Der Gesprächsprozess im vorliegenden Fall zeigt, dass Wissenschaftler/innen auf Basis ihrer Forschungserfahrung über ein immenses Wissenschaftsverständnis verfügen, das in FBKs als Ressource genutzt werden kann. Jedoch ist dieses Wissen stark implizit verankert und steht nicht für eine lernförderliche Vermittlung an Laien zur Verfügung (vgl. Hsu & Roth, 2010). Aber entsprechend der Gepflogenheiten der Wissenschaftsgemeinschaft sind Wissenschaftler/innen es gewohnt, auf Kritik hin das Rational ihres Handelns in aller Breite und Kohärenz offen zu legen (Sharma & Anderson, 2009). Und das haben die Schüler/innen durch ihre Fragen und ihre Kritik im vorliegenden Fall zu nutzen gewusst.

---

5 Die hier angeführten verstehensförderlichen Elemente müssen sich erst im Übertrag auf weitere Fälle als für den Aufbau von Wissenschaftsverständnis in FKBs bedeutsam erweisen, um anschließend als generalisierbare Gelingensfaktoren von FBKs genannt zu werden.

Dass sie dazu in der Lage waren, das legt dieser Fall nahe, ist auf die Art der Einbindung der Schüler/innen in die wissenschaftliche Praxis des Wissenschaftlers zurückzuführen. Dadurch dass Schüler/innen aufgefordert waren, ein passendes Versuchsdesign zur Beantwortung der Forschungsfrage zu überlegen und im Labor selbst Daten erhoben haben, die dann gemeinsam interpretiert wurden, war es ihnen möglich, soweit gedanklich in die Aufgabenstellung des Wissenschaftlers einzusteigen, dass sie eigene Sichtweisen auf die Problemstellung entwickeln und diese dann auch argumentativ verteidigen konnten. D.h. die Einbindung der Schüler/innen in epistemologisch anspruchsvolle Forschungstätigkeiten kann in FBKs als Triebfeder zur Aktivierung und Aufdeckung der konzeptuellen und epistemologischen Vorstellungen der Schüler/innen wirken. Als zentral stellt sich auch die anschließende Verhandlung der unterschiedlichen Sichtweisen heraus. Dabei kommt es zu einem Explizit-Machen der Begründetheit naturwissenschaftlicher Erkenntnisgewinnung und naturwissenschaftlichen Wissens, was Lernern/innen erst ermöglicht, ein vertieftes Verständnis des Wesens naturwissenschaftlicher Erkenntnisgewinnung zu entwickeln (u.a. Allchin, 2011; Khishfe & Abd-El-Kahlick, 2002).

Diskussion

Der in dieser Studie untersuchte Fall einer Forschungs-Bildungs-Kooperation zeigt deutlich, dass es nicht genügt, Schüler/innen und Forscher/innen zusammenzubringen, in der Hoffnung, dass sich Lerneffekte für den Erwerb von Wissenschaftsverständnis einstellen, nach dem Prinzip ‚*anything goes*'. Die von Gelbart & Yarden (2006) und Braund & Reiss (2006) erkannte Notwendigkeit, Schülervorstellungen in authentischen Lernumgebungen zu berücksichtigen, lässt sich auch für FBKs klar bestätigen. Der untersuchte Fall gibt erste Hinweise, wie es zu einem lernförderlichen Einbezug von Schülervorstellungen im Zuge einer FBK kommen kann.

Interessant ist an diesem Fall darüber hinaus, dass er aufzeigt, welches Potential FBKs für den Aufbau von Wissenschaftsverständnis haben können. In der untersuchten Kooperation werden zentrale Charakteristika naturwissenschaftlicher Erkenntnisgewinnung für die Schüler/innen erfahrbar, wie z. B. das Wesen der Parameterreduktion in einem biologischen Experiment und das damit in Zusammenhang stehende Problem der externen Validität. Die externe Validität ist in der Tat keine vernachlässigbare Frage beim Experimentieren, sondern – und dies hat sich im Laufe des Gesprächsprozesses herausgestellt – eine Frage von zwingend erforderlichen Nachweisen, die belegen, dass die Versuchssituation

„struktur- und funktionskonservierend" (Weber 2005, S. 375) ist. Weiters wurde die immense Theorielastigkeit wissenschaftlicher Erkenntnisgewinnung am Beispiel dieses Experiments für Schüler/innen erfahrbar. Der Charme der argumentativen Auseinandersetzung zwischen Wissenschaftler und Schüler/innen liegt gerade darin, dass die vorliegende Empirie in diesem Experiment – wo die Spinne hinrennt und welche Parameter für sie zum Kriterium ihrer Verhaltenssteuerung werden – von allen unbestritten akzeptiert wird. Sie kann aber nicht im Geringsten zur Entscheidung herangezogen werden, welches der unterschiedlichen Erklärungsmodelle – anthropomorph vs. mechanistisch – dem anderen überlegen ist. Aus der Wissenschaftsforschung wissen wir, dass sich Erklärungsmodelle wie das des Wissenschaftlers in der Forschung erst über längere Zeiträume – im Durchgang durch viele unterschiedliche Versuche – entwickeln, in denen eine intensive Auseinandersetzung mit dem Forschungsgegenstand stattfindet (Sharma & Anderson, 2009). Aber gerade ein solcher Prozess ist im Unterricht für Schüler/innen nur schwer erfahrbar zu machen, was das Potential von Forschungs-Bildungs-Kooperationen als Ergänzung und Bereicherung des Regelunterrichts aufzeigt.

Danksagung

Die vorliegende Forschungsarbeit erfolgte mit freundlicher Unterstützung des Förderprogramms *Sparkling Science* des Österreichischen Bundesministeriums für Wissenschaft und Forschung (www.sparklingscience.at).

Literatur

Abd-El-Khalick, F. (2012). Examining the sources for our understandings about science: Enduring conflations and critical issues in research on nature of science in science education. *International Journal of Science Education*, 34(3), 353–374.

Allchin, D. (2011). Evaluating knowledge of the Nature of (Whole) Science. *Science Education*, 95(3), 518-542.

Braund, M., & Reiss, M. (2006). Towards a more authentic science curriculum: The contribution of out of-school learning. *International Journal of Science Education*, 28(12), 1373–1388.

Bundesministerium für Wissenschaft und Forschung (bmwf). (2013). *Sparkling Science: Wissenschaft ruft Schule. Schule ruft Wissenschaft. Forschungsprogramm und voruniversitäre Nachwuchsförderung des Bundesministeriums für Wissenschaft und Forschung*. Verfügbar unter http://www.sparklingscience.at/_downloads/Programmfolder_Stand_03_2013_Web_DE.pdf [November, 2013]

Chinn, C. A., & Malhotra, B. A. (2002). Epistemologically authentic inquiry in schools: A theoretical framework for evaluating inquiry tasks. *Science Education*, 86(2), 175–218.

Deng, F., Chen, T., Tsai, C.-C., & Chai, C. S. (2011). Students' views of the nature of science: A critical review of research. *Science Education*, 95(6), 961–999.

Gelbart, H., & Yarden, A. (2006). Learning genetics through an authentic research simulation in bioinformatics. *Journal of Biological Education*, 40(3), 107–112.

Hsu, P.-L., & Roth, W.-M. (2010). From a sense of stereotypically foreign to belonging in a science community: Ways of experiential descriptions about high school students' science internship. *Research in Science Education*, 40(3), 291–311.

Khishfe, R., & Abd-El-Khalick, F. (2002). Influence of explicit and reflective versus implicit inquiry-oriented instruction on sixth graders' views of nature of science. *Journal of Research in Science Teaching*, 39(7), 551–578.

Lederman, N. G. (2007). Nature of science: past, present, and future. In S. K. Abell, & N. G. Lederman (Eds.), *Handbook of research on science education* (pp. 831–879). Mahwah, NJ: Lawrence Erlbaum Associates.

Lok, C. (2010). Science for the masses. *Nature*, 465, 416–418.

Mortimer, E., & Scott, P. (2010). *Meaning making in secondary science classrooms* (2. Aufl.). Maidenhead: Open University Press.

Roth, W.-M., van Eijck, M., Reis, G., & Hsu, P.-L. (2008). *Authentic Science Revisited: In Praise of Diversity, Heterogeneity, and Hybridity*. Rotterdam: Sense Publishers.

Sadler, T. D., Burgin, S., McKinney, L., & Ponjuan, L. (2010). Learning science through research apprenticeships: A critical review of the literature. *Journal of Research in Science Teaching*, 47(3), 235–256.

Schark, M. (2005). Organismus – Maschine: Analogie oder Gegensatz? In U. Krohs & G. Toepfer (Hrsg.), *Philosophie der Biologie: Eine Einführung* (S. 418–435). Frankfurt a. Main: Suhrkamp.

Schoenfeld, A. H., Smith, J., & Arcavi, A. (1993). Learning: The microgenetic analysis of one student's evolving understanding of a complex subject matter domain. In R. Glaser (Ed.), *Advances in instructional psychology* (S. 55–175). Hillsdale: Erlbaum.

Sharma, A., & Anderson, C. W. (2009). Recontextualization of science from lab to school: Implications for Science Literacy. *Science and Education*, 18(9), 1253–1275.

Stockelmayer, S., Rennie, L., & Gilbert, J. (2010). The roles of the formal and informal sectors in the provision of effective science education. *Studies in Science Education*, 46(1), 1–44.

Weber, M. (2005). Philosophie des biologischen Experiments. In U. Krohs, G. Toepfer (Hrsg.), *Philosophie der Biologie: Eine Einführung* (S. 359–378). Frankfurt a. Main: Suhrkamp.

Yin, R. K. (2009). *Case study research: Design and methods* (4. Aufl.). Thousands Oaks: Sage.

Anne-Katrin Holfelder/Ulrich Gebhard

Alltagsphantasien und Bildung für nachhaltige Entwicklung

Zusammenfassung

Bildung für nachhaltige Entwicklung stellt hohe Herausforderungen an die Pädagogik und Didaktik. Neben dem Aufbau von Wissen zielt BNE auf die Einstellungs- und v.a. die Handlungsebene. Die Umweltbildung hat gezeigt, welch ambitioniertes Vorhaben dieses Ziel darstellt. Um dies zu erreichen, sollten die subjektiven Zugänge der Lernenden sowie deren implizite Wissensbestände in den Fokus rücken. Ein didaktisches Konzept, das dies berücksichtigt, ist der Ansatz der *Alltagsphantasien*. Als *Alltagsphantasien* werden alle Assoziationen, Gefühle und Vorstellungen bezeichnet, die durch ein Thema aktualisiert werden. Sie haben intuitiven Charakter und transportieren Werthaltungen, Welt- und Menschenbilder. Zentraler Bestandteil dieser Studie ist die Rekonstruktion von *Alltagsphantasien* von Jugendlichen zu nachhaltigkeitsrelevanten Themen. Die Ergebnisse zeigen, dass die Vorstellungen von einer nachhaltig(er)en Welt eng mit bestimmten Welt- und Menschenbildern der Jugendlichen verbunden sind. Ebenso spielt es eine Rolle, ob Positivbeispiele in Bezug auf nachhaltige Entwicklung bekannt sind. Die biologisch-ökologische Dimension spielt insgesamt eine untergeordnete Rolle. Als ein zentrales Problem zeigt sich die empfundene Wirkungslosigkeit der eigenen Handlungen.

Abstract

Education for Sustainable Development (ESD) represents significant challenges for pedagogics and subject didactics. Apart from the generation of knowledge, ESD mainly focusses on addressing attitudes and promoting sustainable actions. The field of Environmental Education has shown how ambitious these aims are. To meet them, the subjective understanding and tacit knowledge of individual students should be taken into account. A didactic approach which considers this is the use of so-called Alltagsphantasien. Alltagsphantasien are associations, emotions and beliefs evoked by a topic. They are mainly intuitive and transport values as well as ideas on world and mankind. This study aims for the reconstruction of Alltagsphantasien linked to Sustainable Development. The results show that conceptions of a (more) sustainable world are closely linked to the adolescents' ideas on world and mankind as well as to the presence of positive examples. The ecological dimension seems to only play a minor role. One central problem is the perceived ineffectiveness of the own actions.

Bildung für nachhaltige Entwicklung

Durch Bildung soll ein gesellschaftlicher Wandel herbeigeführt werden, der ökologische Kenntnisse, Werte sowie Einstellungen, Fähigkeiten und Verhaltensweisen im Hinblick auf eine nachhaltige Entwicklung fördert (UN, 1992). Um dies zu erreichen, sollen die Lernenden gestaltungskompetent werden (De Haan, 2008). Dazu reicht es nicht aus, nur über kognitives Wissen zu verfügen, sondern es müssen auch ethische, soziale, emotionale und praktische Aspekte berücksichtigt werden. Die Lernenden sollen u.a. „interdisziplinär Erkenntnisse gewinnen", „weltoffen und neue Perspektiven integrierend Wissen aufbauen" und „vorausschauend denken und handeln" können (ebd., S.32). Neben diesen auf Wissen fokussierenden Aspekten werden auch handlungs- und werteorientierte Merkmale und Kompetenzen genannt: Dazu gehören u.a. die Reflexion der eigenen Leitbilder, das Zeigen von Empathie, die Gerechtigkeit als Entscheidungs- und Handlungsgrundlage, das gemeinsame Planen und Handeln sowie die Teilhabe an Entscheidungsprozessen (ebd.).

Die Ausrichtung auf das Handeln ist – mit Blick auf Jahrzehnte der Umweltbildung – ein sehr ambitioniertes Ziel. Die Evaluationen der Umweltbildung sind ernüchternd: Aus Wissen muss kein Handeln erfolgen (Bilharz, 2000). Zwar können Menschen durchaus über Umweltwissen verfügen sowie eine positive Umwelteinstellung und Umweltbewusstsein äußern, ihr Handeln orientiert sich aber nicht notwendigerweise daran. Lediglich in *Low cost*-Situationen (z. B. Stromsparen und Müll trennen) handeln die meisten umweltgerecht (Dollase, 2002). Wissen ist zwar notwendig, aber nicht hinreichend (Rambow, 1998). Es erscheint hier sinnvoll, zwischen den beiden Wissensarten des konkreten Handlungswissens und dem (abstrakteren) Hintergrundwissen zu unterscheiden, wobei ersteres ein größerer Prädiktor für umweltschützendes Handeln darstellt als letzteres (ebd.). Zahlreiche Modelle widmeten sich der Erklärung umweltrelevanten Handelns (Hellbrück & Kals, 2012): Neben Rational-Choice-Modellen, die Eigeninteresse als leitendes Motiv benennen und von einem rationalistischen

Menschenbild ausgehen, gibt es auch Modelle, die Emotionen mit einbeziehen (z. B. das Modell des verantwortlichen Umwelthandelns). Als förderliche Emotionen werden hier v.a. verantwortungs- und gerechtigkeitsbezogene genannt, eine erlebte (emotionale) Belastung dagegen wirkt eher hinderlich. Faktoren, die normativen Bezug haben und Eigeninteresse zugunsten von Gemeinschaftsinteresse überwinden, wirken sich ebenfalls positiv aus. Insgesamt gilt, dass Emotionen ebenso gut geeignet sind, umweltschützendes Handeln zu erklären, wie Kognitionen. Jedoch muss davon ausgegangen werden, dass auch situative und soziale Faktoren umweltrelevantes Handeln bestimmen (ebd.). Da sich die Modelle aber vorzugsweise auf umweltschützendes Handeln beziehen, ist an dieser Stelle noch nicht geklärt, wie umweltschädigendes Handeln erklärt werden kann. Es muss davon ausgegangen werden, dass bei solchen Handlungen zwar nicht absichtsvoll die Umwelt geschädigt wird (vgl. ebd.), dennoch könnten durch diesbezügliche Forschungen wichtige Erkenntnisse geliefert werden.

Die Ergebnisse der Umweltbildung könnten gar an der Reichweite pädagogischen Handelns zweifeln lassen, jedoch kann auch gerade darin die Chance gesehen werden, pädagogische sowie didaktische Grundannahmen zu überdenken. Menschliches Handeln ist komplex und stärker an subjektiv bedeutsamen und meist impliziten Einflüssen orientiert als an bewusstem, kognitivem Wissen (Haidt, 2001). Deshalb sollten gerade diese impliziten, affektiven und emotionalen Aspekte in didaktische Konzeptionen von BNE miteinbezogen werden. Soll BNE Handlungsbezug herstellen und Wissen nicht Selbstzweck sein, dann müssen Alltagspraktiken und vor allem subjektive Zugänge zu den Themen berücksichtigt und ernst genommen werden (Sorgo, 2011; Gebhard, 2007).

Nachhaltige Entwicklung und Alltagsphantasien

Nachhaltigkeit und Nachhaltige Entwicklung sind im medialen Diskurs häufig verwendete Begriffe, deren Bedeutung – je nach Kontext – variiert (Brinkmann, 2006). Zwar haben viele Menschen eine positive Einstellung zu nachhaltiger Entwicklung, was sich aber konkret hinter dem Begriff verbirgt, können nur wenige erklären (Brämer, 2010; Kuckartz, 2002). Dies verweist auf die Komplexität, Ambiguität und zugleich den Leerformelcharakter des Begriffs. Trotz der positiven Konnotationen, die der Begriff hervorruft, scheint es im Alltag an der konkreten Umsetzung des Leitbildes zu hapern. Das Konzept wird von vielen Menschen als zu alltagsfern bewertet, was die Umsetzung im Alltag erschwert (Holz & Stoltenberg, 2011). Auch die technokratische Herangehensweise an einige Problemfelder könnte diese Wahrnehmung verstärken (Sorgo, 2011). Daher scheint es notwendig, die Alltagskultur und damit das den Alltag der Lernenden strukturierende Wissen stärker in den Fokus zu rücken. Ein didaktischer Ansatz, der dies berücksichtigt, ist der Ansatz der *Alltagsphantasien* (Gebhard, 2007), welcher im Folgenden erläutert werden soll.

Der Ansatz der *Alltagsphantasien* geht davon aus, dass Lernprozesse nicht nur durch Vorstellungen bestimmt werden, die eng mit dem Lerngegenstand verbunden sind. Vielmehr werden auch implizite Vorstellungen, Intuitionen und Assoziationen der Lernenden berücksichtigt, die ein Lerngegenstand über das rein fachliche Vorwissen hinaus auslösen kann (Gebhard, 2007). Damit wird die Lebenswelt der Schülerinnen und Schüler, also deren Erfahrungen, Hoffnungen und Ängste in den Lehr-Lern-Prozess einbezogen. *Alltagsphantasien* sind kulturell geprägt, sie transportieren Welt- und Menschenbilder sowie Werthaltungen. Durch ihre intuitive Wirkung beeinflussen sie das Denken und Handeln maßgeblich. Damit beschränkt sich der Ansatz nicht allein auf explizite Schülervorstellungen, die fachliche Dimension oder einen bestimmten Lerngegenstand, sondern berücksichtigt die Lebenswelt der Lernenden in ihrer Vielfalt. In der moralpsychologischen Forschung wird davon ausgegangen, dass Entscheidungen selten nur auf einen rationalen und bewussten Prozess des Nachdenkens zurückgeführt werden können, sondern auf moralischen Intuitionen beruhen (Haidt, 2001). *Alltagsphantasien* sind so tief verankert, dass sie unmittelbar zur Verfügung stehen und dadurch stets implizit auf Entscheidungsprozesse einwirken. Erst eine ausdrückliche Reflexion dieser impliziten Vorstellungen ermöglicht es, das eigene Denken und Handeln bewusst zu machen, die eigene Einstellung zu überdenken und die des sozialen Gegenübers besser zu verstehen (vgl. Dittmer & Gebhard, 2012).

Für die Konzeption von Unterricht bedeutet die Einbeziehung von *Alltagsphantasien*, dass alle Assoziationen zu einem Thema geäußert werden können – auch wenn sie fachfremd sind. Darüber hinaus können diese Einfälle als Ausgangspunkt für eine Diskussion genutzt werden, die die Thematik schülerorientiert und mehrperspektivisch betrachtet. In Interventionsstudien konnten folgende Effekte des Einbezugs von *Alltagsphantasien* im Unterricht festgestellt werden: Die Lernenden bewerteten den Unterricht als interessanter, waren motivierter und nachdenklicher (Born, 2007; Monetha, 2009, Oschatz, 2011). Zudem wirkt sich die Berücksichtigung positiv auf die Dauer des Lerneffektes aus.

Forschungsdesign und Methodologie

Die zentrale Fragestellung dieser Studie lautet: Welche *Alltagsphantasien* haben Jugendliche zu nachhaltigkeitsrelevanten Themen? Da *Alltagsphantasien* alle Assoziationen zu einer Thematik bezeichnen, wurde ein qualitatives Verfahren gewählt, da so das soziale Feld in seiner Vielfalt und Komplexität dargestellt werden kann (Lamnek, 2005). Die Erhebung erfolgte mittels Gruppendiskussionen. Diese Methode stellt durch die weitgehende Zurückhaltung der Gesprächsleitung ein offenes Verfahren dar, das spontane und freie Äußerungen zulässt (Bohnsack, 2000). Gerade diese spontanen Äußerungen sind von hohem Interesse für die Erfassung von *Alltagsphantasien*. Die Gruppe ist dabei nicht als Ort der Genese der kollektiven Meinung zu verstehen, sondern vielmehr als Ort der Aktualisierung (ebd.). Die Auswertung erfolgte mit der dokumentarischen Methode, da sie die Rekonstruktion des subjektiv bedeutsamen *handlungspraktischen Wissens* ermöglicht (Bohnsack et al., 2007). Zunächst soll auf die Methodologie der dokumentarischen Methode eingegangen werden, bevor das genauere Vorgehen in der Forschungspraxis erläutert wird.

Methodologie: Unterscheidung zweier Wissensformen

Die dokumentarische Methode basiert auf der Wissenssoziologie von Karl Mannheim, die die beiden Wissensformen des *kommunikativ generalisierten* und *atheoretischen/handlungspraktischen Wissens* unterscheidet (Bohnsack, 2011). Während erstere Wissensform vor allem Wissen im Sinne des Common Sense widerspiegelt, also auch Meinungen oder kommunikative Werte, ist das handlungspraktische Wissen kollektiv konzipiert und entspringt gemeinsamen Erfahrungsräumen. Es ist damit – im Gegensatz zum Common Sense – subjektiv bedeutsam und handlungsleitend. Die dokumentarische Methode fokussiert auf die Rekonstruktion dieser Wissensform. Die Methodologie mit ihrer Unterscheidung von *kommunikativ generalisiertem* und *atheoretischem/handlungspraktischem Wissen* ist für diese Studie aus zweierlei Gründen relevant:
(1) Die Wissenssoziologie Karl Mannheims kann einen Ansatz für die Erklärung der dargestellten Diskrepanz zwischen Wissen und Handeln darstellen. Das *kommunikativ generalisierte Wissen* ist den Menschen explizit zugänglich und damit zu verbalisieren. Es kann als ein Wissen über die eigene Praxis geäußert werden (Bohnsack, 2011) und damit bspw. in Umfragen abgefragt werden. Das *atheoretische/handlungspraktische Wissen* dagegen ist ein impliziter Wissensbestand, der inkorporiert und automatisiert den Akteuren i.d.R. nicht bewusst ist (ebd.). Unterscheiden sich die beiden Wissensformen in Bezug auf eine Thematik, ist es erklärbar, dass Menschen Umweltbewusstsein und -wissen äußern können, es sich aber anhand ihrer Handlungen nicht zeigt.

(2) Im Rahmen des Ansatzes der *Alltagsphantasien* sind beide Wissensformen von Interesse. Es ist zum einen relevant, welcher Themen und Argumentationsstrukturen aus dem Common Sense-Repertoire sich die Jugendlichen bedienen, da sich hier zeigt, welche spontanen Assoziationen zu nachhaltiger Entwicklung bestehen. Zum anderen stehen aber die impliziten Wissensbestände im Hauptfokus, da sie die subjektiv bedeutsamen und handlungsleitenden Zugänge zur Thematik darstellen.

Methodisches Vorgehen

Die Gruppen bestanden aus vier bis fünf Schülerinnen und Schülern der Sekundarstufe II aus norddeutschen Gymnasien und Gesamtschulen. Der Gesprächsimpuls zur Diskussion wurde durch eine Geschichte gegeben, die eine Unterhaltung zwischen zwei Jugendlichen mit offenem Ausgang darstellt. Dafür wurde eine alltagsnahe Situation (Kauf einer Hose) gewählt: Ein Jugendlicher ist aufgrund des hohen Ressourcenverbrauchs, der Umweltschädigung und der schlechten Arbeitsverhältnisse gegen den Kauf der Hose. Seine Freundin entgegnet daraufhin, dass sie bezweifelt, dass sie durch ihren Verzicht etwas ändern kann, da sie nur eine von vielen sei. Der offene Ausgang bietet Anlass zur weiteren Diskussion. Die drei Dimensionen „Ökologie", „Ökonomie" und „Soziales" sind zudem in der Dilemma-Geschichte komplex vernetzt, sodass unabhängig von der Entscheidung mindestens eine der Dimensionen benachteiligt bleibt. Die Thematik „Konsum" wurde aus Gründen der Alltagsnähe und Bedeutung im Kontext nachhaltiger Entwicklung gewählt (vgl. Lange, 2008). Die Aufnahmen wurden wörtlich transkribiert. Im ersten Auswertungsschritt wird zunächst ein thematischer Überblick gegeben, bei dem die explizit behandelten Themen deskriptiv benannt werden (*Was* wird gesagt). Durch diesen Auswertungsschritt wird das *kommunikativ generalisierte Wissen* dargestellt. Gerade Passagen hoher Interaktion sind von großem Interesse und werden in einem zweiten Auswertungsschritt auf das *Wie* des Gesagten hin analysiert. Für Gruppendiskussionen ist dabei vor allem der Diskursverlauf von hoher Bedeutung: Wie beziehen sich die Redebeiträge aufeinander? Wie wird die Gruppenmeinung ausgehandelt? Wie werden welche Argumente eingesetzt? Durch diese sequentielle Vorgehensweise, die die Reihenfolge von Redebeiträgen beachtet, wird das *atheoretische/handlungspraktische Wissen* rekonstruiert. Der fallinterne und -externe Vergleich (minimaler und maximaler Kontraste) wird dabei von Beginn an vollzogen, um die Standortgebundenheit der Interpretierenden zu minimieren (Przyborski, 2004). Die Auswertung wurde schließlich komplettiert durch eine Analyse der Bedeutung häufig verwendeter Begriffe für die jeweilige Gruppe.

Ausgewählte Ergebnisse

Die Ergebnisse werden, der Methodologie der dokumentarischen Methode folgend, exemplarisch anhand eines Fallvergleichs dargestellt. Die beiden im Folgenden dargestellten Gruppendiskussionen wurden deshalb gewählt, weil sie thematisch ähnlich verlaufen, sich aber auf der Ebene des Bearbeitungsmodus sowie der Konklusion unterscheiden. Beide Diskussionen (A und B) wurden in der zwölften Klassenstufe an Hamburger Gymnasien aus vergleichbaren Stadtteilen geführt. Es wurden zum Vergleich noch drei weitere Gruppendiskussionen mit einbezogen. Diese entstammen Diskussionen mit elften Klassen einer Stadtteilschule (Gruppe C, D) und einer zwölften Klasse eines weiteren Gymnasiums (Gruppe E)[6]. Die Fälle A und B stellen in dieser Erhebungsmenge die beiden Fälle der größten Kontrastierung dar. Beide Gruppen behandeln zunächst die Frage, wie die nicht wünschenswerte Situation der Ausbeutung in die Welt kam. Als Erklärungen werden „die Menschen" auf der einen Seite und „das System" (meist deckungsgleich mit „dem Kapitalismus" oder „dem Markt" verwendet) auf der anderen Seite beschuldigt. Beide Gruppen kommen unterschiedlich schnell zur Frage, wie diese Situation verändert werden könnte. Als spontane Einfälle werden hier von beiden die „Bewusstseinsschaffung" und „Bildung" genannt. Als erstrebenswert nennen sie das Ausrichten des Handelns an Moral und das Streben nach Wissen. Abgelehnt werden Egoismus, Wegschauen und Nicht-wissen-wollen. Auf der Ebene des *kommunikativ generalisierten Wissens* unterscheiden sich die Gruppen also nur wenig. Der Ausgang der Diskussionen ist jedoch unterschiedlich: Für Gruppe A stellt die Geschichte ein Handlungsdilemma dar, welches sich nicht auflösen lässt. Gruppe B hingegen gelingt es, dieses Dilemma zu wenden. Dies wird auf Unterschiede in dem Bearbeitungsmodus, dem Diskursverlauf, den rekonstruierten Welt- und Menschenbildern sowie die Bedeutung häufig verwendeter Begriffe zurückgeführt – also auf Unterschiede des *atheoretischen/handlungsleitenden Wissens*.

Die Themen aller analysierten Gruppendiskussionen sind im Diskursverlauf stark wechselnd. Als immanente, den Diskurs strukturierende Frage wurde hier die Frage nach der Schuldzuweisung für die Situation entschlüsselt. Die von den Gruppen genannten Möglichkeiten – „die Menschen" oder „die Struktur" – schließen sich gegenseitig aus. Die Bearbeitung dieser latenten Spannung durch die beiden Erklärungspole erfolgt in den beiden Gruppen unterschiedlich: Gruppe A löst diese Spannung nicht auf, in Gruppe B ändern sich die Wortbedeutungen und der Erzählmodus; letztlich bewegen sich die beiden Pole aufeinander zu, wodurch die

---

6 Bis auf Gruppe E verliefen alle Diskussionen sehr freiläufig und es wurden von der Gesprächsleitung erst nach ca. einer halben Stunde immanente und exmanente Nachfragen gestellt. Die Gesamtlänge der Diskussionen betrug i.d.R. 50 Minuten (Gruppe E 20 Minuten).

Spannung aufgelöst wird. Die Unterschiede der beiden Diskussionen sollen im Folgenden beispielhaft herausgearbeitet werden[7]:

Diskussion von Gruppe A

Gruppe A nennt zunächst die Unternehmen und den Kapitalismus als Hauptursache der Situation:

> „m2: [...] und ich denk auch nicht, dass es einfach nur wegen der Globalisierung ist, sondern es ist halt auch also der Kapitalismus spielt auch ein' großen Faktor dabei, weil es ist halt wirklich auf den größten Gewinn abgezielt und auch ob da jetzt Menschen zu Schaden kommen oder nicht das juckt die da ja herzlich wenig, das macht denen ja nichts aus sonst würden sie es ja nicht machen [...]" (Gruppe A, 00:06:37)

In diesem Zitat grenzt sich der Sprecher deutlich von der Globalisierung und dem Kapitalismus ab. Es wird von dem Kapitalismus als Ganzes auf anonyme Akteure geschlossen, die bewusst Schaden zufügen. Wer genau handelt, bleibt auch im weiteren Verlauf unklar. An anderer Stelle wird das Marktgeschehen als ein gnadenloses System bezeichnet, in dem nur die Großen und Mächtigen überleben. Es wird eine negative Entwicklung skizziert: Während es früher noch „kleine Unternehmen" und damit mehr „gut produzierte Ware" gab, sind diese im Zuge der Globalisierung von den „großen Unternehmen" verdrängt worden. Wenn sich etwas ändern soll, dann kommt es auf die Konsumenten an. Doch auch hier wird wenig Hoffnung gesehen, da diese bewusst egoistisch und zweckrational handeln:

> „m2: [...]dass sie [die Menschen, A.H.] halt Geld haben, so viel Geld wie möglich, *so günstig wie möglich einkaufen und zwar so viel wie möglich*, so dass sie am Ende des Tages so viel Geld wie möglich in der Tasche haben [...]" (Gruppe A, 00:21:13)

Bis zum Ende der Diskussion wechseln sich die beiden Pole als angenommene Ursache der Krise ab. Zwischen diesen gibt es aber eine Lücke, da nicht erklärt werden kann, wie die Menschen zu den Strukturen stehen bzw. wer die Strukturen reproduziert. Als einzige Möglichkeit für eine Veränderung wird das Kaufverhalten der Konsumenten genannt. Da diese aber egoistisch sind und alle mitmachen

---

7   Die genannten Zitate wurden so gewählt, dass sie die Meinung der Gruppe repräsentieren und keine Einzelmeinungen darstellen.

müssten, erscheint die Situation als ausweglos. Es werden zudem nur Negativbeispiele genannt. Der Diskursverlauf von Gruppe A ist geprägt von langen Redebeiträgen mit häufigen Pausen zwischen den Sprecherwechseln. Es gibt kaum Passagen, in denen sich die Diskutierenden ins Wort fallen, und wenige Stellen, an denen sich Uneinigkeit ausdrückt. Die Diskussion verläuft vorwiegend unter Bejahung des vorhergehenden Beitrags, dem oft ein „aber" hinzugefügt wird. Dadurch wird eine differenzierte Betrachtung des Problems erreicht, da viele Anschauungen abgearbeitet werden. Die Gruppe findet letztendlich aber keinen Konsens, da jedes „ja aber" nur eine scheinbare Zustimmung bedeutet, der weitere Betrachtungen des Problems folgen. Es kommt zu keiner offenen Aushandlung der eigentlich latenten Frage der Diskussion, wer denn die Verantwortung trägt.

Diskussion von Gruppe B

Bei Gruppe B zeigt sich zunächst – im distanzierten Erzählmodus – ein ähnliches Menschenbild wie bei Gruppe A:

> „**1m**: […] dass ähm dass das einfach nicht im Interesse der Öffentlichkeit ist, das ist einfach ganz schlicht und einfach ähm die ergreifen die kalte Logik, weil die meisten eher billige Klamotten wollen und halt nicht ähm oder das ist halt nicht so im Bewusstsein wie du meintest.
>
> **3w**: vor allem mit dem Trend auch gehen wollen.
>
> **1m**: genau." (Gruppe B, 00:04:56)

Der Ausdruck „kalte Logik", die die Menschen ergreift, deutet auf eine Instanz außerhalb des Individuums hin und zugleich auf etwas Bewusstes, gegen das man sich tendenziell auch wehren könnte. Zwar werden auch die Unternehmen beschuldigt, Mitschuld an der Situation zu tragen, aber es wird schon bald deren Perspektive eingenommen:

> „= Und das ist das große Problem, ich sag mal ich würde das Unternehmen leiten, würde auch in meinem Arbeitsvertrag stehen, ich muss einfach nur diesen Gewinn oder den Profit maximieren und da könnte ich es mir theoretisch nicht leisten, eine so große so großes zu investieren, um da einen Markt frei zu machen für einen Konkurrenten, der dadadurch deutlich profitieren würde." (Gruppe B, 00:21:17)

Die Unternehmen erhalten ein Gesicht und deren Akteure stellen sogar die eigentlich Unterdrückten dar, da sie nur in Richtung Gewinnmaximierung handeln können. Im Laufe der Diskussion verschiebt sich das Menschenbild: Weg vom bewusst egoistischen Menschen hin zu einem vom Unbewussten geleiteten Menschen: „= Ja und da ist es z. B. bei im Unterbewusstsein noch gar nicht so verankert, dass es diese Läden gibt [...]" (Gruppe B, 00:31:43). Jedoch könne sich Bewusstsein entwickeln, wofür viele Beispiele genannt werden (z. B. die Entwicklung von Bio-Nahrung). Während sich Gruppe A auf die Skandale selbst konzentriert, wird in Gruppe B viel mehr die Reaktion der Bevölkerung auf diese Skandale genannt (z. B. Verzicht oder Umstieg auf andere Produkte).

Das Individuum ist nicht ohnmächtig gegenüber den Strukturen, denn es kann diese maßgeblich mitbestimmen:

„w2: = Und das ganze kann durch die Gesellschaft bewegt werden, **denn** eine Firma handelt auf Nachfrage des Kunden, **so,** und wenn wir als Gesellschaft

w3: ja eben unsere Nachfrage verändern und auf fairtrade setzen und auch wenn es nur kleine Dinge sind mit denen wir zum Beispiel in unserem Alter anfangen, dass wir fairtrade Schokolade kaufen anstatt Milka, ähm kannste schon mal davon ausgehen, dass sich das ganze Stück für Stück in die Richtung bewegen wird, dass eben auch die Firmen mitziehen.

m1: ja genau." (Gruppe B, 00:26:31)

Die Schuldzuweisung und die Verantwortung dafür, etwas zu ändern, erfolgt differenziert. Es geht um kleine Schritte und darum, dass jeder Mensch seinen ihm möglichen Anteil leistet.

Die Diskursorganisation ist überwiegend geprägt von Passagen, in denen sich die Diskutierenden aufeinander beziehen und sich ergänzen. Sie widersprechen einander aber auch und handeln Konflikte offen aus. Die Zunahme von alltagsnahen Erzählpassagen mit konkreten Handlungsbeispielen im Verlauf der Diskussion und der Perspektivenwechsel tragen maßgeblich zu einer Aushandlung bei, da gerade eigene Erzählungen und Erlebnisse die Mitdiskutierenden überzeugen. Die Verschiebung des Menschenbildes hin zum unbedacht handelnden Menschen sowie die Nennung von Akteuren in den Unternehmen tragen zu einer Auflösung der beiden Pole der Schuldzuweisung bei und lassen ein in sich geschlossenes Weltbild erkennen: Dieses Weltbild erklärt, warum Unternehmer gewinnorientiert handeln und warum Menschen die Produkte kaufen. Das Menschenbild ist versöhnlich und hoffungsvoll, da sowohl der Konsument als auch der Unternehmer verstanden werden. Unterstützt wird dies durch die Bedeutung der Begriffe Globalisierung und Kapitalismus als etwas, was jede/r reproduziert, aber auch mitgestalten kann. Letztlich wird eine Veränderung – auch im derzeitigen System – für möglich gehalten.

Der Vergleich mit den weiteren Diskussionen zeigt, dass mehr Ähnlichkeiten zu Gruppe A bestehen: Auch andere Gruppen verblieben in dem Modus des Common Sense und die Pole der Schuldzuweisung wurden nicht aufgelöst. Es wurde eine distanzierte Haltung eingenommen und ausschließlich Negativbeispiele genannt. Eine Veränderung wurde für unrealistisch gehalten.

Zusammenfassung der Ergebnisse und Diskussion

Die Analyse des explizit Gesagten, also des *kommunikativ generalisierten Wissens*, zeigt die Verwendung von verallgemeinernden Schlagworten und die Konzentration auf Negativbeispiele. Die Rekonstruktion des *atheoretischen/ handlungsleitenden Wissens* durch die Analyse des *Wie* des Gesagten (Diskursorganisation, Verwendung von Wörtern, Sprecherperspektive) zeigt, dass die meisten Jugendlichen kaum Erfahrungen in Bezug auf nachhaltige Entwicklung teilen und eine distanzierte Haltung zur Thematik – im speziellen zur ökologischen Dimension – einnehmen. Im Folgenden sollen nun – unter Einbezug weiterer Diskussionen – die Hauptergebnisse festgehalten und diskutiert werden.

Verallgemeinernde Schlagworte: Auf der Ebene des explizit Gesagten äußerten die Diskutierenden größtenteils verallgemeinernde Schlagworte (z. B. „die Menschen"; „die Globalisierung"). Dies lässt weder Differenzierung noch Kritik zu: Denn sind es alle Menschen, die egoistisch handeln, scheint es eine anthropologische Konstante zu sein, die unveränderbar ist. Die Bedienung dieses Common Sense kann auch als ein Hinweis auf die Distanz zur Thematik gedeutet werden.

Konzentration auf Negativbeispiele: Alle Gruppendiskussionen, außer die von Gruppe B, enthielten ausschließlich Negativbeispiele. Sie konzentrierten sich stark auf Skandale, die vorwiegend aus den Medien (Reportagen) entnommen wurden. Zudem gab es für die meisten Jugendlichen keine Handlungsalternative. In der Geschichte wurde explizit das „Nichtkaufen" genannt. Dies stellte aber für alle Gruppen einen negativ konnotierten Verzicht dar. Als Alternativen wurden – wenn überhaupt – nur biofair produzierte Waren genannt, die aber teurer und somit unerschwinglich seien. Aus der Umweltpsychologie ist bekannt, dass Positivbeispiele und Handlungsalternativen wichtige Faktoren für umweltrelevantes Handeln sind (Ernst, 2010).

Distanz: Durch die Sprecherperspektive (3. Person) wurde eine distanzierte Haltung eingenommen. In Verbindung mit dem Redeanreiz scheint dies zunächst nicht verwunderlich, da es hier um ein „Reden über" geht. Jedoch zeigt gerade der Vergleichshorizont von Gruppe B, dass auch eine persönliche Haltung eingenommen werden kann. Die seltenen erzählenden Passagen der Jugendlichen lassen vermuten, dass bislang kaum oder nur wenige (Alltags-) Erfahrungen im Kontext nachhaltiger Entwicklung gemacht wurden (s.o.). Ebenfalls kann diese Distanz als eine Verantwortungszuschreibung gedeutet werden, die außerhalb der Sprechenden verortet wird.

Ökologische Dimension: Die ökologische Betrachtung spielt für die Jugendlichen bei der Diskussion der Nachhaltigkeits-Problematik nur eine untergeordnete Rolle. Dies hängt möglicherweise auch mit dem Redeanreiz zusammen: In der Geschichte steht die ökologische Dimension nicht unbedingt im Konflikt mit der sozialen Dimension. Die Diskussionen fokussieren zudem nicht auf die Aushandlung von Werten, da sich die Gruppen darüber einig sind. In den vorliegenden Diskussionen wurde die Wichtigkeit der Bearbeitung der ökologischen Krise zwar anerkannt und auch explizit geäußert, jedoch nur aufgrund exmanenter Nachfragen. Es wurde beispielsweise deutlich, dass die Jugendlichen sehr gut über den Klimawandel Bescheid wissen, sich aber nicht betroffen fühlen. Ferner wurde sachlich und distanziert über Umwelt gesprochen. Dieses Ergebnis zeigt deutliche Parallelen zu den Ergebnissen von Zeyer und Roth (2013): In Gruppendiskussionen, die hinsichtlich Merkmalen des Postökologismus analysiert wurden, zeigte sich, dass die Jugendlichen auf kommunikativer Ebene zwar ökologische Werte teilen, diese aber mit anderen Interessen kollidieren und Umweltschutz zudem an Experten delegiert wird.

Ganz oder gar nicht: Veränderung wurde in den Gruppendiskussionen – außer bei Gruppe B – mit einem radikalen Wandel gleichgesetzt. Nur große Aktionen bewirken etwas, und auch nur dann, wenn alle mitmachen. Das durch den Gesprächsimpuls mitinduzierte Bild eines selbstverantwortlichen Individuums wurde in den Diskussionen angenommen. Der Diskussionsverlauf in Gruppe A veranschaulicht jedoch, dem Schema anderer Diskussionen folgend, dass diese Verantwortungsübernahme durch das Individuum keine alltagstaugliche Handlungsoption ist. Die Gefahr ist groß, dass das Individuum überfordert ist und resigniert (vgl. Dollase, 2002).

Welt- und Menschenbild: Die meisten Gruppen wichen in Bezug auf Äußerungen über den Menschen und die Welt nicht vom Common Sense bzw. den beiden Polen der Schuldzuweisung ab. Auffällig ist, dass in keiner einzigen Diskussion die Verbindung zwischen Mensch und Politik thematisiert wurde. Bei beiden Gruppen wird die Gesellschaft als Summe individueller Handlungen dargestellt. Zwar impliziert der Gesprächsimpuls möglicherweise die Bedeutung individuellen Handelns. Dennoch fällt auf, dass in kaum einer Gruppe die Rede von Vereinen, Verbänden oder sonstigen Zusammenschlüssen ist. Auch strukturelle Gegebenheiten werden nicht thematisiert. Individuelles Handeln – auch wenn es mehrheitlich geschieht – kann oft keine Veränderung herbeirufen, solange die Rahmenbedingungen bestehen bleiben (vgl. Grunwald, 2010). Erst durch kollektive Einflussnahme auf politische Entscheidungen können manche dieser Rahmenbedingungen verändert werden.

Komplexitätsreduktion und Moral: Im Rahmen des Konzeptes der Gestaltungskompetenz wird interdisziplinäres, komplexes und vernetztes Denken als wichtige Voraussetzung genannt (De Haan, 2008). In allen Diskussionen zeigte sich, dass die Jugendlichen in der Lage waren, dies zu erfüllen: Es wurden viele unterschiedliche Folgen durchgespielt. Gerade der erwähnte „ja aber"-Diskurs ermöglichte dies. Auf der Ebene des Hintergrundwissens waren die Jugendlichen insgesamt gut informiert. Gruppe B reduzierte die Komplexität durch das Beharren zweier Diskutierender auf moralische Prinzipien des Handelns. Da dieser Konflikt offen ausgetragen wurde, einigte sich die Gruppe darauf, dass moralische Prinzipien das Handeln leiten sollten und – aufgrund der Nennung von Positivbeispielen – auch könnten. Zwar wussten auch die anderen Gruppen, was in Anbetracht der Lage getan werden *sollte*, in der Realität bewerteten sie dies aber als nicht umsetzbar. Moral scheint also die Komplexität nicht handhabbar machen. Dies entspricht der Studie von Asbrand (2009), in der Moral ebenfalls nur auf der Ebene des *kommunikativen Wissens* genannt wurde, aber keine handlungsleitende Funktion hat (Asbrand, 2009).

Die Ergebnisse deuten darauf hin, dass BNE neben Wissen vor allem grundsätzliche ethische und politische Fragen (z. B. die der Verantwortung) sowie die Handlungspraxis einbeziehen muss. Als latente Fragen der Gruppendiskussionen zeigten sich die der (individuellen) Verantwortung und des Verhältnisses zwischen Individuum und Strukturen. Womöglich könnte eine Analyse von Schlüsselproblemen nachhaltiger Entwicklung hilfreich sein, um Möglichkeiten individueller Einflussnahme differenziert darzustellen (vgl. Bilharz & Gräsel, 2006). Da Verantwortungsfragen auch ethische Fragen sind, muss auch die Ethik herangezogen werden. Zudem muss bei Bildungsangeboten im Bereich BNE vermehrt darauf geachtet werden, Handlungsalternativen und Positivbeispiele zu präsentieren, um damit einen Ausgleich zu Katastrophenmeldungen in den Medien und zum negativ geprägten Common Sense zu schaffen. Als große Herausforderung ist der Umgang mit Komplexität zu nennen: Zwar ist vernetztes und komplexes Denken von Bedeutung, diese Komplexität muss aber auch handhabbar gemacht werden, um die Lernenden zu ermutigen und nicht zu überfordern.

Literatur

Asbrand, B. (2009). *Wissen und Handeln in der Weltgesellschaft*. Münster: Waxmann.

Bilharz, M. (2000). *Vom Wissen zum Handeln? Fallstricke und Chancen für die Umweltbildung*. Verfügbar unter http://www.umweltbildung.de/uploads/tx_anubfne/bilharz_wissen_handeln.pdf [November, 2013].Bilharz, Michael; Gräsel, Cornelia (2006): Gewusst wie: Strategisches Umwelthandeln als Ansatz zur Förderung ökologischer Kompetenz in Schule und Weiterbildung. *Bildungforschung, 3*(1). Verfügbar unter http://bildungsforschung.org [Mai, 2013].

Bohnsack, Ralf (2000): Gruppendiskussion. In: Uwe Flick (Hrsg.): *Qualitative Forschung. Ein Handbuch* (S. 369–384). Reinbek bei Hamburg: Rowohlt.

Bohnsack, R. (2011). Orientierungsschemata, Orientierungsrahmen und Habitus. In K. Schittenhelm (Hrsg.), *Qualitative Bildungs- und Arbeitsmarktforschung. Theoretische Grundlagen und Methoden* (S. 119–153). Wiesbaden: VS.

Bohnsack, R., Nentwig-Gesemann, I. & Nohl, A.-M. (2007). *Die dokumentarische Methode und ihre Forschungspraxis: Grundlagen qualitativer Sozialforschung*. Wiesbaden: VS.

Born, B. (2007). *Lernen mit Alltagsphantasien: Zur expliziten Reflexion impliziter Vorstellungen im Biologieunterricht*. Wiesbaden: VS.

Brämer, R. (2010). *Natur: Vergessen?: Erste Befunde des Jugendreports Natur 2010*. Verfügbar unter http://www.natursoziologie.de/ index.php?l=NS&c=5&p=135 [November, 2013].

Brinkmann, M. (2006). Nachhaltigkeit. *Vierteljahrsschrift für wissenschaftliche Pädagogik*, (2), 280–281.

De Haan, G. (2008). Gestaltungskompetenz als Kompetenzkonzept der Bildung für nachhaltige Entwicklung. In I. Bormann & G. de Haan (Hrsg.), *Kompetenzen der Bildung für nachhaltige Entwicklung: Operationalisierung, Messung, Rahmenbedingungen, Befunde* (S. 23–43). Wiesbaden: VS.

Dittmer, A. & Gebhard, U. (2012). Stichwort Bewertungskompetenz: Ethik im naturwissenschaftlichen Unterricht aus sozial-intuitionistischer Perspektive. *Zeitschrift für Didaktik der Naturwissenschaften, 18*, 81–98.

Dollase, R. (2002). Von der Sachkompetenz zum Handeln – Oder: Warum Wissen, Betroffenheit und Aufklärung nicht reicht. In N. Frank (Hrsg.), *Umweltkompetenz als neue Kulturtechnik* (S. 72–87). Donauwörth: Auer.

Ernst, A. (2010). Individuelles Umweltverhalten – Probleme, Chancen, Vielfalt. In H. Welzer, H.-G. Soeffner & D. Giesecke (Hrsg.), *KlimaKulturen. Soziale Wirklichkeiten im Klimawandel* (S. 128–143). Frankfurt am Main: Campus.

Gebhard, U. (2007). Intuitive Vorstellungen bei Denk- und Lernprozessen: Der Ansatz „Alltagsphantasien". In D. Krüger & H. Vogt (Hrsg.), *Theorien in der biologiedidaktischen Forschung. Ein Handbuch für Lehramtsstudierende und Doktoranden* (S. 117–128). Berlin Heidelberg: Springer.

Grunwald, A. (2010). Wider die Privatisierung der Nachhaltigkeit: Warum ökologisch korrekter Konsum die Umwelt nicht retten kann. *GAIA, 19* (13), 178–182.

Haidt, J. (2001). The emotional dog and its rational tail: A social intuitionist approach to moral judgment. *Psychological Review, 108*(4), 814–834.

Hellbrück, J. & Kals, E. (Hrsg.). (2012). *Umweltpsychologie.* Wiesbaden: VS.

Holz, V. & Stoltenberg, U. (2011). Herausforderungen einer Bildung für nachhaltige Entwicklung im Spannungsfeld von Alltagstauglichkeit, strukturellen Bedingungen und dem Transfer konzeptueller Komplexität. In G. Banse, R. Janikowski & A. Kiepas (Hrsg.), *Nachhaltige Entwicklung – transnational. Sichten und Erfahrungen aus Mitteleuropa* (S. 179–195). Berlin: edition sigma.

Kuckartz, U. (2002). Umweltmentalitäten in der deutschen Bevölkerung. In D. Rink (Hrsg.), *Lebensstile und Nachhaltigkeit. Konzepte, Befunde und Potentiale* (S. 117–129). Opladen: Leske & Budrich.

Lamnek, S. (2005). *Qualitative Sozialforschung: Lehrbuch.* Weinheim: Beltz.

Lange, H. (2008). *Nachhaltigkeit als radikaler Wandel: Die Quadratur des Kreises?* Wiesbaden: VS.

Monetha, S. (2009). *Alltagsphantasien, Motivation und Lernleistung: Zum Einfluss der expliziten Berücksichtigung von Alltagsphantasien im Biologieunterricht auf motivationale Faktoren und Lernleistung.* Opladen: Budrich.

Oschatz, K. (2011). *Intuition und fachliches Lernen. Zum Verhältnis von epistemischen Überzeugungen und Alltagsphantasien.* Wiesbaden: Springer-VS.

Przyborski, A. (2004). *Gesprächsanalyse und dokumentarische Methode: Qualitative Auswertung von Gesprächen, Gruppendiskussionen und anderen Diskursen.* Wiesbaden: VS.

Rambow, R. (1998). Möglichkeiten und Grenzen der Umweltpsychologie bei der Unterstützung einer nachhaltigen Entwicklung. In K. Engelhard (Hrsg.), *Umwelt und Entwicklung: Ein Beitrag zur lokalen Agenda 21* (S. 35–53). Münster: Waxmann.

Sorgo, G. (2011). *Die unsichtbare Dimension: Bildung für nachhaltige Entwicklung im kulturellen Prozess.* Wien: Forum Umweltbildung.

United Nations (UN) (1992). *Agenda 21: Konferenz der Vereinten Nationen für Umwelt und Entwicklung.* Rio de Janeiro. Verfügbar unter http://www.un.org/Depts/german/conf/agenda21/agenda_21.pdf [November, 2013].

Zeyer, A. & Roth, W.-M. (2013). Post-ecological discourse in the making. *Public Understanding of Science* 22(1), 34–49.

Christine Florian/Lisa Sundermann/Angela Sandmann

Kognitive Anforderungsprofile schriftlicher Abituraufgaben verschiedener Themenbereiche aus elf Bundesländern

Zusammenfassung

Die vergleichende Analyse zentral gestellter Abituraufgaben im Fach Biologie stellt eine wichtige Grundlage zur Qualitätssicherung der Abiturprüfung dar. Vor diesem Hintergrund wurde die Fragestellung nach der Vergleichbarkeit der kognitiven Anforderungen von Abituraufgaben unterschiedlicher Themenbereiche und Bundesländer in den Fokus gesetzt. Bezogen auf 45 zentral gestellte Abiturprüfungen im Fach Biologie mit insgesamt 461 Aufgabenstellungen ergibt die kategoriengeleitete Aufgabenanalyse, dass sich Abituraufgaben zum *Themenbereich* Physiologie/ Zellbiologie/ Genetik von den Abituraufgaben der Themenbereiche Ökologie und Evolution hinsichtlich der Ausschöpfung der zulässigen *Inhaltsfelder* und der Anforderungen an die *Informationsverarbeitung* und die *Nutzung von Fachwissen* unterscheiden. Neben diesen themenbereichsspezifischen Anforderungsprofilen werden je nach Bundesland unterschiedliche Schwerpunkte hinsichtlich der Anforderungen *Fachwissen abrufen* und *Informationen erschließen* gesetzt.

Abstract

Comparative analysis of final examination tasks at the end of upper secondary school in Germany (Abitur tasks) represent an important basis for quality assurance. Against this background, the cognitive demands of a total of 461 Abitur tasks from different biological domains and different federal states were compared. The results show that tasks of the domain physiology / cell biology / genetics differ from ecology and evolution tasks with respect to a broader range of suitable topics that is utilized and the cognitive demands on *information processing* and on the *use of content knowledge*. Additionally the federal states set different priorities concerning cognitive demands. Either the *reproduction of knowledge* or the *comprehension of information* is focused.

Theoretischer Hintergrund

Stellenwert von Abituraufgaben im Bildungssystem

Seit 2013 prüfen alle Bundesländer ausgenommen Rheinland-Pfalz und Schleswig-Holstein im Fach Biologie mit zentral gestellten Abituraufgaben (Kühn, 2010). Zentral gestellten Abituraufgaben wird eine große Bedeutung bei der Qualitätsentwicklung des Bildungssystems beigemessen. Nachfolgend wird dieses anhand häufiger Erklärungen begründet (Baumert & Watermann, 2000; Fend, 2008; Helmke & Hosenfeld, 2004; Holmeier, 2013; Köller, 2007; Kühn, 2010):

1. Zentral gestellte Abituraufgaben sollen die Vergleichbarkeit der Abiturergebnisse sichern, da alle Prüflinge eines Landes die gleichen Anforderungen bearbeiten und alle Lehrkräfte den gleichen Bewertungsschlüssel (Erwartungshorizont) als sachbezogene Bezugsnorm bei der Leistungsbeurteilung heranziehen.
2. Zentral gestellte Abituraufgaben sollen auf lange Sicht die Vergleichbarkeit von unterrichtlichen Zielen sichern, da sich Lehrkräfte bei der unterrichtlichen Vorbereitung an den Anforderungen der Abituraufgaben orientieren.
3. Zentrale Abituraufgaben sollen Innovationsfunktion haben, da zeitnah und großflächig fachdidaktische sowie curriculare Neuerungen implementiert werden können.
4. Zentral gestellte Abituraufgaben sollen eine Evaluations- und Rückmeldefunktion haben, da ihre empirische Reanalyse zu evidenzbasierten Informationen über Qualität, Mängel und Anforderungen der Abiturprüfung führen kann.

Zukünftige Maßnahmen sind auf die Entwicklung bundesweit einheitlicher Abituraufgaben gerichtet, z. B. im Rahmen eines Bundesabiturs oder bei der Entwicklung bundeseinheitlicher Abituraufgabenbeispiele (KMK, 2012). Gerade vor diesem Hintergrund gewinnt die Evaluations- und Rückmeldefunktion von zentral gestellten Abituraufgaben im bundesweiten Querschnitt an Bedeutung. Es zeigt sich allerdings, dass gerade fachdidaktische Abituraufgabenanalysen, die einen bundesweiten Querschnitt in den Analysefokus setzen, bislang weitgehend fehlen (Ackeren, 2007; Kühn, 2010).

Physiologie-, Ökologie- und Evolutionsaufgaben in der Abiturprüfung

Grundlage der Abituraufgabenentwicklung sind die *Einheitlichen Prüfungsanforderungen der Abiturprüfung Biologie* (EPA-Biologie). Diese enthalten u. a.

bundesweit verbindliche Vorgaben über die zulässigen *Themenbereiche* der Abiturprüfung. Diese Themenbereiche sind A: Physiologie/ Zellbiologie/ Genetik; B: Ökologie und C: Evolution (KMK, 2004). Dabei sind Abiturprüfungen möglich, in denen zwei *oder* drei Themenbereiche bearbeitet werden sollen (Kühn, 2010). Darüber hinaus wird jeder Themenbereich durch die Angabe von *Inhaltsfeldern* konkretisiert. Im Themenbereich A sind *Bau und Funktion von Zellen* und die *Regulation des Stoffwechsels* zwei Beispiele für die insgesamt sieben Inhaltsfelder (KMK, 2004). Es gibt Hinweise darauf, dass vereinzelte Bundesländer bei der Entwicklung von Abituraufgaben fachinhaltliche Schwerpunkte setzen (Kühn, 2010). Inwieweit Abituraufgaben im Fach Biologie im bundesweiten Querschnitt auf bestimmte Inhaltsfelder fokussieren, ist noch nicht untersucht.

Dabei können inhaltliche Schwerpunktsetzungen in Abituraufgaben auch auf inhaltspezifische Unterrichts- bzw. Aufgabenkulturen hinweisen (Kühn, 2010). Nicht zuletzt werden Themenbereiche als Abiturthemen unterschiedlich bewertet. Einige interviewte Lehrkräfte aus NRW präferieren bspw. Abituraufgaben zu den Bereichen Genetik und Neurophysiologie und begründen, dass Prüflinge hier *sehr systematisch arbeiten und erlernte Sachverhalte eindeutig richtig oder falsch anwenden* können (vgl. Lehrkraft 1, 06.02.2009). Im Vergleich dazu werden aber die Ökologieaufgaben von den Prüflingen aus NRW mit Abstand am häufigsten in der Abiturprüfung gewählt (Florian, Schmiemann & Sandmann, 2011).

Kognitive Anforderungen in der Abiturprüfung Biologie

Die EPA-Biologie enthalten auch bundesweit verbindliche Vorgaben über die zulässigen kognitiven Anforderungen der Abiturprüfung. Dabei werden drei sog. Anforderungsbereiche (AFB) unterschieden: Reproduzieren/ AFB I, Anwenden/ AFB II und problemlösendes, kritisches Denken/ AFB III. Von AFB I nach AFB III sollen die Anforderungen an die Eigenständigkeit und die gedankliche Komplexität zunehmen. Um das Anforderungsniveau zu steuern, sollen die Abituraufgaben so entwickelt werden, dass sie alle drei AFB abdecken (KMK, 2004). In NRW spiegelt sich der postulierte Zusammenhang zwischen AFB-Kategorie und Anforderungsniveau auch in der Lösungswahrscheinlichkeit nach der Abiturprüfung wider. Abituraufgabenstellungen im Fach Biologie nehmen hier mit ansteigender AFB-Kategorie in der empirischen Schwierigkeit zu (Florian, Sandmann & Schmiemann, 2014).

Neben den allgemeinen Beschreibungen werden in den EPA-Biologie auch fachspezifische Beschreibungen der AFB dargestellt (KMK, 2004). Die AFB-Kategorien können sich demnach auf verschiedene charakteristische Bereiche des Unterrichtsfaches beziehen. Das heißt, im Fach Biologie können sich die Anforderungen Reproduzieren/ AFB I, Anwenden/ AFB II und problemlösendes Denken/ AFB III bspw. auf das biologische Fachwissen, auf die gegebenen Fachinformationen, auf die Entwicklung von Lösungswegen oder auf naturwissenschaftliche Arbeitsweisen beziehen. Im Rahmen einer kategoriengeleiteten Analyse von Abituraufgaben aus NRW wurden bereits Zusammenhänge zwischen entsprechenden fachspezifischen Anforderungen und den a priori seitens der Aufgabenentwickler festgelegten AFB-Ausprägungen abgeleitet (Florian, Sandmann & Schmiemann, 2014). Es stellte sich auch heraus, dass die Verteilung dieser fachspezifischen Anforderungen je nach Themenbereich charakteristisch war (Florian, 2013). Darüber hinaus sind auch bundeslandspezifische Kulturen bezüglich der AFB und ihrer Bedeutung nicht auszuschließen. Bspw. können die Wortbeschreibungen der AFB-Ausprägungen verschieden sein. In einigen Bundesländern heißt es Reorganisation für AFB II in anderen Reorganisation & Transfer (u. a. Apel & Weisheit, 2006; Aust, 2012; Blümke, 2010; Lingg, 2012; Martin, 2012; Schmidt & Triebel, 2012). Solche Unterschiede der Wortbeschreibungen suggerieren Unterschiede der Wortbedeutungen und Interpretationsspielräume.

Ziele und Fragestellungen

Gerade vor dem Hintergrund des außerordentlichen Stellenwertes zentral gestellter Abituraufgaben für die Qualitätsentwicklung im Bildungssystem ist es bemerkenswert, dass fachdidaktische Abituraufgabenanalysen bislang weitgehend fehlen, die einen bundesweiten Querschnitt von Abituraufgaben in den Fokus setzen. Deswegen wird die Anwendung und Weiterentwicklung eines Kategoriensystems zur Analyse zentraler Abituraufgaben im Fach Biologie im bundesweiten Querschnitt angestrebt. Dabei wird an Vorarbeiten zur Reanalyse von Abituraufgaben im Fach Biologie aus NRW angeknüpft (Florian, 2013; Florian, Sandmann & Schmiemann, 2014).

Hier sollen auf der Basis ausgewählter Analysekategorien zunächst folgende Fragestellungen in den Fokus gesetzt:

1. Inwieweit werden die vorgegebene Inhaltsfelder der einzelnen Themenbereiche in der Abiturprüfung im Fach Biologie ausgeschöpft?

2. Inwieweit sind kognitive Anforderungen an die Informationsverarbeitung, an die Nutzung von Fachwissen und an die Entwicklung von Lösungswegen zwischen Abituraufgaben verschiedener Themenbereiche vergleichbar?

3. Inwieweit sind kognitive Anforderungen an die Informationsverarbeitung, an die Nutzung von Fachwissen und an die Entwicklung von Lösungswegen zwischen Abituraufgaben elf verschiedener Bundesländer vergleichbar?

Methoden

Die vorliegende Teilstudie ist methodisch nach der qualitativen Inhaltsanalyse ausgerichtet (Mayring, 2010) und gliederte sich in folgende Arbeitsphasen: Ziehung der Aufgabenstichprobe und Definition der Analyseeinheit, Anwendung und Weiterentwicklung eines Kategoriensystems zur Abituraufgabenanalyse. Reliabilitätsabschätzungen sowie deskriptive und inferenzstatistische Analyse der Abituraufgaben im Hinblick auf die zugrunde liegenden Fragestellungen.

Abituraufgabenstichprobe und Analyseeinheit

Die Abituraufgabenstichprobe enthält 45 zufällig gezogene im Fach Biologie gestellte Abiturprüfungen der Jahre 2009 bis 2012 aus insgesamt elf der 15 zentral prüfenden Bundesländer. Die analysierten Abituraufgaben nebst Beispiellösungen sind im Stark-Verlag veröffentlicht (Apel & Weisheit, 2011; Aust, 2012; Blümke, 2010; Brixius et al., 2009; Lingg, 2012; Martin, 2012; Matlok, 2010; Müller et al., 2012; Redaktion, 2011; Schmidt & Triebel, 2012; Steinhofer & Rojacher, 2012).

Die Analyseeinheit (AE) ist die Operatoraufgabe und die dazu gehörige Beispiellösung. Die Abituraufgabenstichprobe ist aus insgesamt N = 461 AEs zusammengesetzt (Tab. 1).

Weiterentwicklung eines Kategoriensystems zur Abituraufgabenanalyse

Bei der Ableitung des Kategoriensystems wurde ein bereits bestehendes und evaluiertes Kategoriensystem (Florian, 2013) für die Analyse von Abituraufgaben aus NRW angewendet und bezogen auf die größere bundesweite Aufgabenstichprobe weiterentwickelt. Die Anwendung und Weiterentwicklung des Kategoriensystems erfolgte mit der Software MaxQDA.

Hier wird ein im Hinblick auf die Fragestellungen ausgewählter Auszug des Kategoriensystems abgebildet (Abb. 1). Jede Kategorie wird durch eine variierende Anzahl an Aufgabenmerkmalen repräsentiert, die wiederum unterschiedliche Ausprägungen besitzen. Alle Aufgabenmerkmale wurden mit Bezug zur EPA-Biologie abgeleitet und theoretisch begründet. Die Ausprägungen der Merkmale wurden teils induktiv, teils deduktiv anhand der Textbasis der Analyseeinheiten abgeleitet (Mayring, 2010).

Zu den Erwartungen an die Informationsverarbeitung gehören Anforderungen, die ohne materialgebundene Informationen gelöst werden müssen (*ohne Informa-*

Tabelle 1: *Verteilung der Analyseeinheiten der Abituraufgabenstichprobe über die Bundesländer und Themenbereiche*

Bundesland	Themenbereiche			Gesamt
	A	B	C	
Baden-Württemberg	22	6	20	48
Bayern	16	6	9	31
Brandenburg	8	6	17	31
Hessen	24	3	0	27
Mecklenburg-Vorpommern	53	12	12	77
Niedersachsen	18	10	14	42
NRW	4	18	32	54
Sachsen	19	19	13	51
Sachsen-Anhalt	13	9	9	31
Schleswig-Holstein*	3	2	12	17
Thüringen	37	8	7	52
Gesamt	217	99	145	461

* Zentralabitur im Fach Biologie bis einschließlich 2010

tionen). Zusätzlich gibt es Anforderungen, die auf der Basis eines stimulierenden Satzes oder eines illustrierenden Bildes geleistet werden sollen (*Informationen integrieren*). Daneben gibt es Anforderungen, bei denen viele materialgebundene Informationen verarbeitet werden müssen. Informationen sollen entweder nacheinander aus verschiedenen Darstellungsformen erschlossen werden (*Informationen erschließen*) oder sie sollen verknüpft werden, indem sie aus verschiedenen Darstellungsformen miteinander in Beziehung gesetzt werden (*Informationen nutzen*). Erwartungen an die Nutzung von Fachwissen sind bei den untersuchten Abituraufgaben Biologie: die Nutzung von Vorwissen ohne Verknüpfungen mit gegebenen Informationen der Materialien (*Fachwissen abrufen*), Fachwissen anforderungsbezogen aus gegebenen Informationen extrahieren (*Fachwissen erschließen*), Begriff/ Konzept im Antworttext selbstständig bezogen auf gegebene Informationen anwenden (*Fachwissen integrieren*), Begriffe/ Konzepte/ gedankliche Modelle im Antworttext selbstständig mit gegebenen Informationen wie ein Netzwerk verknüpfen (*Fachwissen erweitern*). Im Zusammenhang mit dem Merkmal Lösungswege werden Anforderungen mit einer einzigen inhaltlichen Lösungsvariante und geringen Erwartungen bei der Entwicklung eines Antworttextes (*bestimmen*), Anforderungen mit einer bis wenigen Lösungsalternative(n) und mit einer häufig durch die Aufgabenstellung vorstrukturierten Reihenfolge der Inhalte des Antworttextes (*darstellen*) sowie Anforderungen mit mehreren inhaltlichen Lösungsvarianten und hohen Erwartungen an die Selbstständigkeit bei der Entwicklung eines Antworttextes (*argumentieren*) unterschieden (vgl. Florian, Sandmann & Schmiemann, 2014). Die Reliabilitätsabschätzung erfolgte nach unabhängiger Doppelcodierung von insgesamt 112 der 416 AEs. Als Maß für die Übereinstimmung der Urteile wurde Cohens κ gewählt. Die Koeffizienten der hier einbezogenen Aufgabenmerkmale (Inhaltsfelder: κ = .62, Nutzung von Fachwissen: κ = .61, Informations-

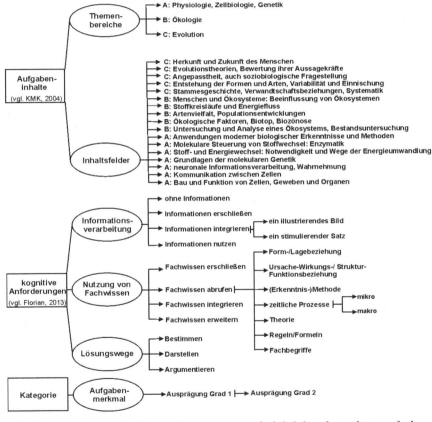

Abbildung 1: Auszug des Kategoriensystems zur fachdidaktischen Abituraufgabenanalyse verändert nach Florian (2013)

verarbeitung κ = .75, Lösungswege = .56) sind bezogen auf die Situation als angemessen zu bewerten (Wirtz & Caspar, 2002).

Statistische Analyseverfahren

Die Fragestellungen nach themenbereichs- oder bundeslandesspezifischen Anforderungsprofilen wird hier mittels statistischer Baumklassifikation nach der exhaustiv CHAID Methode untersucht (Bühl & Zöfel, 2002). Die CHAID-Prozedur (*Chi*-squared Automatic Interaction Detector) beruht auf dem Chi-Quadrat-Test. Sie prüft die Abhängigkeit zweier oder mehrerer (nominaler) Variablen und entdeckt dabei Zusammenhangs- bzw. Unterschiedsprofile. Es können Bäume mit mehrdimensionalen Knoten entstehen, also mehr als zwei Knoten pro Baumzeile.

Um abschätzen zu können, inwieweit themenbereichsspezifische Effekte nicht ursächlich auf bundeslandspezifische Effekte zurückgeführt werden können und umgekehrt, wurden multinominale logistische Regressionen durchgeführt. Die Haupteffektmodelle mit Themenbereichen und Bundesländern erfüllen die Gütekriterien in der Regel am besten, haben den größten Erklärungswert und beide Variablen tragen signifikant zur Varianzaufklärung (Klassifikation) der kognitiven Anforderungen bei. Dieses Ergebnis stützt die Annahme, dass beide Variablen auch eigene Anteile zur Klassifikation der Anforderungsprofile beitragen und somit durchaus getrennt in einer explorativen Baumklassifikation betrachtet werden können.

Ergebnisse

Inhaltsfelder der zentralen Abituraufgaben aus elf Bundesländern

Die untersuchten Abituraufgaben verschiedener Themenbereiche unterscheiden sich bezüglich der ausgeschöpften inhaltlichen Breite. Die laut EPA-Biologie im Themenbereich A: Physiologie/ Zellbiologie/ Genetik vorgesehenen sieben Inhaltsfelder werden im Vergleich regelmäßig für Aufgabenstellungen der Abiturprüfung verwendet. Am häufigsten kommen Aufgabenstellungen zu „Bau und Funktion von Zellen, Geweben und Organen" vor (Abb. 2). Im Gegensatz dazu sind Aufgabenstellungen zur Ökologie (B) oder zur Evolution (C) schwerpunktmäßig auf maximal zwei Inhaltsfelder ausgerichtet. Im Themenbereich Ökologie (B) liegt der inhaltliche Fokus hauptsächlich auf dem Inhaltsfeld: „Ökologische Faktoren, Biotop, Biozönose", gefolgt von „Artenvielfalt, Populationsentwicklungen". Alle weiteren vorgesehenen Inhaltsfelder sind selten vertreten (Abb. 3). Im Themenbereich Evolution (C) beziehen

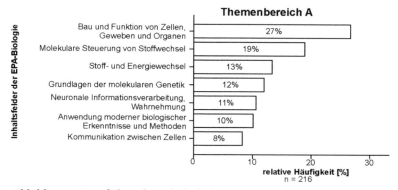

Abbildung 2: Häufigkeit der Inhaltsfelder im Themenbereich A

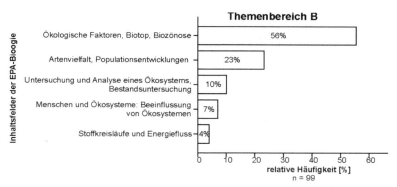

Abbildung 3: Häufigkeit der Inhaltsfelder im Themenbereich B

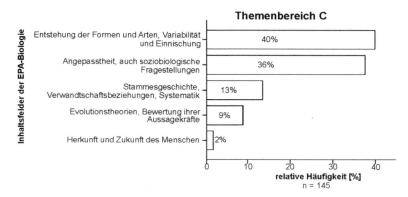

Abbildung 4: Häufigkeit der Inhaltsfelder im Themenbereich C

sich die Aufgabenstellungen vornehmlich auf die zwei Inhaltsfelder „Entstehung der Formen und Arten, Variabilität, Einnischung" und „Angepasstheit" (Abb. 4).

Kognitive Anforderungsprofile der Abituraufgaben je nach Themenbereich

Die Analysen weisen auf themenbereichsspezifische Anforderungsprofile im Zusammenhang mit der Informationsverarbeitung und der Nutzung von Fachwissen hin.

Dabei unterscheiden sich die Aufgaben zum Themenbereich A jeweils signifikant von Ökologie- und Evolutionsaufgaben (Themenbereiche B und C). Ökologie- und Evolutionsaufgaben haben in diesem Zusammenhang vergleichbare Anforderungsprofile (Abb. 5).

Das Anforderungsprofil der Physiologieaufgaben (A) unterscheidet sich hauptsächlich darin, dass Aufgabenstellungen, die ohne materialgebundene Informationen gelöst werden sollen und auf das Abrufen von Fachwissen abzielen, im Vergleich viel häufiger vorkommen. Im Gegensatz dazu sind die Erschließung und Nutzung fachspezifischer Informationen sowie die darauf bezogene Fachwissensanwendung häufige Erwartungen an die Herangehensweise bei den Themenbereichen B: Ökologie- und C: Evolution (Abb. 5).

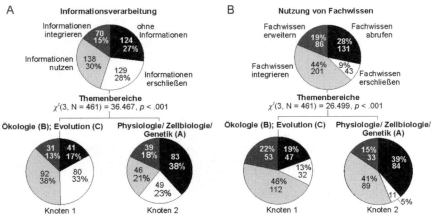

Abbildung 5: Themenbereichsspezifische Verteilungsunterschiede im Zusammenhang mit den Merkmalen A: Informationsverarbeitung (Risiko = .62; SD = .02) und B: Nutzung von Fachwissen (Risiko = .56; SD = .02)

Die Erwartungen an die Entwicklung von Lösungswegen sind unabhängig von den Themenbereichen. Die Anforderungen *Bestimmen* (P = 6 %), *Darstellen* (P = 66 %) sowie *Argumentieren* (P = 28 %) sind zwischen den Aufgabenstellungen unterschiedlicher Themenbereiche jeweils vergleichbar verteilt.

Kognitive Anforderungsprofile der Abituraufgaben je nach Bundesland

Die Bundesländer setzen unterschiedliche Anforderungsschwerpunkte bezogen auf die Informationsverarbeitung und die Nutzung von Fachwissen in den zentral gestellten Abituraufgaben Biologie.

In Baden-Württemberg, Bayern, Sachsen, Sachsen-Anhalt und Thüringen sind die möglichen Anforderungen bei der Informationsverarbeitung (*ohne Informationen, Informationen integrieren, erschließen* oder *nutzen*) in den Aufgabenstellungen gleichverteilt. In den Aufgabenstellungen aus Brandenburg und Hessen wird auf die Anforderung *Informationen integrieren* verzichtet, die restlichen möglichen Anforderungen an die Informationsverarbeitung sind auch hier jeweils zu vergleichbaren Anteilen vertreten. In Nierdersachsen, NRW und Schleswig-Holstein liegt der Schwerpunkt auf den Anforderungen *Informationen erschließen* und *Informationen nutzen*. In Mecklenburg-Vorpommern hingegen sind die Anforderungen *ohne Informationen* besonders häufig (Abb. 6).

Abbildung 6: Bundeslandspezifische Verteilungsunterschiede im Zusammenhang mit dem Merkmal Informationsverarbeitung (Risiko = .68; SD = .02)

Im Zusammenhang mit den Anforderungen an die Nutzung von Fachwissen legen alle elf Bundesländer einen Anforderungsschwerpunkt auf *Fachwissen inte-*

grieren. In den Bundesländern Baden-Württemberg, Bayern, Hessen, Niedersachsen, Sachsen-Anhalt, Schleswig-Holstein und Thüringen werden danach häufig Aufgabenstellungen zu *Fachwissen abrufen* oder *Fachwissen erweitern* angeboten. Dies gilt auch für Brandenburg und Sachsen. Allerdings wird *Fachwissen abrufen* häufiger gefordert als *Fachwissen erweitern*. In Mecklenburg-Vorpommern liegt der zweite Anforderungsschwerpunkt ausschließlich auf *Fachwissen abrufen*. In NRW liegt dieser bei den Anforderungen *Fachwissen erschließen* und *Fachwissen erweitern* (Abb. 7).

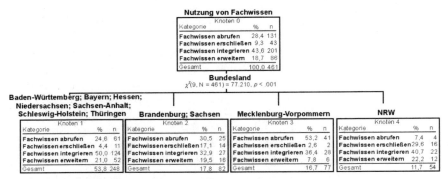

Abbildung 7: *Bundeslandspezifische Verteilungsunterschiede im Zusammenhang mit dem Merkmal Nutzung von Fachwissen (Risiko = .54; SD = .02)*

Diskussion

Die Analysen haben gezeigt, dass sich die Anforderungsprofile von Aufgabenstellungen zum *Themenbereich* Zellbiologie/ Physiologie/ Genetik (A) grundsätzlich von den Anforderungsprofilen der Ökologie- und Evolutionsaufgaben (B, C) unterscheiden:

Zum einen wird die zulässige inhaltliche Breite bei den Abituraufgaben zum Themenbereich A im Vergleich regelmäßiger ausgeschöpft, während die anderen Aufgabenstellungen in der Regel hauptsächlich auf ein oder zwei *Inhaltsfelder* fokussieren. Eine inhaltliche Engführung wird zwar von vielen Lehrkräften in der Abiturprüfung gewünscht, sie kann aber auch zu einer thematischen Engführung der individuellen und unterrichtlichen Abiturvorbereitung führen (Stichwort: „heimlicher Lehrplan"). Denn gerade bei zentral gestellten Aufgaben wird erwartet, dass sie eine Orientierungsfunktion für Prüflinge und Lehrkräfte haben (Kühn, 2010).

Zum anderen liegt der Anforderungsschwerpunkt der Aufgaben zum Themenbereich A mehr auf vorwissensbasierten, aber materialunabhängigen Anforderungen, während bei den Themenbereichen B und C in der Abiturprüfung häufig gegebene Fachinformationen erschlossen und im Kontext der Fachwissensanwendung genutzt werden sollen. Vergleichbare *Anforderungsprofile* haben sich bereits in einer Studie über Abituraufgaben der Jahre 2008 und 2009 aus NRW ergeben. Im Rahmen dieser Studie waren die Abituraufgaben verschiedener Themenbereiche, trotz unterschiedlicher Anforderungsprofile vergleichbar schwierig (Florian, 2013). Da bislang zwei oder drei Themenbereiche in der Abiturprüfung Biologie vorkommen dürfen (KMK, 2004) und die Themenwahl aus einem Abituraufgabenvorschlag durch Prüflinge, durch Lehrkräfte oder durch beide Instanzen bundesweit breit etabliert ist (Kühn, 2010), stellt sich die Frage, ob eine Konkretisierung der Vorgaben über die zu bearbeitenden Themenbereiche zur Sicherung der Vergleichbarkeit der Abiturprüfungen beitragen könnte. Möglicherweise ist es sinnvoll, den Themenbereich A als Pflichtthemenbereich und die anderen beiden Themenbereiche mit vergleichbaren Anforderungsprofilen als Wahlthemenbereiche zu etablieren oder grundsätzlich alle drei Themenbereiche in die Abiturprüfung Biologie zu integrieren.

Die Analysen im Hinblick auf die Vergleichbarkeit der Anforderungen von Abituraufgaben verschiedener Bundesländer ergeben, dass die Bundesländer unterschiedliche Anforderungsschwerpunkte setzen. Dabei unterscheiden sich die Anforderungskulturen hauptsächlich darin, entweder einen Anteil für Aufgabestellungen zu reservieren, bei denen *Fachwissen abgerufen* wird oder diesen Anteil für Aufgaben aufzugeben, bei denen die *Erschließung* gegebener *Informationen* gefragt ist. Anzumerken ist, dass die Menge und Art des abzurufenden Fachwissens zusätzlich stark zwischen den Bundesländern variiert. Insgesamt schöpfen die Bundesländer die Möglichkeiten komplexerer Anforderungen in der Regel aus, die bspw. die Fachwissensanwendung oder die Verknüpfung von Fachinformationen erfordern. Mit Blick auf die mögliche Perspektive bundeseinheitlicher Abiturprüfungen (KMK, 2012) stellen diese Ergebnisse wichtige Bezugsnormen für die Entwicklung einer bundeseinheitlichen Abituraufgabenkonzeption und deren Aufgabenbeispiele dar.

Literatur

Ackeren, I. van. (2007). Zentrale Abschlussprüfungen. Entstehung, Struktur und Steuerungsperspektiven. *ZfPäd, 59* (3), 12–15.

Apel, J. & Weisheit, E. (2011). *Abitur Biologie, Hessen: Prüfungsaufgaben mit Lösungen 2007–2011;* (6th ed.). Freising: Stark.

Aust, P. (2012). *Abitur Biologie, Niedersachsen: Prüfungsaufgaben mit Lösungen; 2007–2012;* (8th ed.). Freising: Stark.

Baumert, J. & Watermann, R. (2000). Institutionelle und regionale Variabilität und die Sicherung gemeinsamer Standards in der gymnasialen Oberstufe. In J. Baumert, W. Bos & R. H. Lehmann (Eds.), *TIMSS/ III. Mathematische und naturwissenschaftliche Bildung am Ende der Schullaufbahn: Vol. 2* (pp. 317–372). Opladen: Leske + Budrich.

Blümke, H. (2010). *Abitur Biologie, Mecklenburg-Vorpommern: Prüfungsaufgaben mit Lösungen 2000–2010* (13th ed.). Freising: Stark.

Brixius, R., Jannan, M. & Kunze, H. (2009). *Abitur Biologie, NRW: Prüfungsaufgaben mit Lösungen* (3rd ed.). Hallbergmoos: Stark.

Bühl, A. & Zöfel, P. (2002). *Erweiterte Datenanalyse mit SPSS. Statistik und Data Mining.* Wiesbaden: VS.

Fend, H. (2008). *Schule gestalten. Systemsteuerung, Schulentwicklung und Unterrichtsqualität* (1st ed.). Wiesbaden: VS.

Florian, C. (2013). *Abituraufgaben im Fach Biologie: Schwierigkeitsbestimmende Merkmale schriftlicher Prüfungsaufgaben. Biologie lernen und lehren: Bd. 4.* Berlin: Logos.

Florian, C., Sandmann, A., & Schmiemann, P. (2014). Modellierung kognitiver Anforderungen schriftlicher Abituraufgaben im Fach Biologie. *ZfDN.* doi: 10.1007/s40573-014-0018-0

Florian, C., Schmiemann, P. & Sandmann, A. (2011). Schriftliche Prüfungsaufgaben im Zentralabitur Biologie. In D. Krüger, A. Upmeier zu Belzen, P. Schmiemann & A. Sandmann (Eds.), *Erkenntnisweg Biologiedidaktik 10* (pp. 69–86).

Helmke, A. & Hosenfeld, I. (2004). Vergleichsarbeiten – Standards – Kompetenzstufen: Begriffliche Klärung und Perspektiven. In M. Wosnitza, A. Frey & R. S. Jäger (Eds.), *Lernprozess, Lernumgebung und Lerndiagnostik.* (vol. 16, pp. 56–75). Landau: Empirische Pädagogik.

Holmeier, M. (2013). *Leistungsbeurteilung im Zentralabitur.* Educational Governance. Wiesbaden: Springer.

KMK (2008). *Vereinbarung über Einheitliche Prüfungsanforderungen in der Abiturprüfung.* Beschluss der Kultusministerkonferenz vom 01.06.1979 i.d.F. vom 24.10.2008, Bonn.

KMK (2004). *Einheitliche Prüfungsanforderungen in der Abiturprüfung – Biologie. EPA-Biologie.* Beschluss der Kultusministerkonferenz vom 01.12.1989 i. d. F. vom 05.02.2004, Bonn.

KMK (2012). *Ergebnisse der 337. Plenarsitzung der Kultusministerkonferenz am 8./9. März in Berlin.* Berlin. Retrieved from http://www.kmk.org/no_cache/presse-und-aktuelles/meldung/ergebnisse-der-337-plenarsitzung-der-kultusministerkonferenz-am-89-maerz-in-berlin.html

Köller, O. (2007). Bildungsstandards, Einheitliche Prüfungsanforderungen und Qualitätssicherung in der Sekundarstufe II. In D. Benner (Eds.), *Bildungsstandards* (pp. 13–28). Paderborn: Ferdinand Schöningh.

Kühn, S. M. (2010). *Steuerung und Innovation durch Abschlussprüfungen*. Wiesbaden: VS.

Lehrkraft 1 (2009, January 8). *Erfahrungen mit dem Zentralabitur Biologie in NRW 2008*. Interview by C. Florian [digitales Textdokument]. Essen.

Lingg, W. (2012). *Abitur Biologie, Baden-Württemberg: Prüfungsaufgaben mit Lösungen 2004 – 2012* (10th ed.). Freising: Stark.

Martin, A. (2012). *Abitur Biologie, Sachsen: Prüfungsaufgaben mit Lösungen 2006–2012* (17th ed.). Freising: Stark.

Matlok, H. (2010). *Abitur Biologie, Schleswig-Holstein: Prüfungsaufgaben mit Lösungen 2008–2010* (4th ed.). Freising: Stark.

Mayring, P. (2010). *Qualitative Inhaltsanalyse. Grundlagen und Techniken* (11. ed.). Weinheim: Beltz.

Müller, O., Heinrich, F., Mantel, M., Sebald, F., Zander, B., Radecke, C. & Schmidt, H.-W. (2012). *Abitur Biologie, Brandenburg: Prüfungsaufgaben mit Lösungen 2009–2011* (8th ed.). Freising: Stark.

Redaktion (2011). *Abitur Biologie, Sachsen-Anhalt: Prüfungsaufgaben mit Lösungen 2006–2011* (15th ed.). Freising: Stark.

Schmidt, P. & Triebel, H.-D. (2012). *Abitur Biologie, Thüringen: Prüfungsaufgaben mit Lösungen 2005–2012* (18th ed.). Freising: Stark.

Steinhofer, H. & Rojacher, J. (2012). *Abitur Biologie, Bayern: Prüfungsaufgaben mit Lösungen* (3rd ed.). Freising: Stark.

Wirtz, M. A. & Caspar, F. (2002). *Beurteilerübereinstimmung und Beurteilerreliabilität*. Göttingen: Hogrefe Verlag für Psychologie.

Philipp Krämer/Stefan Nessler/Kirsten Schlüter

Forschendes Lernen als Herausforderung für Studierende & Dozenten – Schlussfolgerungen und Lösungsvorschläge für die Lehramtsausbildung

Zusammenfassung

Forschendes Lernen gilt als vielversprechende Methode, um im naturwissenschaftlichen Unterricht fachwissenschaftliche und fachmethodische Inhalte sowie eine naturwissenschaftliche Grundbildung zu vermitteln. Forschendes Lernen wird allerdings nur selten angewendet, weil Lehrkräfte Schwierigkeiten haben, Naturwissenschaften nach diesem Prinzip zu unterrichten. Die Schwierigkeiten der Lehrkräfte lassen darauf schließen, dass bereits während des Studiums grundlegende und vielfältige Probleme mit der Methode bestehen. Ziel der vorliegenden Untersuchung ist es, diese Probleme Lehramtsstudierender mit der Methode des Forschenden Lernens zu identifizieren. Die explorative Studie erfasst die Probleme dabei mittels Methodentriangulation aus drei Perspektiven: i) aus objektiver Sicht, indem zwei unabhängige Beobachter Unterrichtsstunden analysieren, die von den Studierenden in Gruppenarbeit geplant und durchgeführt werden, ii) aus subjektiver Sicht, indem die Studierenden offene Fragebögen nach einer durchgeführten Unterrichtsstunde beantworten und iii) aus reflektierter Sicht, indem die Studierenden ihre eigene, videographierte Unterrichtsstunde mit Hilfe offener Fragebögen analysieren. Die Daten werden anhand eines standardisierten Beobachtungsinstruments sowie mittels zusammenfassender, qualitativer Inhaltsanalyse ausgewertet. Die identifizierten objektiven Probleme repräsentieren das Fehlen methodenspezifischer Aspekte wohingegen die subjektiven Probleme vornehmlich grundlegende Schwierigkeiten bezüglich der Unterrichtsplanung und -durchführung zeigen. Die reflektierten Probleme spiegeln sehr diverse Schwierigkeiten mit dem Rollenverhalten als Lehrkraft wieder. Die Identifikation der Probleme ermöglicht anschließende Schlussfolgerungen und Lösungsvorschläge für das Lehramtsstudium.

Abstract

Inquiry-based Science Education (IBSE) is suitable to teach scientific contents, skills and literacy. Nevertheless, IBSE is rarely adopted in schools, because teachers struggle to teach science through inquiry. The difficulties teachers have suggest that fundamental and various problems with IBSE already exist during their academic studies. The aim of this research project is to identify problems teacher-students have with IBSE. With this explorative study, problems are examined from three different perspectives with respect to data triangulation: i) from an objective point of view, by two independent observers analyzing lessons, developed and accomplished by teacher-students, ii) from a subjective point of view, by teacher-students filling in open questionnaires after accomplishing an inquiry-based lesson, and iii) from a reflective point of view, by teacher-students analyzing their own recorded lessons using open questionnaires. Data passes a standardized observation tool as well as qualitative content analysis. While objectively stated problems represent the lack of essentials of IBSE, subjectively perceived problems reflect basic troubles regarding instruction development and accomplishment. Reflectively noticed problems reveal diverse troubles regarding teacher-students' own role behavior. The identification of these problems allows following conclusions as well as possible solutions for academic studies.

Theoretischer Hintergrund

Zwar gilt Forschendes Lernen als ein anerkanntes und vielversprechendes Konzept für den naturwissenschaftlichen Unterricht (Anderson, 2002), eine klare und allgemeine Definition fehlt allerdings (S-TEAM, 2010). Linn, Davis und Bell (2004; S.16) definieren Forschendes Lernen als *„intentional process of diagnosing problems, critiquing experiments, and distinguishing alternatives, planning investigations, researching conjectures, searching for information, constructing models, debating with peers and forming coherent arguments."* Forschendes Lernen kann demnach – so weit wie möglich – als Parallelisierung des Lernprozesses der Schülerinnen und Schüler (SuS) mit dem Prozess der wissenschaftlichen Erkenntnisgewinnung verstanden werden (Hof, 2011; Capps, Crawford & Constas, 2012). Der Forschungsprozess spiegelt sich dabei didaktisch reduziert in Prozessschritten wie beispielsweise Fragestellung formulieren, Hypothesen generieren, Experiment planen und durchführen sowie Ergebnisse auswerten und überprüfen wieder. Neben problemorientierten, kooperativen, kontextbezogenen und eigenständigen, offenen Lernen (Mayer & Ziemek, 2006) zeichnet sich Forschendes

Lernen insbesondere durch authentische und experimentbasierte Aktivitäten, selbstreguliertes und autonomes Handeln sowie Kommunikation und Diskussion aus (S-TEAM, 2010).

Insgesamt wird der Methode des Forschenden Lernens ein hohes Potential für den naturwissenschaftlichen Unterricht zugeschrieben (National Research Council, 2000; Anderson, 2002; Capps, Crawford & Constas, 2012). Verbunden mit der Anleitung und Unterstützung der Lehrkraft kann mit Hilfe des Forschenden Lernens sowohl fachliches als auch methodisches Wissen vermittelt werden (Anderson, 2002; Kirschner, Sweller & Clark, 2006; Hof, 2011). Außerdem ist Forschendes Lernen unter anderem geeignet, naturwissenschaftliche Grundbildung, kritisches Denken, konzeptuelles Verständnis, Motivation, epistemisches Wissen und positives Einstellungen gegenüber Naturwissenschaften zu fördern (Hmelo-Silver, Duncan & Chinn, 2007; Eysink et al., 2009). Dementsprechend empfiehlt die EU explizit die Verwendung des Forschenden Lernens (Rat der Europäischen Union, 2010) und zahlreiche nationale Bildungsvorgaben fokussieren und fordern direkt oder indirekt den Einsatz des Forschenden Lernens im Unterrichtsalltag (National Research Council, 2000; Kultusministerkonferenz, 2005).

Nichtsdestotrotz wird Forschendes Lernen im Unterrichtsalltag nur selten angewendet (Meyer, Pfiffner & Walter, 2007; PISA-Konsortium, 2008). Bezeichnend formuliert S-TEAM (2010; S.41) *„classroom reality has still to follow the changes in the curricula and there seems to be a lack of support for teachers to adopt and develop the required teaching style. [...] Yet, courses on inquiry teaching are supposedly rare."*

Neben überfüllten Lehrplänen stellen vor allem fehlende administrative und kollegiale Unterstützung, unzureichende pädagogische Fähigkeiten, Fehlen von Zeit und mangelndes Wissen über Nature of Science Schwierigkeiten für Lehrkräfte dar (Roehrig & Luft, 2004). Als Folge haben selbst erfahrene Lehrkräfte erhebliche Schwierigkeiten, Naturwissenschaften nach dem Prinzip des Forschenden Lernens zu unterrichten (Capps & Crawford, 2011).

Dabei resultieren die Schwierigkeiten der Lehrkräfte oftmals aus diversen Problemen, die die Lehrkräfte bereits in ihrem Studium haben. Ozel & Luft (2013) folgern beispielsweise, dass die Schwierigkeiten der Lehrkräfte unter anderem im Studium entstehen und auf unzureichendes Verständnis über Forschung und fehlendes Wissen über die Implementierung von Forschung im Klassenraum zurückzuführen sind. Ähnlich folgern Kang, Orgill & Crippen (2008), dass die unvollständigen Konzepte der Lehrkräfte zu Forschendem Lernen im Studium durch die unzureichende Berücksichtigung der besonderen Merkmale der Methode entstehen. Zahlreiche Studien und Reviews (z. B. Roehrig & Luft, 2004; Kang, Orgill & Crippen, 2008; S-TEAM, 2010; Capps, Crawford & Constas, 2012; Ozel

& Luft, 2013) fordern folglich, die Probleme Studierender mit der Methode des Forschenden Lernens im Studium zu beheben. Allerdings werden diese Probleme entweder nicht näher definiert oder allgemein und indirekt aus Schwierigkeiten der Lehrkräfte abgeleitet. Unseres Wissens fehlen Untersuchungen, die die Probleme Studierender mit der Methode des Forschenden Lernens ganzheitlich untersuchen, um somit eine Grundlage für Lösungen und Interventionen zu schaffen.

Zielsetzung & Fragestellung

Mit der vorliegenden, explorativen Studie sollen die Probleme, die Lehramtsstudierende mit der Methode des Forschenden Lernens haben, ganzheitlich erfasst und kategorisiert werden. Aus diesem Grund sollen die Probleme aus mehreren Perspektiven beleuchtet werden: Die Probleme sollen objektiv durch unabhängige Beobachter, subjektiv durch die eigene Wahrnehmung der Studierenden und reflektierend durch die Reflektion des eigenen Handelns erhoben werden. Mit Hilfe der identifizierten Probleme sollen anschließend Schlussfolgerungen für die Lehramtsausbildung gezogen werden.

Zusammenfassend verfolgen wir die folgende Fragestellung sowie die sich anschließende Leitfrage: Welche Probleme haben Lehramtsstudierende mit der Methode des Forschenden Lernens aus objektiver, subjektiver und reflektierter Sicht? Welche Schlussfolgerungen für die Lehramtsausbildung lassen sich aus den Problemen ziehen?

Methoden

Damit die Probleme der Lehramtsstudierenden mit der Methode des Forschenden Lernens überhaupt erfasst werden konnten, mussten die Studierenden zunächst an das Forschende Lernen herangeführt werden. Aus diesem Grund nahmen die Studierenden vor der Datenaufnahme an einem Seminar zum Forschenden Lernen teil.

Seminar & Probanden

Das Seminar „Forschendes Lernen" war ein Pflichtseminar im Hauptstudium für alle Studierenden des Lehramts Biologie für Grund-, Haupt-, Real- und Gesamtschule an der Universität zu Köln. Das Seminar umfasste 14 Termine mit je 2 Semesterwochenstunden sowie einen Leistungsnachweis in Form einer schriftlichen

Unterrichtsplanung einer forschungsbasierten, 90-minütigen Unterrichtsstunde sowie der praktischen Durchführung dieser Stunde. Organisation, Inhalte und Didaktik des Seminars wurden durch eine Expertengruppe bestehend aus zwei Fachdidaktikern für Inquiry-based Science Education, einem Fachwissenschaftler mit Schwerpunkt Nature of Science und einem studentischen Vertreter entwickelt. Das Seminar wurde vor der Studie erprobt, qualitativ evaluiert und angepasst sowie während der Studie fortführend mit einem geschlossenen Fragebogen evaluiert. Die Datenerhebung erfolgte in drei aufeinanderfolgenden Semestern mit insgesamt 32 Studierenden, die an der Studie teilnahmen. Die Studierenden befanden sich durchschnittlich im 7ten Semester (Regelstudienzeit 8 Semester) und verfügten über ein abgeschlossenes Grundstudium, grundlegende fachwissenschaftliche und fachdidaktische Kenntnisse sowie schulpraktische Erfahrungen. Gegenstand des Seminars waren die theoretische und praktische Erarbeitung des Forschenden Lernens sowie die Planung und Durchführung einer Unterrichtsstunde nach der Methode des Forschenden Lernens. In 3–5er-Gruppen planten die Studierenden insgesamt 7 Unterrichtsstunden, welche anschließend in denselben Gruppen mit Klassen der Jahrgangsstufe 6 durchgeführt und videographiert wurden.

Datenerhebung & Datenauswertung

Im Zuge der Triangulation wurden die Probleme der Studierenden mit der Methode des Forschenden Lernens auf drei Ebenen erfasst und ausgewertet.

Die *objektive Ebene* ist durch Probleme gekennzeichnet, die durch unabhängige Beobachter festgestellt wurden. Dazu wurden die von den Studierenden durchgeführten, forschungsbasierten Unterrichtsstunden ($N_{objektiv}$ = 7 Unterrichtsstunden) videographiert und mit Hilfe des IBSE Diagnostic Tools (Borda Carulla, 2012) analysiert. Das IBSE Diagnostic Tool ist ein Beobachtungsinstrument für den Unterricht, um Probleme bei der Implementierung von Forschendem Lernen zu diagnostizieren. Das Beobachtungsinstrument wurde im Rahmen des Fibonacci-Projekts mit Hilfe eines Reviews bisheriger IBSE-Beobachtungsinstrumente und einer Expertengruppe bestehend aus sechs internationalen Kooperationspartnern entwickelt. Das IBSE Diagnostic Tool umfasst 32 geschlossene und halboffene Items zur Analyse forschungsbasierter Unterrichtsstunden in den Bereichen i) *Building on pupils' ideas*, ii) *Supporting pupils' own investigations*, iii) *Guiding analysis and conclusions*, iv) *Carrying out investigations* und v) *Working with others*.

Alle Unterrichtsstunden wurden durch zwei unabhängige Beobachter mit Hilfe der Videos und des IBSE Diagnostic Tools analysiert. Die Interrater-Reliabilität der Beobachter wurde mittels Cohens-Kappa ermittelt ($K=0,91$ Cohens-Kappa; „Gute Übereinstimmung" nach Grouven et al. 2007).

Die subjektive Ebene ist durch Probleme gekennzeichnet, die durch die Studierenden selbst wahrgenommen wurden. Dazu erhielten die Studierenden im Anschluss an Seminar und Unterrichtsdurchführung einen offenen Fragebogen, welcher die Studierenden nach den Problemen mit der Methode des Forschenden Lernens fragte ($N_{subjektiv}$ = 32 offenen Fragebögen).

Die reflektierte Ebene ist durch Probleme gekennzeichnet, die durch die Studierenden bei einer Reflektion des eigenen Handelns wahrgenommen wurden. Dazu beantworteten die Studierenden erneut den offenen Fragebogen, während sie ihre eigenen Videos der forschungsbasierten Unterrichtsstunde analysierten ($N_{reflektiert}$ = 24 offenen Fragebögen). Die Anzahl offenen Fragebögen der reflektierten Ebene ist geringer als die Anzahl der offenen Fragebögen der subjektiven Ebene, weil die Teilnahme an Videographie und Videoanalyse den Studierenden freigestellt wurde.

Mit Hilfe der zusammenfassenden, qualitativen Inhaltsanalyse wurden die offenen Fragebögen anhand strikt regelgeleiteter Prozesse induktiv zu Kategorien reduziert, welche die Probleme der Studierenden widerspiegeln (Mayring, 2010). Dafür wurden die Daten zunächst transkribiert, in Analyseeinheiten zerlegt und anschließend durch Paraphrasierung, Generalisierung, Reduktion durch Selektion sowie Reduktion durch Bündelung zu Problemkategorien zusammengefasst. Alle transkribierten Analyseeinheiten des Ausgangsmaterials wurden nach der Erstellung der Problemkategorien diesen erneut zugeordnet, so dass die Problemkategorien eine unterschiedliche, quantitative Gewichtung durch die Anzahl der zugeordneten Analyseeinheiten erhalten. Sowohl die erstellten Problemkategorien als auch die Zuordnung der Analyseeinheiten zu den Problemkategorien wurden durch zwei unabhängige Intercoder durchgeführt. Die Interrater-Reliabilität der Intercoder wurde mittels Cohens-Kappa ermittelt (subjektive Probleme: $K=0,62$ und reflektierte Probleme: $K=0,58$; „mittelmäßige bis gute Übereinstimmung" nach Grouven et al. 2007).

Detailliertere Beschreibungen des Fragebogens, der qualitativen Inhaltsanalysen und Gütekriterien sowie des Seminars finden sich bei Krämer, Nessler & Schlüter (2012).

Ergebnisse & Interpretation

Die *objektiven Probleme* wurden durch die Analyse von $N_{objektiv}$ = 7 forschungsbasierten, 1,5-stündigen Unterrichtsstunde mit Hilfe des IBSE Diagnostic Tools erfasst. Insgesamt konnten 27 Problemkategorien identifiziert werden, von welchen im Folgenden die häufigsten lehrkraftbezogenen Problemkategorien dargestellt werden (siehe Tab. 1).

Tabelle 1: Darstellung der am häufigsten objektiv festgestellten, lehrkraftbezogenen Problemkategorien

Objektive Problemkategorie (OPK)		Beobachtet in...
OPK1	Die Studierenden ermutigen die SuS während der gesamten Unterrichtszeit nicht, Fragen zu stellen	... 7 von 7 Unterrichtsstunden
OPK2	Die Studierenden helfen den SuS während der gesamten Unterrichtszeit nicht, untersuchbare Fragen zu formulieren	... 6 von 7 Unterrichtsstunden
OPK3	Die Studierenden helfen den SuS während der gesamten Unterrichtszeit nicht, neue oder verbleibende Fragen zu identifizieren	... 6 von 7 Unterrichtsstunden
OPK4	Die Studierenden geben den SuS während der gesamten Unterrichtszeit kein positives Feedback zu ihren Ideen	... 6 von 7 Unterrichtsstunden
OPK5	Die Studierenden helfen den SuS während der gesamten Unterrichtszeit nicht, mögliche Fehlerquellen zu identifizieren	... 6 von 7 Unterrichtsstunden
OPK6	Die Studierenden ermutigen die SuS während der gesamten Unterrichtszeit nicht, über ihr Handeln und ihre Ergebnisse zu reflektieren	... 6 von 7 Unterrichtsstunden

Die objektiven Probleme Studierender mit der Methode des Forschenden Lernens repräsentieren vorwiegend das Fehlen methodenspezifischer Aspekte beziehungsweise zentraler Charakteristika des Forschenden Lernens.

OPK1, OPK2 & OPK3: Die Studierenden zeigen erhebliche Probleme bezüglich der Unterstützung und der Einbindung von Fragen der SuS. Anstatt Schülerfragen aktiv in den Unterricht einzubeziehen, werden Fragen weder gefordert noch gefördert. Dabei ist neben der eigentlichen Fragestellung im Forschungsprozess die generelle Fragehaltung der SuS ein wesentlicher Faktor des Forschenden Lernens und der naturwissenschaftlichen Erkenntnisgewinnung (Kultusministerkonferenz, 2005).

OPK4, OPK5 & OPK6: Die Studierenden haben Probleme, eine Reflektion mit den SuS durchzuführen. Anstatt die eigentliche Untersuchung kritisch zu analysieren, werden Forschungsanlass, Ergebnisse und Fehlerquellen nicht reflektiert, wobei gerade diese Schritte ein tieferes Verständnis des naturwissenschaftlichen Erkenntnisweges ermöglichen (Evans et al., 2002).

Die *subjektiven Probleme* wurden durch die Analyse von $N_{subjektiv} = 32$ offenen Fragebögen mit Hilfe der qualitativen Inhaltsanalyse erfasst. Insgesamt konnten aus $n_{subjektiv} = 601$ Analyseeinheiten 16 Problemkategorien identifiziert werden, von welchen im Folgenden die häufigsten lehrkraftbezogenen Problemkategorien dargestellt werden (siehe Tab. 2).

Tabelle 2: Darstellung der am häufigsten subjektiv wahrgenommenen, lehrkraftbezogenen Problemkategorien mit n = Anzahl der zugeordneten Analyseeinheiten

Subjektive Problemkategorie (SPK)		n
SPK1	Die Studierenden nehmen wahr, dass Sie als Lehrkraft zu unflexibel, unstrukturiert und unorganisiert sind	84
SPK2	Die Studierenden nehmen wahr, dass Sie als Lehrkraft die Übersicht und die Kontrolle verlieren	66
SPK3	Die Studierenden nehmen wahr, dass Räume und Materialien fehlen	54
SPK4	Die Studierenden nehmen wahr, dass Vor- und Nachbereitung zu aufwendig und zeitintensiv sind	39

Die subjektiven Probleme Studierender mit der Methode des Forschenden Lernens beziehen sich einerseits auf grundlegende, personenbezogene Schwierigkeiten bezüglich der Planung und der Durchführung von Unterricht und andererseits auf generellen Ressourcenmangel.

SPK1 & SPK2: Die Studierenden nehmen wahr, dass sie Forschendes Lernen im Unterricht nicht oder nur schwer durchführen können, weil ihnen die nötige Flexibilität, Struktur und Organisation sowie Übersicht und Kontrolle im Unterrichtsprozess fehlen. Diese sehr basalen Schwierigkeiten spiegeln generelle Unsicherheiten der Studierenden wieder, die nicht nur auf die Methode des Forschenden Lernens übertragbar sind.

SPK3 & SPK4: Ferner nehmen Studierende wahr, dass Forschendes Lernen durch Zeit-, Platz- und Materialmangel nicht durchführbar ist.

Die *reflektierten Probleme* wurden durch die Analyse von $N_{reflektiert}$ = 24 offenen Fragebögen mit Hilfe der qualitativen erfasst. Insgesamt konnten aus $n_{reflektiert}$ = 855 Analyseeinheiten 64 Problemkategorien identifiziert werden, von welchen im Folgenden die häufigsten lehrkraftbezogenen Problemkategorien dargestellt werden (siehe Tab. 3).

Die reflektierten Probleme Studierender mit der Methode des Forschenden Lernens spiegeln sehr diverse Schwierigkeiten mit dem Rollenverhalten als Lehrkraft wieder.

Tabelle 3: Darstellung der am häufigsten reflektierten, lehrkraftbezogenen Problemkategorien mit n = Anzahl der zugeordneten Analyseeinheiten.

Reflektierte Problemkategorie (RPK)		n
RPK1	Die Studierenden reflektieren, dass sie als Lehrkraft frontal, anleitend, lehrerzentriert und nicht offen agieren	108
RPK2	Die Studierenden reflektieren, dass sie als Lehrkraft kein Interesse, keine Aufmerksamkeit und keine Motivation der SuS wecken	43
RPK3	Die Studierenden reflektieren, dass sie als Lehrkraft einzelne Unterrichtssituationen falsch arrangieren und organisieren	36
RPK4	Die Studierenden reflektieren, dass sie als Lehrkraft Unruhe und Lautstärke nicht unter Kontrolle bringen	32
RPK5	Die Studierenden reflektieren, dass sie als Lehrkraft Fähigkeiten, Fertigkeiten und Vorwissen der SuS nicht richtig einschätzen	24
RPK6	Die Studierenden reflektieren, dass sie als Lehrkraft das Thema nicht mit einer passenden und konkreten Fragestellung verdeutlichen	23

RPK1: Insbesondere die Lehrerzentrierung des eigenen Unterrichts wird von den Studierenden als Problem wahrgenommen, obwohl Forschendes Lernen sowohl schülerzentrierte als auch offene Phasen fokussiert. Die mangelnde Offenheit kann aus dem Umstand resultieren, dass geschlossener Unterricht durch angehende Lehrkräfte als angenehm und leicht wahrgenommen und daher präferiert wird (Roehrig & Luft, 2004).

RPK3, RPK5 & RPK6: Des Weiteren reflektieren die Studierenden, dass einzelne Unterrichtssituationen, wie beispielsweise Unterrichtsgespräche oder Gruppenarbeitsphasen, falsch arrangiert oder nicht ausreichend organisiert sind. Besonders die Phase der Fragestellung wird von den Studierenden in der Reflektion als problematisch wahrgenommen. Dabei ist insbesondere die Fragestellung repräsentativ für forschungsbasierten Unterricht und sollte mit einem authentischen Kontext die SuS zur aktiven Beantwortung anregen. Dass keine passende und konkrete Fragestellung aufgestellt wird, kann dabei ebenso wie das falsche Arrangement einzelner Phasen auf die falsche Einschätzung der Fähigkeiten, Fertigkeiten und des Vorwissens der SuS zurückgeführt werden.

RPK2 & RPK4: Zusätzlich erkennen die Studierenden, dass sie weder Aufmerksamkeit, Interesse oder Motivation wecken, noch Unruhe und Lautstärke unter Kontrolle bringen. Beide Problemkategorien spiegeln dabei die subjektiven Befürchtungen wider, mangelnde oder fehlende Flexibilität, Strukturiertheit, Übersicht und Kontrolle als Lehrkraft zu besitzen. Möglicherweise können das mangelnde Interesse der SuS sowie die erhöhte Lautstärke im Klassenraum eine Folge der unpassenden Fragestellung zum Unterrichtseinstieg sowie der Lehrerzentrierung sein.

Diskussion & Schlussfolgerungen

Insgesamt präsentieren sich die Probleme Studierender mit der Methode des Forschenden Lernens als sehr divers und umfangreich. Mit Hilfe der dargestellten Studie können diese Probleme teilweise identifiziert und kategorisiert werden, woraus zielgerichtete und lösungsorientierte Schlussfolgerungen für die Lehramtsausbildung abgeleitet werden können. Die dargestellten Lösungsvorschläge sollen als empirisch basierte Grundlage für tiefergehende Diskussionen verstanden werden, um Interventionen für die Lehrerausbildung zu entwickeln (vgl. Tab. 4). Sicherlich können die dargestellten Lösungsvorschläge nur eine allgemeine Diskussionsgrundlage bieten. Einerseits, weil fundierte Interventionen ein detailliertes Niveau als die dargestellten Lösungen benötigen. Andererseits, weil die allgemeingültige und ganzheitliche Identifizierung der Probleme und der Ursachen weitergehende Forschung benötigt. Beispielsweise liefern die objektiven Probleme zwar auf Grund der hohen Interrater-Reliabilität einen guten Einblick, die Anzahl der analysierten Unterrichtsstunden ist allerdings gering. Die Interrater-Reliabilität der reflektierten Probleme hingegen ist zwar zufriedenstellend, aber eine erneute Kategorisierung mit weiteren Studierenden könnte die Reliabilität verbessern und damit die Probleme klarer abgrenzen.

Lösungsvorschläge

OPK1, OPK2, OPK3 (Tab. 1) & RPK6 (Tab. 3): Um diesen Problemen entgegenzuwirken entwickelten Lombard & Schneider (2013) ein Konzept zur Entwicklung von „good student questions in inquiry learning". Die Fragen der SuS werden dabei als Antrieb zur Erkenntnisgewinnung gesehen. In diesem Konzept greift die Lehrkraft die Fragen von Schülergruppen auf und gibt webbasiert Hinweise und Feedback, um eine konkrete Forschungsfrage zu entwickeln. Dadurch setzt sich die Lehrkraft aktiv mit den Fragen der SuS auseinander und nutzt diese, um Interesse zu wecken und Wissen zu vermitteln. Mit Hilfe der Webbasierung könnten Studierende im Zuge einer universitären Veranstaltung Fragen von Schülergruppen betreuen, um beispielsweise Forschungsfragen für eine Projektwoche oder eine Schul-AG zu entwickeln.

Neben dieser Methode zur Forderung und Förderung der Schülerfragen bieten Concept-Cartoons eine erfolgreiche und für den Schulalltag praktische Lösung, um SuS mit einer Forschungsfrage zu konfrontieren (Keogh et al., 2001). Concept-Cartoons stellen mit einem zentralen Bild ein Phänomen sowie eine Fragestellung dar und lassen Raum für vorgegebene oder offene Hypothesen und Vorhersagen.

RPK2 & RPK5 (Tab. 3): Die intensive Auseinandersetzung mit Fragen durch das webbasierte Konzept sowie durch den Einsatz von Concept-Cartoons ermöglicht den Studierenden Einblicke in die Interessen der SuS. Sowohl das Aufgreifen der Fragestellungen der SuS als auch die attraktive Darstellung und der kognitive Konflikt, der durch die Concept-Cartoons hervorgerufen wird, können außerdem das Interesse der SuS am nachfolgenden Unterricht erhöhen. Durch gezielte Rückfragen und anleitendes Feedback könnten die Studierenden zudem Fähigkeiten, Fertigkeiten und Vorwissen der SuS genauer einschätzen.

OPK4, OPK5 & OPK6 (Tab. 1): Während des Studiums sollten Studierende die Bedeutung der Reflektion verstehen und schulpraktische Umsetzungsmöglichkeiten erlernen. Dahingehend fokussieren Aschermann & Armbrüster (2011) mit dem Handlungskreismodell die aktive Reflektion des Lernprozesses durch die SuS selbst. Der Handlungskreis umfasst dabei Zielfindung, Planung, Handlung und Evaluation, wodurch sich elementare Verbindungen zu der Methode des Forschenden Lernens ergeben. Damit Studierende das Handlungskreismodell effektiv im forschungsbasierten Unterricht zu Reflektion und Feedback einsetzen können, empfiehlt sich eine Erprobung des Modells generell beim selbstständigen Arbeiten, speziell aber auch während eines eigenen Forschungsprozesses. Laborpraktika oder Bachelorarbeiten könnten dafür einen geeigneten Rahmen während des Studiums bilden.

SPK3, SPK4 (Tab. 2) & RPK1 (Tab. 3): Damit Studierende einen fundierten Eindruck von forschungsbasierten Unterrichtseinheiten gewinnen können, bietet sich die theoretische Analyse und Diskussion bestehender und erprobter Unterrichtsmaterialien an. Das Pri-Sci-Net-Projekt verfolgt beispielsweise das Ziel, insgesamt 45 forschungsbasierte, zeit- und materialgünstige Einheiten zu sammeln, zu evaluieren und zu optimieren. Die überarbeiteten Unterrichtsmaterialien werden anschließend auf einer Internetplattform zur freien Verfügung gestellt (PriSciNet, 2012). Ebenso existieren inzwischen verschiedene Unterrichtsvorschläge, die insbesondere forschungsbasierten Unterricht thematisieren (z. B. Bylebyl et al., 2010; Schmiemann & Mayer, 2013). Diese exemplarischen Unterrichtseinheiten könnten genutzt werden, um Studierende praktisch an forschungsbasierten und schülerzentrierten Unterricht heranzuführen.

Alternativ könnten eher lehrerzentrierte Unterrichtsvorhaben genutzt werden, um die schrittweise Öffnung des Unterrichts zu thematisieren, indem die Studierenden selbst diskutieren und erproben, welche Phasen inwiefern von den SuS übernommen werden können (Fradd et al. 2002, Mayer & Ziemek, 2006). Studierende sollten daher in Praktika, Schülerlaboren und Projektwochen oder -tagen die Möglichkeit erhalten, unterschiedliche Öffnungsgrade in einem geschützten Raum zu testen. Zumindest ausschnittweise könnten derartige Unterrichtserprobungen videographiert und anschließend gemeinsam erörtert werden, da die Betrachtung eigener Unterrichtsvideos insbesondere die Lehrerzentrierung verdeutlicht (Helmke, 2009).

SPK1, SPK2 (Tab. 2), RPK3 & RPK4 (Tab. 3): Speziell für den naturwissenschaftlichen Unterricht beschreiben Killermann, Hiering & Starosta (2008) den Aufbau einer Unterrichtsstunde mit Problemstellung, Lösungsplanung, Problemlösung, Ergebnissicherung und Vertiefung, wodurch direkte Parallelen zum Forschenden Lernen gezogen werden können. Nolting (2012) hingegen beschreibt Methoden zum Umgang mit Störungen in der Schulklasse, um Übersicht und Kontrolle zu bewahren. Neben intervenierenden Maßnahmen werden dabei insbesondere präventive Maßnahmen thematisiert. Dementsprechend bietet sich eine Kombination beider Methoden bei der Unterrichtsplanung an, damit Studierende einerseits forschungsbasierte Unterrichtsphasen passend arrangieren und organisieren sowie andererseits präventiv und intervenierend Kontrolle und Übersicht bewahren können. Mit Hilfe einer Unterrichtstabelle könnten beispielsweise Aspekte wie „Regeln und Organisation", „Nonverbale und verbale Stoppsignale" oder „Mangelnde Beteiligung, Unruhe und Zwischenrufe" für jede Phase des Forschenden Lernens berücksichtigt werden. Zusätzlich sollten Studierende nicht eine Unterrichtstabelle, sondern mehrere unterschiedliche Tabellen zu einem Thema anfertigen. Auf diese Weise erhalten die Studierenden einerseits einen Eindruck der Variabilität in Struktur und Organisation des Unterrichts, um flexibel auf Situationen reagieren zu können.

Andererseits erarbeiten die Studierenden dabei ein Repertoire an Handlungsmöglichkeiten, um Kontrolle, Übersicht und Sicherheit im offenen Unterricht zu behalten.

Tabelle 4: Zusammenfassung der häufigsten lehrkraftbezogenen Problemkategorien mit Lösungsvorschlägen zur Diskussion

Kategorie	Lösungsvorschläge
OPK1 OPK2 OPK3 RPK6	Studierende erarbeiten in einem webbasierten Konzept gemeinsam mit SuS Fragestellungen (Lombard & Schneider, 2013) Studierende nutzen Concept-Cartoons für kontextbasierte Forschungsfragen und Vermutungen (Keogh et al., 2001)
RPK2 RPK5	Studierende nutzen das webbasierte Konzept für Fragestellungen und Concept-Cartoons zur Einschätzung von Vorwissen und Interesse der SuS
OPK4 OPK5 OPK6	Studierende wenden das Handlungskreismodell auf eigene Forschungsprozesse an und übertragen die Anwendung auf den Unterricht (Aschermann & Armbrüster, 2011)
SPK3 SPK4 RPK1	Studierende analysieren forschungsbasierte Unterrichtseinheiten (Bylebyl et al., 2010, Schmiemann & Mayer, 2013) und erproben die schrittweise Öffnung von Unterrichtsstunden (Fradd et al., 2002, Mayer & Ziemek, 2006, Helmke, 2009)
SPK1 SPK2 RPK3 RPK4	Studierende planen forschungsbasierte Unterrichtseinheiten (Killermann, Hiering & Starosta, 2008) zusammen mit präventiven und intervenierenden Maßnahmen (Nolting, 2012)

Literatur

Anderson, R. D. (2002). Reforming Science Teaching: What Research says about Inquiry. *Journal of Science Teacher Education, 13*(1), 1–12.

Aschermann, E. & Armbrüster, C. (2011). *Get Involved – Persönliche Kompetenzen fördern. Implementierung und Evaluation eines Programms zur Förderung von selbstgesteuertem Lernen an Schulen in Köln/Bonn im Rahmen des Schwerpunktes „individuelle Förderung".* Köln: Abschlussbericht des Projektes Serge.

Borda Carulla, S. (2012) *Developing a tool for evaluating inquiry-based science education (IBSE) in Europe: Building a bridge between research and practice.* Verfügbar unter http://istic-unesco.org/index.php?option=com_docman&task=-doc_download&gid=376&Itemid=243

Bylebyl, K., Freund, K., Nessler, S. & Schlüter, K. (2010). *Selbstständiges wissenschaftliches Arbeiten im Biologieunterricht.* Hohengehren: Schneider Verlag.

Capps, D. K., & Crawford, B. A. (2011). *Inquiry-based instruction in science classrooms: Is it happening?* New York: Cornell University.

Capps, D. K., Crawford, B. A. & Constas, M. A. (2012). A Review of Empirical Literature on Inquiry Professional Development: Alignment with Best Practices and a Critique of Findings. *Journal of Science Teacher Education, 23*, 291–318.

Evans, R., Gräber, W., Koballa, T. & Nentwig, P. (2002). *Scientific Literacy: Der Beitrag der Naturwissenschaften zur Allgemeinen Bildung.* Opladen: Leske + Budrich.

Eysink, T. H. S., Jong, T. de, Berthold, K., Kolloffel, B., Opfermann, M. & Wouters, P. (2009). Learner Performance in Multimedia Learning Arrangements: An Analysis Across Instructional Approaches. *American Educational Research Journal, 46*(4), 1107–1149.

Fradd, S. H., Lee, O., Sutman, F. X. & Saxton, M. K. (2002). Promoting Science Literacy with English Language Learners Through Instructional Materials Development: A Case Study. *Bilingual Research Journal, 25*(4), 417–439.

Grouven, U., Bender, R., Ziegler, A. & Lange, S. (2007). Der Kappa-Koeffizient. *Deutsche medizinische Wochenschrift, 132*, 65–68.

Helmke, A. (Hrsg.). (2009). *Unterrichtsqualität und Lehrerprofessionalität. Diagnose, Evaluation und Verbesserung des Unterrichts* (1. Aufl.). Seelze-Velber: Kallmeyer.

Hmelo-Silver, C. E., Duncan, R. G., & Chinn, C. A. (2007). Scaffolding and achievement in problem-based and inquiry learning: A response to Kirschner, Sweller, and Clark (2006). *Educational Psychologist, 42*, 99–107.

Hof, S. (2011). *Wissenschaftsmethodischer Kompetenzerwerb durch Forschendes Lernen. Entwicklung und Evaluation einer Interventionsstudie.* Kassel: Kassel University Press.

Kang, N.-H., Orgill, M. & Crippen, K. J. (2008). Understanding Teachers' Conceptions of Classroom Inquiry With a Teaching Scenario Survey Instrument. *Journal of Science Teacher Education, 19*(4), 337–354.

Keogh, B., Naylor, S., de Boo, M. & Feasey, R. (2001). Researching formative assessment: concept cartoons as an auditing strategy. In H. Behrendt, H. Dahncke, R. Duit, W. Gräber, M. Komorek, A. Kross (Hrsg.), *Research in science education – past, present, and future* (S. 137–142). Dordrecht, Boston, Mass: Kluwer Academic Publishers.

Killermann, W., Hiering, P. & Starosta, B. (Hrsg.). (2008). *Biologieunterricht heute. Eine moderne Fachdidaktik* (12. Aufl.). Donauwörth: Auer.
Kirschner, P.A., Sweller, J. & Clark, R.E. (2006). Why Minimal Guidance During Instruction Does Not Work: An Analysis of the Failure of Constructivist, Discovery, Problem-Based, Experiential, and Inquiry-Based Teaching. *Educational Psychologist, 41*(2), 75–86.
Krämer, P., Nessler, S. & Schlüter, K. (2012). Probleme und Schwierigkeiten Lehramtsstudierender mit der Methode des Forschenden Lernens. In D. Krüger, A. Upmeier zu Belzen, P. Schmiemann, A. Möller & D. Elster (Hrsg.), *Erkenntnisweg Biologiedidaktik 11* (S. 21–35). Kassel: Universitätsdruckerei Kassel.
Kultusministerkonferenz. (2005). *Bildungsstandards im Fach Biologie für den Mittleren Schulabschluss. Beschluss vom 16.12.2004*. München: Luchterhand.
Linn, M. C., Davis, E. A., & Bell, P. (2004). Inquiry and technology. In M. C. Linn, E. A. Davis & P. Bell (Hrsg.), *Internet environments for science education* (pp. 3-27), Mahwah, New Jersey: Lawrence Erlbaum Associates.
Lombard, F. E. & Schneider, D. K. (2013). Good student questions in inquiry learning. *Journal of Biological Education, 47*(3), 166–174.
Mayer, J. & Ziemek, H.-P. (2006). Offenes Experimentieren. Forschendes Lernen im Biologieunterricht. *Unterricht Biologie* (317), 4–12.
Mayring, P. (2010). *Qualitative Inhaltsanalyse. Grundlagen und Techniken* (11. Aufl.). Weinheim: Beltz.
Meyer, H., Pfiffner, M. & Walter, C. (2007). Variabel unterrichten. Was wissen wir über die Wirksamkeit von Methoden? *Pädagogik, 59*(10), 44–48.
National Research Council (2000). *Inquiry and the national science education standards*. Washington, D.C.: National Academy Press.
Nolting, H.-P. (2012). *Störungen in der Schulklasse. Ein Leitfaden zur Vorbeugung und Konfliktlösung* (10. Aufl.). Weinheim: Beltz.
Ozel, M. & Luft, J.A. (2013). Beginning Secondary Science Teachers' Conceptualization and Enactment of Inquiry-Based Instruction. *School Science and Mathematics, 113*(6), 308–316.
PISA-Konsortium (2008). Naturwissenschaftlicher Unterricht. Die Kompetenzen der Jugendlichen im dritten Ländervergleich. In M. Prenzel (Hrsg.), *PISA 2006 in Deutschland. Die Kompetenzen der Jugendlichen im dritten Ländervergleich* (S. 13–15). Münster: Waxmann.
PriSciNet-Consortium. (2012). *Project Summary*. Verfügbar unter http://www.prisci.net/project/summary
Rat der Europäischen Union (2010). Schlussfolgerungen des Rates zur Anhebung des Niveaus der Grundkompetenzen im Rahmen der europäischen Zusammenarbeit „Schulen für das 21. Jahrhundert". *Amtsblatt der Europäischen Union*.

Roehrig, G. H. & Luft, J. A. (2004). Constraints experienced by beginning secondary science teachers in implementing scientific inquiry lessons. *International Journal of Science Education, 26*(1), 3–24.

Schmiemann, P. & Mayer, J. (Hrsg.) (2013). *Experimentieren Sie! Biologieunterricht mit Aha-Effekt. Selbstständiges, kompetenzorientiertes Erarbeiten von Lehrplaninhalten.* Berlin: Cornelsen.

S-TEAM (Hrsg.) (2010). *Preliminary Report: The State of Inquiry-Based Science Teaching in Europe.* Trondheim, Norway: NTNU.

Julia Kratz/Steffen Schaal

Strukturierung und Praxisnähe in der Sachunterrichtsausbildung – Eine Interventionsstudie

Zusammenfassung

Das Professionswissen von Lehrkräften im naturwissenschaftlichen Sachunterricht befindet sich in einem intensiven Diskurs. In dieser Studie wird in fachintegrativ angelegten universitären Seminaren der Aufbau von fachlichen und fachdidaktischen Kompetenzen am Beispiel des Themenfelds ‚Leben im Winter' realisiert. Die Entwicklung des Seminarangebotes gründet auf Überlegungen zur instruktionalen Unterstützung im Sinne eines Scaffolding beim Lernen naturwissenschaftlicher Inhalte sowie Möglichkeiten der praxisnahen Veranschaulichung von Unterricht mittels Fallbeispielen. In einem 2x2-Design wurden die Art der Instruktion und das Format der Fallbeispiele gezielt variiert. Die Untersuchung wurde durch eine Kontrollgruppe ergänzt, in der allgemeine Fragen des naturwissenschaftlichen Sachunterrichts ohne Bezug zum Thema ‚Leben im Winter' erarbeitet wurden. Die Daten wurden mittels Fragebogen sowie einem Concept Mapping Verfahren erhoben und quantitativ ausgewertet. Die Ergebnisse deuten auf die Wirksamkeit der Seminarformen hin, bei denen die Auseinandersetzung mit fachdidaktischen Lehr- und Lerninhalten durchgängig an einen konkreten Inhaltsbereich angebunden sind. Daraus werden Hinweise für die Gestaltung der universitären Phase der Grundschullehrerausbildung abgeleitet.

Abstract

Currently occurs an intensive discourse about primary teacher's professional knowledge in the domain of elementary science education. In this study the enhancement of content knowledge (CK) and pedagogical content knowledge (PCK) is realized in the teacher education at the university within interdisciplinary classes concerning the specific content of hibernation. The development of the training is based on considerations about instructional scaffolding when learning and teaching scientific contents and the teaching method of authentic case samples. In a two by two design the grade of instruction and the format of authentic case samples have been varied. The control group studied general questions of elementary science education without a relation to the content of hibernation. The data collection has been compiled with tests including open and closed questions as well as a concept mapping procedure with a following quantitative analysis. The results indicate a higher efficiency of the classes, in which the learning is continuously based on a specific content like hibernation. Furthermore evidence is given to ways on how to enhance learning in the primary teacher education at the university.

Forschungsdesiderat und Ziel der Studie

Schüler/innen erzielen nach Kunter et al. (2011) bei Lehrpersonen mit hohem Fachwissen und hohem fachdidaktischen Wissen bessere Lernergebnisse. Demgegenüber stehen Befunde, die ein mangelndes Fachwissen und geringes fachdidaktisches Wissen von naturwissenschaftlichen Grundschullehrkräften im naturwissenschaftlichen Bereich belegen (vgl. Appleton 2007). Daraus leitet sich ein hoher Handlungsbedarf für die universitäre Ausbildung von Lehrkräften im naturwissenschaftlichen Sachunterricht ab. Die Handlungsfähigkeit von Lehrkräften in Unterrichtssituationen kann durch den möglichst praxisnahen Aufbau von Fachwissen und fachdidaktischem Wissen unterstützt werden. Dies gründet auch auf dem interdisziplinären Bildungsanspruch des Sachunterrichts (GDSU 2013). Die Studien von Landwehr (2002) und Möller (2004) verweisen auf die Notwendigkeit, die Ausbildung von Sachunterrichtslehrkräften zu modifizieren, um die distanzierte Einstellung der Studierenden zu und ein Vermeidungsverhalten gegenüber physikalischen Inhaltsbereichen zu verringern.

In der vorliegenden Studie wird versucht diese Distanz zu reduzieren, indem am Beispiel verschiedener Überwinterungsformen gleichwarmer Tiere physikalische und biologische Inhalte interdisziplinär bearbeitet werden. Ein solches Vorgehen entspricht der Forderung nach Vernetzung der Lerninhalte und ermöglicht einen konkreten Lebensweltbezug des physikalischen Inhalts (vgl. Günther & Labudde 2012). Für die Sekundarstufe I wurde bereits eine hypermediale fachintegrative Lernumgebung zu diesem Thema entwickelt und im Feld erfolgreich erprobt (Girwidz et al. 2006, Schaal et al. 2010). Die hier vorliegende Studie baut auf diesen Erkenntnissen auf und adaptiert bzw. erweitert das Vorgehen für Sachunterrichtsstudierende.

Das Ziel der Studie besteht darin, ein angemessenes Konzept für die universitäre Ausbildung von Sachunterrichtslehrkräften abzuleiten. Dabei werden die Art der instruktionalen Unterstützung zum Aufbau von Fachwissen und das Format von Fallbeispielen zur intensiven Auseinandersetzung mit fachdidaktischen Aspekten gezielt variiert und getestet. Da sich die bisherigen Befunde zu wirksamen Maßnahmen überwiegend auf Lehrerfortbildungen beziehen (vgl. Lipowsky 2010), liegt in der Überprüfung der Wirksamkeit im Rahmen der Lehrerausbildung ein wichtiges Forschungsdesiderat.

Theoretische Fundierung und Forschungsstand

Das Professionswissen von Lehrkräften beinhaltet neben dem pädagogischen Wissen auch das Fachwissen und fachdidaktisches Wissen. Das „Pedagogical Content Knowledge (PCK)" als „special amalgam of content and pedagogy" (Shulman 1987, S. 8) impliziert einen starken Zusammenhang von Fachwissen und fachdidaktischem Wissen. Dieser lässt vermuten, dass ein integrierter Aufbau beider Wissensbereiche im Sinne einer grundlegenden Vernetzung vielversprechend sein könnte. Zum anderen betont Shulman (1986) den besonderen Stellenwert des fachdidaktischen Wissens „as subject matter knowledge for teaching" (S. 9). Allerdings hat sich bisher in der Literatur keine allgemein gültige Taxonomie des fachdidaktischen Wissens durchgesetzt (Hashweh 2005). Aufbauend auf einer Konzeptualisierung von Grossman (1990) haben Magnusson und Kollegen (1999) eine Taxonomie für den naturwissenschaftlichen Bereich vorgestellt. Danach wird fachdidaktisches Wissen in eine allgemeine Komponente unterteilt, die Vorstellungen von Lehrkräften zum Lehren und Lernen in den Naturwissenschaften beinhaltet, und eine themenspezifische Komponente, die vier Unterkategorien aufweist. Für die hier vorliegende Studie sind das (a) Wissen über naturwissenschaftliches Verständnis von Schüler/innen sowie das (b) Wissen über adäquate Lehrstrategien relevant.

Um das Professionswissen von Lehrkräften zu fördern sind geeignete Professionalisierungsmaßnahmen notwendig. Lipowsky (2010) fokussiert in seinem Modell der Wirksamkeit von Professionalisierungsmaßnahmen auf den konzeptionellen Zuschnitt der (Lehrerfortbildungs-) Maßnahmen: Die Anlage der Arbeiten von Kleickmann (2008) und Lange (2010) deuten darauf hin, dass die Domänenspezifität der Maßnahme sowie Vernetzung und Kontextbezug (Bayrhuber et al. 2007) deren Effektivität beeinflussen. Außerdem betont Lipowsky (2010), Lernprozesse und Vorstellungen der Schülerinnen und Schüler an sich zum Lerngegenstand zu machen. Praxisnahe Veranschaulichung von Unterricht durch den Einsatz situierter Lernformen (Mörtl-Hafizovic 2006) und die Verwendung von Unterrichtsvideos (Borko et al. 2008; Reusser 2005; Krammer & Reusser 2005) beeinflussen den Fortbildungserfolg positiv. Weiterhin scheinen die Art und der Grad instruktionaler Unterstützung (vgl. Bennet 1997; Lijnse & Klaassen 2003) Auswirkungen zu haben. Zusätzlich erscheinen solche Erprobungs- und Reflexionsphasen als sinnvoll, die einen reflexiven Lernprozess der Lehrpersonen (Harford & MacRuairc 2008) durch das Erleben kognitiver Dissonanzen anstoßen (vgl. Lipowsky 2010; Reiser 2004) und damit auch die soziale Ko-Konstruktion der relevanten Wissensbereiche fördern. Die soziale Ko-Konstruktion von Wissen wurde in verschiedenen Lehr-/Lernkontexten ausführlich beschrieben (Goos, Gailbraith & Renshaw 2002, Hogan & Tudge 1999) und eine Übertragung auf die Aus- und Weiterbildung von Lehrkräften erscheint plausibel (vgl. Gräsel, Fußangel & Pröbstel 2006).

Sachunterrichtslehrkräfte weisen im Bereich des Fachwissens ebenso wie Studierende Wissensdefizite auf (Kratz et al. 2013). Das fachdidaktische Handlungsrepertoire einer Lehrkraft steht stark mit dem Fachwissen in Zusammenhang (vgl. Baumert & Kunter 2006) und daher kann allein das Mehr an praktischer Unterrichtserfahrung fachliche Defizite nur eingeschränkt kompensieren (vgl. Brunner et al. 2006). Dies ist für die Mathematik empirisch erforscht und sollte in ähnlicher Weise auch für den Sachunterricht gelten. Es ist ebenfalls davon auszugehen, dass sich die von Lipowsky (2010) empfohlenen Maßnahmen zur Gestaltung von Lehrerfortbildungen weitgehend auch auf die universitäre Lehrerausbildung übertragen lassen, wenngleich dies bislang kaum Berücksichtigung in Modulhandbüchern und Studienbeschreibungen der Studiengänge für das Grundschullehramt an deutschen Universitäten gefunden hat. Eine Internetrecherche in den öffentlich zugänglichen Dokumenten von 44 deutschen Universitäten aller Bundesländer ergab, dass beispielsweise die Arbeit mit Unterrichtsvideos nur an einer Universität beschrieben ist, an drei Universitäten wird zumindest mit Fallbeschreibungen gearbeitet [Stand: 09/2013]. Darüber hinaus kann an elf Universitäten ein Studium im Grundschullehramt ohne eine verpflichtende Veranstaltung zum naturwissenschaftlichen Sachunterricht absolviert werden.

Zusammenfassend resultiert ein hoher Handlungsbedarf zur Verbesserung der Ausbildung von Sachunterrichtslehrkräften im naturwissenschaftlichen Lernbereich. Der dargestellte Ist-Stand der Lehrerausbildung und die Befunde zur Wirksamkeit von Lehrerfortbildungen zeigen, dass die Gestaltung geeigneter Maßnahmen zum Aufbau von Fachwissen und fachdidaktischem Wissen sowie die Erforschung deren Wirksamkeit in der universitären Lehrerbildung im Sachunterricht wichtige Anliegen sind (vgl. Terhart 2000, 2004, Lipowsky 2004).

Forschungsfragen und Hypothesen

Entsprechend der theoretischen Überlegungen und nach Sichtung des aktuellen Forschungsstandes ergeben sich für die Untersuchung folgende Forschungsfragen:
1. Wie wirken sich themenspezifische Sachunterrichtsseminare in der universitären Lehramtsausbildung auf den Aufbau von (a) Fachwissen und (b) fachdidaktischem Wissen der Studierenden aus?

Gemäß Untersuchungsergebnissen zur Domänenspezifität (Shulman & Sherin 2004) wird angenommen, dass Seminarkonzeptionen, die konsequent Fachwissen und fachdidaktisches Wissen an einem umfassenden Inhaltsbereich aufbauen, im Bereich des Fachwissens, des fachintegrativen Wissens und der themenbezogenen Komponenten des fachdidaktischen Wissens den gegenwärtig weit verbreiteten Seminarformen ohne inhaltliche Fokussierung überlegen sind. Bei den allgemeinen Komponenten des fachdidaktischen Wissens sind keine Unterschiede zwischen verschiedenen Seminarformen zu erwarten.
2. Hat (a) die Art der Fallbeispiele und (b) der Grad der instruktionalen Unterstützung unterschiedliche Auswirkungen auf den Lernerfolg?

Strukturierungselemente wie das Scaffolding fördern den Lernerfolg von Schüler/innen (vgl. Reiser 2004) ebenso wie die Sequenzierung des Inhalts nach Teilfragen (vgl. Möller 2006). Befunde zur Bedeutung des Vorwissens als Prädiktor für Lernerfolge (vgl. Franz 2008) wie auch Modellierungen von Konzeptwechsel-Theorien (Duit & Treagust 2003) liefern Evidenzen dafür, dass Lernende aller Altersstufen – Studierende eingeschlossen – vom gezielten Einsatz instruktionaler Maßnahmen profitieren beim Aufbau naturwissenschaftlichen Wissens. Daneben wird dem Einsatz von Unterrichtsvideos zur Förderung der Lehrerprofessionalität ein hohes Potential zugeschrieben (vgl. Helmke & Schrader 2006). Sie ermöglichen stärker als andere Repräsentationsformen durch ihre hohe Realitätsnähe eine strukturierte Analyse des unterrichtlichen Handelns und fördern damit reflexive Lernprozesse (Reusser 2005). Entsprechend wird ein Vorteil bei Experimentalgruppen angenommen, die mit Unterrichtsvideos arbeiten. Bei der Kombination des höheren Grades an Instruktion mit dem Einsatz von Unterrichtsvideos wird der höchste Lernzuwachs erwartet. Beim Erwerb von Fachwissen wird dem höheren Maß an Instruktion die größere Wirksamkeit zugeschrieben, im Hinblick auf das themenspezifische fachdidaktische Wissen dem Einsatz von Unterrichtsvideos. Für das allgemeine fachdidaktische Wissen werden keine Unterschiede erwartet.

Zusammenfassend ergeben sich für die zweite Forschungsfrage folgende Hypothesen:
1. Fachwissen / fachintegratives Wissen: EG4 < EG3 < EG2 < EG1
2. Themenspezifisches Fachdidaktisches Wissen: EG4 < EG2 < EG3 < EG1

Untersuchungsdesign

Ziel der Studie ist die Übertragbarkeit zuvor dargestellter Befunde auf den Bereich der universitären Lehrerausbildung zu überprüfen. Untersucht wurde der Einfluss nachfolgend dargestellter Seminarvariationen auf den Aufbau von Fachwissen und fachdidaktischem Wissen:

(i) Die Verwendung von Fallbeispielen stellt Lehr-Lern-Angebote in einen authentischen Kontext. Hierfür wurden entweder themenspezifische Unterrichtsvideos eingesetzt, die mit Unterstützung erfahrener Lehrkräfte aufgezeichnet wurden oder Fallbeschreibungen, die aus einschlägiger Literatur (Baisch & Schaal 2009; Duit 2010; Starauschek 2010; Stengl & Wiesner 1984; Watson & Kopnicek 1990) ausgewählt und modifiziert wurden. Sowohl die Unterrichtsvideos als auch die Fallbeschreibungen wurden in Kleingruppen oder im Plenum analysiert und reflektiert. Zudem erfolgte eine Erarbeitung und Diskussion methodischer Variationen und alternativer Unterrichtsverläufe.

(ii) Das zweite Gestaltungselement bezieht sich auf den Grad der instruktionalen Unterstützung. Durch eine klar vorgegebene und detaillierte Sequenzierung der Inhalte in Teilfragen, die Strukturierung des Arbeitsmaterials und strategieunterstützende Ausformulierungen der Arbeitsaufträge wurde im Sinne eines Makroscaffolding starke Unterstützung gegeben. Instruktions- und Reflexionsphasen wurden an Experimentierstationen eingebettet, um Fachwissen und fachdidaktisches Wissen zu konsolidieren. Ein geringer Grad an instruktionaler Unterstützung dagegen wurde durch die inhaltliche Sequenzierung der einzelnen Seminarveranstaltungen vorgegeben. Das Material aus der Lehr-Lernumgebung lag ohne strukturierende Arbeitsaufträge zur freien, explorativen Auseinandersetzung vor. Fachwissen und fachdidaktisches Wissen wurden getrennt erarbeitet und mussten anschließend – durch entsprechende Arbeitsaufträge angeregt – von den Studierenden selbst verknüpft werden.

Die beschriebenen Gestaltungselemente wurden in einem 2x2-Design variiert (vgl. Tabelle 1) und es ergaben sich vier Experimentalgruppen (EG 1 bis 4) und eine Kontrollgruppe (KG; n = 67). In den vier Experimentalgruppen wurde physikalisches und biologisches Fachwissen und fachdidaktisches Wissen zum Thema ‚Leben im Winter' erarbeitet. Physikalisches Wissen aus dem Bereich der

Tabelle 1: Untersuchungsdesign

Grad der instruktionalen Unterstützung \ Format der Fallbeispiele	Unterrichtsvideos	Fallbeschreibungen
Höheres Maß an Instruktion	EG 1 (n = 76)	EG 2 (n = 58)
Geringeres Maß an Instruktion	EG 3 (n = 67)	EG 4 (n = 78)

Wärmelehre wurde dabei mit biologischem Wissen zur Überwinterung gleichwarmer Tiere verknüpft und am Thema ‚Leben im Winter' konkretisiert.

In der Kontrollgruppe wurden allgemeine fachdidaktische Fragen des naturwissenschaftlichen Sachunterrichts – zum Beispiel die Bedeutung von Schülervorstellungen oder Experimentieren im Sachunterricht – mit geeigneten fachlichen Beispielen bearbeitet. Fallbeispiele wurden hier aus verschiedenen naturwissenschaftlichen Inhaltsbereichen verwendet, ohne eine Fokussierung wie in den Experimentalgruppen vorzunehmen. Auch die Strukturierung des Seminars beschränkte sich auf die Sequenzierung der einzelnen fachdidaktischen Inhalte gemäß eines transparenten Seminarplans. Dieses Vorgehen spiegelt weitgehend die eingangs erwähnte, in Studienordnungen abgebildete Praxis wieder, die auch an den beteiligten Universitäten dieser Studie üblich ist.

Alle Treatmentvariationen wurden nach Optimierungen in einer Vorstudie (Kratz et al. 2013) als semesterbegleitende Veranstaltungen an den Universitäten Bamberg und Erlangen-Nürnberg durchgeführt. Die Verteilung der Studierenden auf die Gruppen erfolgte randomisiert. Die Studierenden befanden sich zwischen dem dritten und zwölften Hochschulsemester (M±SD, 5.4±1.4). Die Intervention erstreckte sich über je ein Semester (2011–2013, 14 Wochen mit je 90minütigen Seminarsitzungen).

Die Untersuchung erfolgte an drei Messzeitpunkten (vgl. Abbildung 1). Fachwissen und fachdidaktisches Wissen wurden jeweils zu Beginn (Prä) und am Ende

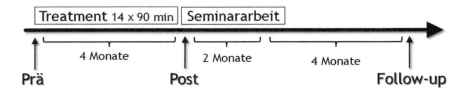

Abbildung 1: Zeitleiste

des Treatments (Post) sowie etwa sechs Monate nach dem Treatment (Follow up) erhoben. Die Ergebnisse der Follow-up-Erhebung stehen derzeit noch aus.

Erhebungsinstrumente

Das physikalische und biologische Fachwissen wurde in einem Fragebogen mit geschlossenen und offenen Fragen erhoben. Die Items zum physikalischen Fachwissen entstammen einem Erhebungsinstrument für Schüler/innen von Einhaus (2007). Die Erhebungsinstrumente für das biologische Fachwissen wurden im Rahmen einer zweiteiligen Vorstudie eigens entwickelt (Kratz & Schaal 2014). Durch die große Bandbreite des Fachwissens konnten keine konsistenten Skalen gebildet werden (Bandbreiten-Fidelitätsdilemma, vgl. Krohne & Hock, 2007), da das biologische Fachwissen beispielsweise von den physiologischen Anpassungen der Winterschläfer bis hin zu den morphologischen Veränderungen bei winteraktiven Tieren reicht. Das fachintegrative Wissen wurde mittels eines Concept Mapping Verfahrens (Schaal et al. 2010; Kratz et al. 2013) erfasst. Das fachdidaktische Wissen wurde ebenfalls mit Fragebögen erhoben. Aus einem pilotierten Verfahren zur Erfassung der allgemeinen Vorstellungen zum Lehren und Lernen nach Kleickmann (2008) wurden die Subskalen adaptiert. Die Instrumente für das themenspezifische fachdidaktische Wissens beinhalten Items zum Wissen über Lehrstrategien sowie über sachimmanente Schülervorstellungen, ergänzt durch zwei offene Fragen zu sprachlich bedingten Lernschwierigkeiten (Kratz & Schaal 2014).

Untersuchungsergebnisse

Die gerichteten Trendhypothesen wurden für alle Wissensbereiche mittels multivariater Helmert-Kontraste getestet. Entsprechend der Hypothesen wurde jede Gruppe mit der Gesamtheit der nachfolgenden Gruppen verglichen und drei multivariate Modelle berechnet. Zum einen wurde ein Modell für das Fachwissen bestehend aus den Bereichen Physik, Biologie und dem fachintegrativen Wissen abgeleitet. Das integrative Fachwissen basiert auf den Daten aus dem Concept-Mapping-Verfahren. Die Auswertung des Concept-Mapping-Verfahrens erfolgte über einen Vergleich der Concept Maps der Studierenden mit einem Referenznetz und das Ähnlichkeitsmaß C3w wurde zur Analyse herangezogen (Schaal et al. 2010). Zum anderen wurde jeweils ein Modell für das themenspezifische und das allgemeine fachdidaktische Wissen aufgestellt. Dieses beinhaltet das themenspezifische fachdidaktische Wissen mit dem Wissen über Lehrstrategien, Schülervorstellungen und Lernschwierigkeiten. Das Modell für das allgemeine fachdidaktische Wissen setzt sich aus der Kenntnis des Conceptual Change und der Schülervorstellungen zusammen.

In einem zweiten Schritt wurde eine zweifaktorielle Varianzanalyse angewandt, um Aufschluss über die Wirksamkeit der beiden Treatmentvariablen und über Interaktionseffekte zu erhalten.

Der Fokus lag auf der Identifikation signifikanter Prä-Post-Veränderung in den einzelnen Wissensbereichen und daher wurde allen Berechnung die Differenzen zwischen dem Prä- und dem Posttest zu Grunde gelegt (response feature analysis, Dupont 2009). Die einseitige Hypothesenüberprüfung rechtfertigt die Halbierung der Signifikanzwerte, die aus der ungerichteten Analyse der jeweiligen Verfahren hervorgehen.

Der Prä- und Posttest des Concept-Mapping-Verfahren und des Wissenstest wurden organisationsbedingt jeweils an verschiedenen Tagen durchgeführt. Dadurch ergaben sich unsystematisch-zufällige drop outs, die sich auf die Stichprobengröße auswirkten. So erklären sich die unterschiedlichen Stichprobengrößen in den verschiedenen Analysen.

In der multivariaten Kontrastanalyse zeigen sich signifikante Ergebnisse für alle drei Bereiche des Fachwissens (Tabelle 3).

Die beiden Modelle für das fachdidaktische Wissen liefern nur für das Wissen über Lehrstrategien signifikante Unterschiede (Tabelle 4 und 5).

Aus den Kontrastmatrizen der gerechneten multivariaten und univariaten Modelle gehen im Vergleich der Gruppen signifikante Unterschiede der Prä-Post-Differenzen hervor. So zeigt die Kontrastberechnung einen signifikanten beziehungsweise hochsignifikanten Unterschied zwischen der Kontrollgruppe und den Experimentalgruppen im biologischen Fachwissen (multivariat: Kontrastschätzer $KS = -1,847$; $SE = 0,494$; $p < 0,001***$) und im fachintegrativen Wissen (multivariat: $KS = -0,124$; $SE = 0,054$; $p < 0,05*$; univariat: $KS = -0,151$; $SE = 0,041$; $p < 0,001***$). Zudem findet sich hier ein signifikanter Unterschied im physikalischen Fachwissen (multivariat: $KS = -0,498$; $SE = 0,254$; $p < 0,05*$) und im themenspezifischen fachdidaktischen Wissen über Lernschwierigkeiten (multivariat: $KS = -0,411$; $SE = 0,193$; $p < 0,05*$).

Signifikante Unterschiede finden sich auch zwischen der EG 4 und den EGs 1–3 für das physikalische Fachwissen (multivariat: $KS = -0,659$; $SE = 0,283$; $p < 0,05*$), das fachintegrative Wissen (multivariat: $KS = -0,095$; $SE = 0,045$; $p < 0,05*$) und das Wissen über themenspezifische Schülervorstellungen ($KS = -1,021$; $SE = 0,601$; $p < 0,05*$).

Tabelle 2: *Erhebungsinstrumente*

Bereich			Erhebungsinstrument	Gütekriterien	Auswertungsverfahren	Quelle
Fachwissen		Physik	Test mit 8 single choice Items	Cronbach's α Post: .30 (N=252)	Σ korrekter Antworten	Einhaus (2007); Yeo & Zadnik (2001).
		Biologie	Test mit 15 true/false Items	Cronbach's α Post: .47 (N=238)		Eigene Konstruktion (Kratz et al. 2014)
		Fachintegrativ	Test mit 3 offenen Fragen	Cronbach's α Post: .57 (N=262)	Kategoriensystem, Bepunktung	Eigene Konstruktion (Kratz et al. 2014)
		Fachintegrativ	Concept Mapping Verfahren	Expertenvalidierung Korrespondenzanalyse C3w: .78	Programbasiert, quantitativ	Eigene Konstruktion (Schaal et al. 2010, Kratz et al. 2013)
Fachdidaktisches Wissen	Themenspezifisch	Lehrstrategien	Test mit 16 Items	Cronbach's α Post: .66 (N=245)	Gewichtete Auswertung treffender Antwortbereiche	Eigene Konstruktion (Kratz et al. 2014)
		Schülervorstellungen	Test mit 15 Items	Cronbach's α Post: .62 (N=252)		
		Lernschwierigkeiten	Test mit 2 offenen Fragen	Cohen's Kappa Prä/Post: .86 (N=25)	Kategoriensystem, Bepunktung	
	Allgemein	Conceptual Change	Test mit 3 Items	Cronbach's α Post: .66(N=262)	Skalenbildung	Kleickmann (2008)
		Schülervorstellungen	Test mit 6 Items	Cronbach's α Post: .74 (N=262)		

*Tabelle 3: Teststatistik Multivariate Kontraste Fachwissen –
Tests der Zwischensubjekteffekte*

Abhängige Variable	Quadrat-summe Typ III	df	Mittel d. Quadrate	F	p (einseit.)	Partielles Eta²
Fachwissen Physik	18.889	4	4.722	2.047	< .05*	0.050
Fachwissen Biologie	76.906	4	19.226	3.881	< .01**	0.091
Fachintegrat. Wissen	0.579	4	0.058	2.476	< .05*	0.060
Korrigiertes R² = 0.03			N = 160			

*Tabelle 4: Teststatistik Multivariate Kontraste Themenspezifisches
Fachdidaktisches Wissen – Tests der Zwischensubjekteffekte*

Abhängige Variable	Quadrat-summe Typ III	df	Mittel d. Quadrate	F	p (einseit.)	Partielles Eta²
Lehrstrategien	83.252	4	20.813	1.953	< .05*	0.034
Schülervorstellungen	58.700	4	14.675	1.110	0.35 n.s.	0.020
Lernschwierigkeiten	4.379	4	1.095	0.803	0.52 n.s.	0.014
Korrigiertes R² = 0.03			N = 160			

*Tabelle 5: Teststatistik Multivariate Kontraste Allgemeines Fachdidaktisches
Wissen – Tests der Zwischensubjekteffekte*

Abhängige Variable	Quadrat-summe Typ III	df	Mittel d. Quadrate	F	p (einseit.)	Partielles Eta²
Conceptual Change	1.006	4	0,251	0,657	0,62 n.s	0.011
Schülervorstellungen	0.495	4	0,124	0,238	0.95 n.s.	0.004
Korrigiertes R² = -0.01			N = 251			

Des Weiteren besteht zwischen der EG 2 und der EG 1 ein signifikanter Unterschied im Bereich des themenspezifischen fachdidaktischen Wissens über Lehrstrategien (multivariat: $KS = -1{,}810$; $SE = 0{,}714$; $p < 0{,}01$**).

Aus der zweifaktoriellen Variananalyse ging ein Interaktionseffekt zwischen dem Ausmaß der Instruktion und der Art der Fallbeispiele im Bereich des fachintegrativen Wissens hervor (Tabelle 6). Außerdem zeigte sich ein signifikanter Einfluss der Art der Fallbeispiele auf das Wissen über Lehrstrategien (Tabelle 7). In allen anderen getesteten Wissensbereichen wurden keine signifikanten Gruppenunterschiede festgestellt.

Tabelle 6: Teststatistik Zweifaktorielle Varianzanalyse Fachintegratives Wissen – Tests der Zwischensubjekteffekte (ohne KG)

Abhängige Variable	Quadratsumme Typ III	df	Mittel d. Quadrate	F	p (einseit.)	Partielles Eta^2
Instruktion	0.057	1	0,057	0,941	0,333 n.s.	0,004
Fallbeispiele	0.016	1	0,016	0,264	0,608 n.s.	0,001
Instruktion*Fallbsp.	0.255	1	0,255	4,212	<0.05*	0,018
Korrigiertes R^2 = 0.01			N = 185			

Tabelle 7: Teststatistik Zweifaktorielle Varianzanalyse Wissen über Lehrstrategien – Tests der Zwischensubjekteffekte (ohne KG)

Abhängige Variable	Quadratsumme Typ III	df	Mittel d. Quadrate	F	p (einseit.)	Partielles Eta^2
Instruktion	2.891	1	2.891	0.274	0.601 n.s.	0,001
Fallbeispiele	80.119	1	80.119	7.586	<0.01**	0,032
Instruktion*Fallbsp.	19.565	1	19.565	1.852	0.175 n.s.	0,008
Korrigiertes R^2 = 0.03			N = 191			

Diskussion

In allen Experimentalgruppen konnten im Vergleich zur Kontrollgruppe signifikante Lernzuwächse im physikalischen, biologischen wie auch im fachintegrativen Fachwissen nachgewiesen werden. Das allgemeine fachdidaktische Wissen verbesserte sich in allen Gruppen statistisch signifikant, auch in der Kontrollgruppe. Dies ist nicht verwunderlich, da dieser Bereich des Professionswissens im Gegensatz zur themenspezifischen Komponente in allen Gruppen erarbeitet wurde.

Zusammenfassend kann also hypothesenkonform festgehalten werden, dass sich themenbezogene Seminare im naturwissenschaftlichen Sachunterricht positiv auf den Erwerb von Fachwissen auswirken ohne zu einem Nachteil im allgemeinen fachdidaktischen Wissen zu führen. Dies ist daher besonders bedeutsam, da die zur Erarbeitung allgemeiner fachdidaktischer Inhalte aufgewendete Zeit in der Kontrollgruppe deutlich höher war als in den Experimentalgruppen. Eine Integration naturwissenschaftlichen Fachwissens in die universitären Sachunterrichtsausbildung wirkt sich demnach nicht nachteilig auf den Aufbau fachdidaktischen Wissens aus.

Die zweite Forschungsfrage fokussiert die Effekte verschiedener Gestaltungselemente auf den Lernerfolg. Für die Arbeit mit Unterrichtsvideos lässt sich hypothesenkonform ein Vorteil im Bereich des themenspezifischen fachdidaktischen Wissens, insbesondere beim Wissen über Lehrstrategien, konstatieren. Für den Grad instruktionaler Unterstützung fallen die Ergebnisse weniger deutlich aus. Tendenziell zeichnet sich ein positiver Einfluss eines höheren Grades instruktionaler Unterstützung ab, was den Befunden von Rachel et al. (2012) entspricht. Dieses Ergebnis zeigt sich jedoch nur für den Bereich des physikalischen Fachwissens und lässt sich durch das besonders geringe Vorwissen begründen. In der Vorstudie führten der Einsatz von Unterrichtsvideos als auch ein höherer Grad an instruktionaler Unterstützung in einer strukturierten Lehr-Lern-Umgebung zu signifikant besseren Lernergebnissen beim fachintegrativen Wissen (Kratz et al. 2013). Dieser gruppenabhängige Zuwachs im Fachwissen wurde auf Grundlage der aktuellen Ergebnisse nun ausdifferenziert und relativiert.

Das Vorwissen wurde in den unterschiedlichsten Studien als bedeutendster Prädiktor für Schulleistungen identifiziert (vgl. zusammenfassend Hattie 2009). So ist auch abgesehen vom biologischen Fachwissen die Varianzaufklärung durch das Vorwissen im Rahmen dieser Studie höher als die Effekte durch die Gruppenzugehörigkeit.

Ausblick

Aus den Ergebnissen geht ein Mehrwert themenspezifischer Seminare in der universitären Lehrerausbildung hervor. So kann eine Integration von Fachwissen in universitäre Sachunterrichtsseminare als vielversprechende Maßnahme angesehen werden, um den eingangs konstatierten Fachwissenslücken von Grundschullehrkräften im naturwissenschaftlichen Lernbereich erfolgreich entgegenzuwirken. Da eine Erarbeitung von Fachwissen in den Modulhandbüchern der Sachunterrichtsausbildung an deutschen Universitäten bisher nur eingeschränkt vorgesehen ist, bleibt dieses Potential hier meist noch ungenutzt.

Die bereichsspezifisch positiven Auswirkungen der Unterrichtsmitschnitte auf das fachdidaktische Wissen der Studierenden stehen dem bisher geringen Einsatz an deutschen Universitäten entgegen. Da die Erstellung von Unterrichtsvideos sehr aufwändig und die Rechtslage kompliziert ist wäre das Anlegen einer umfassenden Datenbank zum Austausch des Videomaterials (vgl. KOVIU-Videodatenbank[8]) wünschenswert, um das vorhandene Potential zu nutzen.

Auch der Grad der instuktionalen Unterstützung, der in der vorliegenden Studie durch verschiedene Komponenten umgesetzt wurde, scheint zumindest in Domänen mit geringem Vorwissen eine, wenn auch geringere Rolle zu spielen. So liegt ein Forschungsdesiderat darin, die Einflussvariablen zu isolieren und den konkreten Einfluss der Strukturierung, strategieunterstützender Arbeitsanweisungen, einer materialen Lehr-Lernumgebung sowie der integrierten Erarbeitung von Fachwissen und fachdidaktischem Wissen herauszuarbeiten.

Im Rahmen dieser Studie stehen die Auswertung der Follow-up-Erhebung sowie die Aufklärung von Interaktionseffekten zwischen Fachwissen, fachdidaktischem Wissen und motivationalen Orientierungen noch aus.

Damit beschränkt sich die Aussagekraft dieser Studie auf die Erweiterung der fachwissenschaftlichen und fachdidaktischen Lehrerkognitionen (vgl. Ebenen der Lehrerprofessionalität nach Lipowsky 2010). Weiterführend wäre interessant, ob durch die beschriebene Seminarkonzeption auch eine Wirksamkeit auf der Ebene der Handlungskompetenz der Studierenden im Unterricht und auf der Ebene des Lernerfolgs der Schülerinnen und Schüler erreicht werden kann. Dies kann in dieser Untersuchung aber ebenso wenig geleistet werden wie eine Übertragung der Treatmentkonzeption auf andere Themenbereiche.

---

8   https://www.uni-muenster.de/Koviu/, aufgerufen am 15.11.2013

Literatur

Appleton, K. (2007). Elementary science teaching. In S. Abell & N. Ledermann (Hrsg.), *Handbook of Research on Science Education* (S. 493–536). Mahwah: Lawrence Erlb.

Baisch, P. & Schaal, S. (2009). Überwinterung ist mehr als nur ein dickes Fell! Überlegungen zum Aufbau anschlussfähigen Wissens durch eine alternative Betrachtung der Überwinterung gleichwarmer Tiere. *Sache- Wort-Zahl*, 104 (37), 18–27.

Baumert, J. & Kunter, M. (2006). Stichwort: Professionelle Kompetenz von Lehrkräften. *Zeitschrift für Erziehungswissenschaft*, 9(4). 469–520.

Bayrhuber, H., Bögeholz, S., Elster, D., Hammann, M., Hössle, C., Lücken, M., ... Sandmann, A. (2007). Biologie im Kontext – Ein Programm zur Kompetenzförderung durch Kontextorientierung im Biologieunterricht und zur Unterstützung von Lehrerprofessionalisierung. *MNU – Der mathematische und naturwissenschaftliche Unterricht*, 60(5), 282–286.

Bennet, N. (1997). Voyages of discovery. In C. Cullingford (Hrsg.), *The Politics of Primary Education*. Buckingham, UK: Open University Press.

Borko, H., Jacobs, J., Eiteljorg, E. & Pittman, M. (2008). Video as a tool for fostering productive discussions in mathematics professional development. *Teaching and Teacher Education*, 24(2), 417–436.

Brunner, M., Kunter, M., Krauss, S., Baumert, J. Blum, W. Dubberke, T., ... Neubrand, M. (2006). Welche Zusammenhänge bestehen zwischen dem fachspezifischen Professionswissen von Mathematiklehrkräften und ihrer Ausbildung sowie beruflichen Fortbildung? *Zeitschrift für Erziehungswissenschaft*, 9, 521–544.

Duit, R. (2010). Wege in die Wärmelehre. Schülervorstellungen zu den Grundbegriffen der Wärmelehre und zu Wärmephänomenen. *Naturwissenschaften im Unterricht Physik*, 115 (21), 4–7.

Duit, R. & Treagust, D. (2003). Conceptual Change – A powerful framework for improving science teaching and learning. International *Journal of Science Education*, 25, 671–688.

Dupont, W. (2009). *Statistical Modeling for Biomedical Researchers: A Simple Introduction to the Analysis of Complex Data*. Cambridge University Press.

Einhaus, E. (2007). Schülerkompetenzen im Bereich Wärmelehre – Entwicklung eines Testinstruments zur Überprüfung und Weiterentwicklung eines normativen Modells fachbezogener Kompetenzen. In H. Niedderer, H. Fischler & E. Sumfleth (Hrsg.). *Studien zum Physik- und Chemielernen* (Band 63), Berlin: Logos.

Franz, U. (2008). *Lehrer- und Unterrichtsvariablen im naturwissenschaftlichen Sachunterricht. Eine empirische Studie zum Wissenserwerb und zur Interessenentwicklung in der dritten Jahrgangsstufe.* Bad Heilbrunn: Klinkhardt.

Gesellschaft für die Didaktik des Sachunterrichts (GDSU) (Hrsg.) (2013). *Perspektivrahmen Sachunterricht.* Klinkhardt: Bad Heilbrunn.

Girwidz, R., Bogner, F., Rubitzko, T. & Schaal, S. (2006). Media Assisted Learning in Science Education: An interdisciplinary approach to hibernation and energy transfer. *Sci Ed International,* 17(2), 95–107.

Goos, M., Galbraith, P. & Renshaw, P. (2002). Socially mediated metacognition: Creating collaborative zones of proximal development in small group problem solving. *Educational Studies in Mathematics,* 49, 193–223.

Gräsel, C., Fußangel, K., Pröbstel, C. (2006). Lehrkräfte zur Kooperation anregen – eine Aufgabe für Sisyphos? *Zeitschrift für Pädagogik,* 52. 205–219.

Grossman, P. (1990). *The making of a teacher. Teacher knowledge and teacher education.* New York: Teachers College Press.

Günther, J. & Labudde, P. (2012). Fächerübergreifend unterrichten – warum und wie? *Unterricht Physik,* 132, 9–13.

Harford, J. & MacRuairc, G. (2008) Engaging student teachers in meaningful reflective practice, *Teaching and Teacher Education,* 24, 7, pp. 1884–1892.

Hashweh, M. (2005). Teacher pedagogical constructions: a reconfiguration of pedagogical content knowledge. *Teachers and Teaching: Theory and Practice,* 11, 273–292.

Hattie, J. (2009). *Visible Learning. A synthesis of over 800 meta-analyses relating to achievment.* London & New York: Routledge.

Helmke, A. & Schrader, F. (2006). Lehrerprofessionalität und Unterrichtsqualität. Den eigenen Unterricht reflektieren und beurteilen. *Schulmagazin 5 bis 10,* 9, 5–12.

Hogan, D. & Tudge, J. (1999). Implications of Vygotsky's theory of peer learning. In A. M. O'Donnell & A. King (Hrsg.), *Cognitive perspectives on peer learning* (S. 39–65). Mahwah, NJ: Erlbaum.

Kleickmann, T. (2008). *Zusammenhänge fachspezifischer Vorstellungen von Grundschullehrkräften zum Lehren und Lernen mit Fortschritten von Schülerinnen und Schülern im konzeptuellen Verständnis.* Universität Münster: Inaugural-Dissertation.

Krammer, K. & Reusser, K. (2005). Unterrichtsvideos als Medium der Aus- und Weiterbildung von Lehrpersonen. *Beiträge zur Lehrerbildung,* 23 (1), 35–50.

Kratz, J., Schaal, S. & Heran-Dörr, E. (2013). Fachwissen von Lehramtsstudierenden zum Thema „Leben in extremen klimatischen Bedingungen" – Erhebung des Fachwissens im Rahmen einer Interventionsstudie. *GDSU-Journal,* 3, 23–36.

Kratz, J., Schaal, S. (2014, angen.). Measuring PCK – discussing the assessment of PCK-related achievement in science teacher training. *Procedia – Social and Behavioral Sciences.*

Krohne, H., Hock, M. (2007). *Psychologische Diagnostik. Grundlagen und Anwendungsfelder* (1. Auflage). Stuttgart: Kohlhammer.

Kunter, M., Baumert, et al. (2011). *Professionelle Kompetenz von Lehrkräften – Ergebnisse des Forschungsprogramms COACTIV.* Münster: Waxmann.

Landwehr, B. (2002). *Die Distanz von Lehrkräften und Studierenden des Sachunterrichts zur Physik. Eine qualitativ-empirische Studie zu den Ursachen.* Berlin: Logos.

Lange, K . (2010). *Zusammenhänge zwischen naturwissenschaftsbezogenem fachspezifisch-pädagogischem Wissen von Grundschullehrkräften und Fortschritten im Verständnis naturwissenschaftlicher Konzepte bei Grundschülerinnen und -schülern.* Universität Münster: Inaugural-Dissertation.

Lijnse, P. & Klaassen K. (2003). Didactical structures as an outcome of research on teaching – learning sequences? *International Journal of Science Education,* 26 (5), 537–554.

Lipowsky, F. (2004). Was macht Fortbildungen für Lehrkräfte erfolgreich? *Die Deutsche Schule,* 96 (4), 462–479.

Lipowsky, F. (2010). Lernen im Beruf – Empirische Befunde zur Wirksamkeit von Lehrerfortbildung. In F. Müller, A. Eichenberger, M. Lüders, J. Mayr (Hrsg.), *Lehrerinnen und Lehrer lernen – Konzepte und Befunde zur Lehrerfortbildung* (S. 51–72). Münster.

Magnusson, S., Krajcik, J., & Borko, H. (1999). Nature, sources and development of pedagogical content knowledge for science teaching. In J. Gess-Newsome & N. Lederman (Hrsg.), *Examining pedagogical content* knowledge (Vol. 6, S. 95–132). Dordrecht: Kluwer.

Möller, K. (2004). Naturwissenschaftliches Lernen in der Grundschule – Welche Kompetenzen brauchen Grundschullehrkräfte? In H. Merkens (Hrsg.), *Lehrerbildung: IGLU und die Folgen* (S.65–84). Opladen: Leske + Budrich.

Möller, K. (2006). Naturwissenschaftliches Lernen – eine (neue) Herausforderung für den Sachunterricht? In P. Hanke (Hrsg.), *Grundschule in Entwicklung. Herausforderungen und Perspektiven für die Grundschule heute* (S. 107–127). Münster: Waxmann.

Mörtl-Hafizovic, D. (2006). *Chancen situierten Lernens in der Lehrerbildung. Theoretische Analyse und empirische Überprüfung.* Regensburg: Dissertationsschrift.

Rachel, A., Wecker, C. et al. (2012). Wie wenig Instruktion ist zu wenig? Ergebnisse einer Unterrichtsstudie zur Einführung einer Modellvorstellung im Sachunterricht. In H. Giest, E. Heran-Dörr & C. Archie (Hrsg.). *Lernen und*

Lehren im Sachunterricht: Probleme und Perspektiven des Sachunterrichts (Bd. 22). Bad Heilbrunn: Klinkhardt.

Reiser, B. (2004). Scaffolding complex learning: The mechanisms of structuring and problematizing Student work. *The Journal of the Learning Sciences*, 13, 273–304.

Reusser, K. (2005). Situiertes Lernen mit Unterrichtsvideos. *Journal für die Lehrerinnen und Lehrerbildung*, 2, 8–18.

Schaal, S., Bogner, F. & Girwidz, R. (2010). Concept Mapping Assessment of Media Assisted Learning in Interdisciplinary Science Education, *Research in Science Education*, 40(3), 339–352.

Shulman, L. S. (1986). Those who understand: Knowledge growth in teaching. *Educational Researcher*, 15, 9.

Shulman, L. (1987). Knowledge and teaching: Foundations of the new reform. *Harvard Educational Review*, 57, 1–23.

Shulman. L. & Sherin, M.G. (2004). How and what teachers learn: A shifting perspective. *Journal of Curriculum Studies*, 36, 135–140.

Starauschek, E. (2010). Mit Aufgaben Schülervorstellungen zur Wärmelehre erkunden. *Naturwissenschaften im Unterricht Physik* 21, 8–11.

Stengl, D. & Wiesner H. (1984). Vorstellungen von Schülern der Primarstufe zu Temperatur und Wärme. *Sachunterricht und Mathematik in der Primarstufe*, 12, 445–452.

Terhart, E. (2000): Qualität und Qualitätssicherung im Schulsystem. Hintergründe – Konzepte – Probleme. *Zeitschrift für Pädagogik* 46 (6), 809–829.

Terhart, E. (2004): Lehrerkompetenzen für die Grundschule. Kontext, Entwicklung und Bedeutung. *Grundschule* 6 (36), 10–12.

Watson, B. & Konicek, R. (1990). Teaching for conceptual change: Confronting children's experience, *Phi Delta Kappan*, 71(9), 680–685.

Yeo, S. & Zadnik, M. (2001). Introductory Thermal Concept Evaluation: Assessing Students' Understanding, *Physics Teacher*, 39, 496–504.

Dagmar Hilfert-Rüppell/Maike Looß

Fach(seminar)leiter im Interview – Welche Basis braucht die zweite Phase?

Zusammenfassung

Das Nacheinander und die Unverbundenheit der Phasen in der Lehrerausbildung sowie die damit einhergehende Zuordnung von Ausbildungszielen und Leistungsprofilen zu den beiden Phasen werden seit langem diskutiert (Fischler, 2008; Sieland & Weber, 2008; Schubarth, 2010). Anhand von Experteninterviews mit Fachleitern [*1] der Biologie beschäftigt sich die vorliegende Studie mit den Fragen nach 1) den Kennzeichen guter Referendare, 2) den Kompetenzen, die ein Referendar[*2] aus dem Studium mitbringen und/oder im Referendariat[*3] entwickeln sollte und 3) der Anschlussfähigkeit der im Studium erworbenen Kompetenzen hinsichtlich der Anforderungen der zweiten Phase im Unterrichtsfach Biologie. Als Kennzeichen guter Referendare nannten die Fachleiter Aspekte, die dem „Professionswissen" und „Motivationalen, volitionalen und sozialen Bereitschaften und Fähigkeiten" zuzuordnen sind. Sie gaben Personenvariablen, wie kognitive Fähigkeiten und realistische Selbsteinschätzung, an und stellten dabei die „Analytisch-kritische Reflexionskompetenz" heraus. Im Laufe der Ausbildung wurden deutliche Lernfortschritte bei den Referendaren festgestellt, laut Fachleitern verbesserten sich die Referendare in ihren Kompetenzen (nach zehn Standards aus GFD 2005, KMK 2004). Im Vergleich zum fachbiologischen und fachdidaktischen Vorwissen zu Beginn des Referendariats wurde die unterrichtliche Handlungskompetenz am schlechtesten beurteilt. Die Fachleiter bewerteten die Abstimmung der fachwissenschaftlichen und der fachdidaktisch-methodischen Inhalte zwischen erster und zweiter Phase im Mittel als eher unbefriedigend.

[*1] *Fachleiter /Gy + Fachseminarleiter /HR = i.F. Fachleiter,* [*2] *Referendare /Gy + Anwärter /HR = i.F. Referendare,* [*3] *Referendariat /Gy + Vorbereitungsdienst /HR = i.F. Referendariat*
Aus Lesbarkeitsgründen wird auf die weibliche Form verzichtet, diese ist immer mit eingeschlossen.

Abstract

In Germany, there has been an ongoing debate about the division of teacher training in two phases, the disconnectedness of these phases as well as the associated distribution of educational objectives and performance profiles between the phases (Fischler, 2008; Sieland & Weber, 2008; Schubarth, 2010). With the help of expert interviews with biology teacher supervisors, the following study takes a closer look at 1) attributes of a good teacher trainee, 2) the skills that prospective teachers should have after completing their university-based coursework and the skills they need to develop in the course of their classroom induction phase, 3) the effectiveness of competences acquired in the course of their studies in terms of the exigencies of the second phase of teacher training in biology. As attributes of a good teacher trainee, induction phase supervisors named aspects that would be classified under "professional knowledge" and "motivation, volition and social disposition and capabilities". They specified variables that distinguish individuals, such as cognitive abilities and a realistic self-assessment and emphasized in the process the critical-analytical thinking and reflection skills. In the course of the induction phase, the teacher trainees demonstrated significant learning progress, according to the education supervisors, the teacher trainees improved their skills (as per the ten standards set down by German Association of Didactics in 2005, KMK 2004). The least improvement was assessed in regard to teacher candidates' instructional competence compared with their biological and pedagogical content knowledge at the beginning of the induction phase. On the average, the teacher supervisors rated the coordination of content knowledge and the subject didactical -methodological skills between the first and second phase of the education training as unsatisfactory.

Fragestellung und Theoretischer Hintergrund

Ziel dieser Studie war die Erfassung von Kennzeichen guter Referendare im Fach Biologie sowie die Anschlussfähigkeit von im Studium erworbener Kompetenzen hinsichtlich der Anforderungen der zweiten Phase aus Fachleitersicht. Diese wurden als erfahrene Experten der Biologielehrerausbildung und des Biologieunterrichts angesprochen. Als Konsequenz sollten Perspektiven für die Optimierung des Lehramtsstudiums und für eine verbesserte Koordination der Ausbildungsphasen im Fach Biologie aufgezeigt werden. Der Katalog der Lehrerkompetenzen der GFD (2004) lässt wichtige Fragen offen, z. B. welche Aufgaben der Lehrerausbildung in die erste, welche in die zweite Phase gehören oder nach den realistischen Erwartungen an die 1. und 2. Phase (Fischler, 2008). Das Professionswissen von (angehenden) Lehrkräften rückt in den letzten Jahren in den Fokus des Forschungsinteresses, da dieses als wesentliche Voraussetzung für erfolgreichen Unterricht gesehen wird. Es umfasst die drei Dimensionen fachdidaktisches Wissen (pedagogical content knowledge, PCK), Fachwissen (content knowledge, CK) und pädagogisches Wissen (pedagogical knowledge, PK) (Baumert et al., 2009; Blömeke, Kaiser & Lehmann, 2008; Helmke, 2009). Empirisch sind die beiden fachabhängigen Komponenten fachdidaktisches Wissen und Fachwissen trennbar (Kunter, Klusmann & Baumert, 2009). Während Shulman (1986, 1987) die Verschmelzung von Fachwissen und pädagogischem Wissen betont, finden in neueren Untersuchungen neben kognitiven Wissenskomponenten auch zunehmend motivationale, volitionale sowie wertbezogene und selbstregulative Komponenten Berücksichtigung bei der Konstruktion des fachdidaktischen Wissens (Baumert & Kunter, 2006; Blömeke, Kaiser & Lehmann, 2008; Riese, 2009). Das theoretische Rahmenmodell von Baumert und Kunter (2006) (Abb. 1) spezifiziert die professionelle Handlungskompetenz einer Lehrkraft basierend auf dem Zusammenspiel des Professionswissens, der Überzeugungen und Werthaltungen, der motivationalen Orientierungen sowie der selbstregulativen Fähigkeiten. Das Wissen über fachliche Inhalte und Instruktionsstrategien wird dabei als zentral angesehen. Die vorliegende Studie soll eine Zwischenbilanz über das Anforderungsprofil der universitären Biologie-Lehrerausbildung und die Ansprüche an die Referendare aus

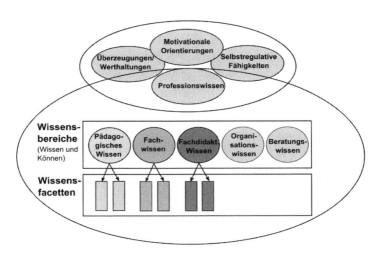

Abbildung 1: Modell professioneller Handlungskompetenz (Baumert und Kunter, 2006).

Fachleitersicht geben. Die Passung des Modells von Baumert und Kunter (2006) soll bei der Frage nach den Kennzeichen guter Referendare überprüft werden. Studien an Fachleitern der Biologie liegen nur von Krüger (2007) und Krüger, Kloss und Cuadros (2009) vor, die der Frage nachgingen, welche Aspekte bei der Bewertung von gutem Biologieunterricht eine Rolle spielen. Physikfachleiter für das Lehramt an Gymnasien aus allen Bundesländern wurden von Merzyn (2004) befragt. Als größte Schwierigkeiten junger Referendare gaben diese die Elementarisierung an. Als Wunsch an die erste Phase nannten sie einen größeren Praxisbezug, an die zweite Phase eine bessere Zusammenarbeit mit der ersten Phase.

Aus einer Studie an Fachleitern der Geographie wird die Forderung nach einer stark praxisorientierten Ausbildung deutlich (Hemmer & Hemmer, 2000).

Methode

In Anlehnung an Fragebogenstudien mit Referendaren (Looß & Buck-Dobrick, 2010; Hilfert-Rüppell et al., 2012) wurde ein Interviewleitfaden konstruiert. Dieser enthielt Fragen zu verschiedenen Aspekten fachlichen und fachdidaktischen Wissens, zur Beurteilung von fachlichen und fachdidaktischen Anteilen des Studiums, zu Schulpraktika und zur Bewertung der Abstimmung von Studium und Referendariat.

Da das Forschungsprojekt auch auf den Vergleich zwischen den Fächern Biologie und Chemie abzielt, wurde derselbe Leitfaden für das Fach Chemie erstellt. Nach einer ersten Pilotierung an zwei Biologie-Fachleitern wurde der Leitfaden kommunikativ validiert, indem Forscher und die beiden Interviewten über die Fragen und Antworten diskutierten und einige Fragen durch diesen Dialog ausgeschärft werden konnten. Der endgültige Leitfaden wurde nach erneuter Pilotierung an zwei Biologie-Fachleitern und einem Chemie-Fachleiter erstellt. Für die Studie selbst wurde der Ansatz des Experteninterviews mit Hilfe eines Interviewleitfadens gewählt (Gläser & Laudel, 2009), weil Fachleiter einen privilegierten Zugang zur Ausbildungs- und Berufsrealität haben.

Insgesamt fanden 12 Interviews an Biologie-Fachleitern Niedersachsens statt. Sämtliche Interviews wurden aufgezeichnet, anschließend wortwörtlich transkribiert und ausgewertet. Die Transkription und deren Regeln orientierten sich an Gläser und Laudel (2009) sowie Kuckartz (2010). Bei der Auswertung wurde nach der inhaltlich-strukturierenden qualitativen Inhaltsanalyse (Mayring, 2007) unter Verwendung des Computerprogramms MAXQDA 10 vorgegangen. Da derselbe Interviewleitfaden von einem Forscher der Chemiedidaktik an 12 Chemie-Fachleitern Niedersachsens eingesetzt wurde, erfolgte die Analyse in enger Zusammenarbeit: Das gesamte Antwortmaterial wurde zunächst anhand des verwendeten strukturierten Interviewleitfadens deduktiv codiert. In einem zweiten Schritt wurden die Fundstellen anhand von Ankerbeispielen nach inhaltlichen Ähnlichkeiten sortiert und so am Material induktiv Subkategorien gebildet. Diese Zuordnung wurde zunächst in Einzel-, dann in Partnerarbeit durchgeführt, es schloss sich daran ein diskursiver Analyseprozess mit zwei weiteren Forschern an. Die Reliabilität und Validität wurden dadurch erhöht (Kuckartz, 2012). Durch dieses Vorgehen war eine systematische und vollständige Herausarbeitung der Aussagen zu den jeweiligen Teilaspekten möglich. Auf die Ergebnisse für das Fach Chemie wird im Weiteren nicht eingegangen. Zum Test auf Mittelwertunterschiede in der Einschätzung der Fachleiter zur Gesamtkompetenz zwischen den Referendaren der beiden Schulformen wurde der Mann-Whitney-U-Test mit dem Computerprogramm SPSS 20 durchgeführt.

Beschreibung der Stichprobe

Die Stichprobe machte ca. 1/3 der Grundgesamtheit Niedersachsens aus. Die zwölf Interviewpartner wurden hinsichtlich der relevanten Merkmale „Bundesland Niedersachsen", „Schultyp" und „Erfahrung als Ausbilder im Fachseminar" (Prädiktoren Jahre bzw. ausgebildete Referendare) ausgewählt, daher kann die Stichprobe als merkmalsspezifisch repräsentativ angesehen werden (Bortz & Döring, 2009). Bei der Auswertung zeigten sich nach 12 Interviews keine neuen relevanten Äußerungen mehr, aufgrund dieser Sättigung wurden keine weiteren Interviews durchgeführt.

Die Befragten waren zwischen 40 und 62 Jahre alt und setzten sich aus sechs Fachseminarleitern, davon fünf weiblich, und sechs Fachleitern, davon eine weiblich zusammen (Tab. 1). Die Dauer der Seminartätigkeit betrug ein bis 17 Jahre. Als Anzahl der insgesamt bisher ausgebildeten Referendare gaben die Probanden zwischen 12 und 100 an.

Tabelle 1: Daten der ausgewählten Interviewpartner

Schulform	Geschlecht	Dauer Schuldienst (Jahre)	Dauer F(S)L-Tätigkeit (Jahre)	Anzahl ausgebildeter Referendare	Schulform	Geschlecht	Dauer Schuldienst (Jahre)	Dauer F(S)L-Tätigkeit (Jahre)	Anzahl ausgebildeter Referendare
B3_GY	m	30	17	97	B9_GY	m	15	3	30
B4_HR	w	11	5	40	B10_GY	w	27	7	50
B5_HR	w	23	1	18	B11_HR	w	25	16	100
B6_GY	m	12	7	40	B12_HR	w	11	1	19
B7_HR	w	15	6	50	B13_GY	m	12	3	12
B8_HR	m	14	7	40	B14_GY	m	34	13	77

Ergebnisse und Explikation der Interviewaussagen

Kennzeichen guter Referendare

Das Modell von Baumert und Kunter (2006) zeigte bei der Frage nach den Kennzeichen guter Referendare eine Passung in den Kompetenzbereichen Fachwissen, fachdidaktisches Wissen sowie pädagogisches Wissen. Aufgrund der Interviewaussagen konnte eine Erweiterung des Modells, das ursprünglich für die professionelle Handlungskompetenz von Mathematiklehrkräften – und damit für die dritte Phase – erstellt wurde, erfolgen. Dies betrifft den Bereich der „Motivationalen, volitionalen und sozialen Bereitschaften/ Fähigkeiten", die für eine erfolgreiche Professionalisierung in den Augen der Probanden nötig erscheinen. Unter dieser Kategorie, die neu gebildet wurde, wurden die Subkategorien „Motivationale Orientierungen" (Motivation in Bezug auf Unterricht), „Soziale Kompetenzen" (soziale Interaktionen mit Schülern und Kollegen), „Weiterentwicklung" (Entwicklungsbereitschaft, Entwicklungsfähigkeit), „Personale Kompetenzen" (Eigenverantwortung, Selbsteinschätzung, IQ, Mut/Kreativität) sowie „Selbstorganisation" (Strukturierung eigener Arbeitsprozesse) ausgewiesen.

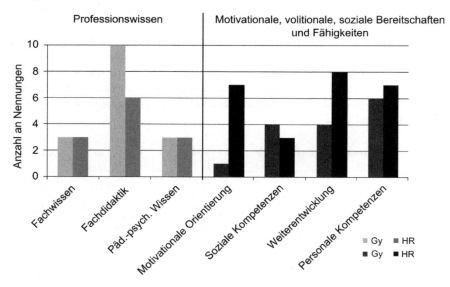

Abbildung 2: Anzahl an Nennungen von Fachleitern (HR) (n = 6) und Fachseminarleitern (Gy) (n = 6) auf die Frage: „Was kennzeichnet gute Referendare?"

Der Kategorie „Professionswissen" wurden die Subkategorien „Fachwissen", „Fachdidaktisches Wissen" und „Pädagogisch-psychologisches Wissen" zugeordnet. Ausbilder beider Schulformen betonten gleichermaßen das „Fachdidaktische Wissen" als kennzeichnend für gute Referendare. Während die Befragten der HR-Schulen außerdem die „Motivationalen Orientierungen" und die „Weiterentwicklung" herausstellten, legten die Interviewpartner der gymnasialen Schulform den Fokus eher auf „Personale Kompetenzen" (Abb. 2).

Professionswissen

Zum Professionswissen gehört das Fachwissen, das sechs Befragte ansprachen. Das fachdidaktische Wissen wurde sehr häufig hervorgehoben. In der Subkategorie „Fachdidaktisches Wissen" wurden das „Fachdidaktische Wissen allgemein":

„Dass sie das, was sie an der Uni gelernt haben auch umsetzen können, dass sie das gut an Schülern durchführen können im Unterricht" B8_HR

und die „Fachmethodik" unterschieden:

„ (...) und haben praktisch nicht nur fachwissenschaftliches Wissen, sondern können es vor allem methodisch und didaktisch an die Schüler bringen."
B12_HR

Es geht also darum, die fachlichen Lerninhalte mit den Lernvoraussetzungen der Schüler zu synchronisieren. Insbesondere die „analytisch-kritische Reflexionskompetenz" wurde von den befragten Fachleitern hervorgehoben:

„Gute Referendare sind die, die ihren Unterricht reflektieren können. Das bedeutet, dass die eine Selbstwahrnehmung von sich im Unterricht haben und hinterher abgleichen können, in wie fern ihre Planung mit dem, was sie an sich selbst erlebt haben übereinstimmt, oder ob es da Abweichungen gab."
B13_Gy

Dabei geht es also um den Abgleich des Soll/Ist-Zustandes des Unterrichtsgeschehens, der Wahrnehmungen um Abweichungen von Unterrichtsablauf und -planung aber auch, wie in der folgenden Aussage deutlich wird, um das frühzeitige Trainieren dieser Fähigkeiten zur Weiterentwicklung.

"Und so gesehen möchte ich den Schwerpunkt bei den Guten auf die Didaktik legen und natürlich auf die Reflexionsfähigkeit, ganz entscheidender Punkt, um nämlich weiter zu kommen." B14_Gy

In der Subkategorie „Pädagogisch-psychologisches Wissen" wurde die Schülerorientierung als ein Kennzeichen guter Referendare betont.

"Die Grundfrage selbst einmal neu zu denken, was ist eigentlich für Schüler wichtig?" B14_Gy

In der Aussage sind zwei Aspekte verknüpft: Der Befragte fordert das Überdenken von Unterrichtsinhalten und hebt auf die Schülerrelevanz ab.

"Er muss die Möglichkeit haben auch den Umgang mit Schülern so zu gestalten, dass er Schüler ernst nimmt, und dass es ihm gelingt, eine Lernatmosphäre zu erreichen, die eine Lernbereitschaft eben tatsächlich fördert." B14_Gy

In dieser Subkategorie wurden auch solche zur „diagnostischen Kompetenz" und zum „Wissen über Lernprozesse" zugeordnet.

"Ein guter Referendar ist sicherlich einer, der einen Zugriff auf Schüler hat. Das heißt, er hat ein Gespür dafür, oder wie auch immer, wahr zu nehmen, wie zum Beispiel die Lernsituation seiner Lerngruppe ist, möglichst bis zu den einzelnen Schülern." B14_Gy

Motivationale, volitionale und soziale Bereitschaften und Fähigkeiten

Die Fachleiter gaben darüber hinaus Kennzeichen an, die sich in die Definition von Kompetenzen von Weinert (2001) einpassen ließen und die zur Erweiterung der Modells von Baumert und Kunter (2006) führten. Wesentlich erschien den Befragten die motivationale Orientierung ihrer Auszubildenden, die sowohl in Bezug auf die unterrichtliche Tätigkeit als auch in Bezug auf die eigene Ausbildung angesprochen wurde:

"Dann haben wir natürlich die Fragen der methodischen Umsetzung, auch da kommen wieder beide Elemente zusammen, nämlich die Grundbereitschaft sich zu engagieren. In Biologie ist es einfach viel Arbeit, zum Beispiel

Material bereitzustellen, ein Experiment aufzustellen, wir sind einfach ein sehr breit aufgestelltes Fach in diesem Punkt, und nicht nur bei Arbeitsblättern und dem Beamer zu bleiben." B14_Gy

Neben diesem Aspekt der Motivation führt derselbe Proband dann weiterhin explizit den volitionalen Aspekt an:

"Manche Referendare neigen dazu, auf der Ebene des Schulbuchs stehen zu bleiben und meinen, damit könnten sie Unterricht machen. Hier spielt die Bereitschaft eine ganz entscheidende Rolle. Das ist ein volitionales und ein intellektuelles Problem." B14_Gy

In diesem Zusammenhang wurden auch „Kreativität und Mut" (Personale Kompetenzen) zu einem fantasievollen Unterricht, auch über formale Vorgaben hinaus, betont:

"Dann, finde ich, kennzeichnet gute Anwärter ein großes Maß an Kreativität, an Fantasie, dass sie in viele Ebenen hinein gucken und sich hinein denken, und über diese Kreativität auch immer wieder Bezüge zu den Schülern herstellen." B5_HR

Soziale Kompetenzen wurden von den Befragten ebenfalls als ein Kennzeichen hervorgehoben:

"Zunächst erst einmal haben gute Referendare einen Draht zu Schülern, mögen die und haben Interesse an den Schülern." B10_Gy

Der Fokus liegt hier auf der Lehrperson-Schüler-Beziehung und auf den Fähigkeiten und Merkmalen, die notwendig sind, um eine positive Einstellung zu Schülern aufbauen zu können:

"Gute Referendare sind für mich solche, die engagiert sind, die sehr gerne mit den Kindern arbeiten." B11_HR

Das erfordert unter Umständen ein besonderes Engagement, welches sich im Laufe des Referendariats weiterentwickeln kann. Auch in anderer Hinsicht sind es insbesondere Veränderungen, die die Befragten bei den Referendaren im Laufe der Ausbildung feststellen möchten:

„Also was zunächst mal ein großes Kriterium ist: inwiefern sie bereit sind, dazu zu lernen. Das macht einen wichtigen Unterschied aus." B9_Gy

Diese Aussagen umfassen als Bereitschaft Neues lernen zu wollen und/ oder Bestehendes zu überdenken –

„Gute Anwärter kennzeichnet, dass sie lernbereit sind, dass sie eigenständig arbeiten können, dass sie Anregungen umsetzen." B7_HR –

und auch ein planmäßiges Weiterentwickeln auf der Basis von Ausbildungsangeboten:

„(...) Die sind auch in aller Regel lernbereit. Und eine Lernunfähigkeit oder Lernunbereitwilligkeit findet man eher bei Referendaren, die in diesen drei zentralen Bereichen [Fachwissen, Fachdidaktisches Wissen, Pädagogik, ergänzt aus vorheriger Aussage] *auch Probleme haben."* B9_Gy

Aussagen hierzu wurden unter der Kategorie „Weiterentwicklung" als Entwicklungsbereitschaft und Entwicklungsfähigkeit eingeordnet. Wichtig erscheint, dass die Fachleiter explizit zwischen der Bereitschaft, sich weiter zu entwickeln, und der Fähigkeit dazu unterschieden:

„Also, was sie letztendlich brauchen, ist die Fähigkeit und die Bereitschaft sich in Themen einzuarbeiten und zwar auch mit einem Gespür dafür, wie tief sie das machen müssen." B14_Gy

Dabei wurde die Offenheit, Dinge zu hinterfragen und die Bereitschaft zum Wandel häufig thematisiert:

„Was ich wichtig finde ist, dass sie eine gewisse Lernbereitschaft mitbringen, dass sie offen sind für neue Sachen und versuchen, einen Teil davon anzunehmen." B4_HR

Kennzeichen schwacher Referendare wurden zum großen Teil nicht explizit genannt, es wurde eher auf mangelnde Grundlagen und darauf hingewiesen, dass diesen fehle, was die Guten auszeichne. Eine mangelnde Entwicklungsfähigkeit wurde von den Interviewpartnern hingegen mehrfach angesprochen:

"Die fachliche Seite, die da ist, ist das geringere Problem, das muss man sagen, sondern eher auch die Fähigkeit, sich dann in neue Dinge hinein zu arbeiten. Insofern ist das wirklich umkehrbar." B14_Gy

Während in dieser Aussage das fachwissenschaftliche Wissen nicht als Schwierigkeit gesehen wird, haben manche Fachleiter andere Erfahrungen gemacht und bemängeln auch die fehlende fachliche Lernbereitschaft:

"Ja, es gibt durchaus Anwärter, die wenig Fundament mitbringen und auch keinen Fleiß und Ehrgeiz, sich hinein zu begeben in die Materie." B11_HR

Damit einher geht ein Nicht-Einfinden in die Lehrerrolle. Die Befragten nannten eine Ich-Bezogenheit und mangelnde Schülerorientierung:

"Schlechte Referendare sind sowohl fachlich schlecht als auch mit sich selbst beschäftigt und nicht mit den Schülern, das ist für mich so das Entscheidende." B10_Gy

Auch die Vermeidung des Arbeitsaufwandes, fachliche Inhalte didaktisch-methodisch aufzubereiten, wurde kritisiert:

"Schlechte verlassen sich auf Rezepte, die sie irgendwo gelesen haben und die sie unreflektiert auf jede Lerngruppe übertragen, egal, ob das in der Unterrichtssequenz gerade passt oder nicht." B3_Gy

Vorwissen und praktische Kompetenzen zu Beginn des Referendariats

Die Fachleiter wurden gebeten einzuschätzen, wie viel Prozent der Referendare gutes/eher gutes/eher schlechtes/schlechtes fachbiologisches sowie fachdidaktisches Vorwissen und unterrichtspraktische Handlungskompetenz zu Beginn des Referendariats aufweisen. Acht Befragte gaben an, dass die Referendare mit sehr unterschiedlichem Vorwissen zu ihnen kämen; drei von diesen machten daher keine, ein Fachleiter nur unvollständige Angaben (Tab. 2). Bezüglich des fachbiologischen und auch des fachdidaktischen Vorwissens schwankten die Angaben zwischen ca. 30 % und 80 % an Referendaren, die gute/ eher gute Kenntnisse mitbringen. Die aufgezeigten besonderen Stärken und Defizite im Fachwissen wurden von den Befragten jedoch nicht einheitlich benannt. Die unterrichtliche Handlungskompetenz wurde von den Fachleitern am schlechtesten beurteilt. Das Gros gab an, dass nur zwischen 10 % und 35 % der Referendare hier eine gute/ eher gute Kompetenz aus dem Studium mitbrächte. Die Befragten sprachen explizit das schulrelevante Fachwissen an, das sich von dem Wissen, welches die Universität vermittelt, unterscheidet:

> *„Mittelstufenstoff fehlt in der Regel, weil sie das gar nicht in der Uni so ausführlich bearbeiten, aber das können die sich aneignen, wenn sie wollen. So richtig sicher fachlich sind sie oft in dem, was für die Schule notwendig ist, sowieso nicht."* B10_Gy

Tabelle 2: Einschätzung der Fachleiter zu den Fragen: Wie viel Prozent der Referendare haben zu Beginn des Referendariats 1) gutes/ eher gutes fachwissenschaftliches Vorwissen in Biologie, 2) gutes/ eher gutes theoretisches fachdidaktisches bzw. theoretisch fachmethodisches Vorwissen in Bezug auf den Biologieunterricht, 3) gute/ eher gute unterrichtspraktische Handlungskompetenz für den Biologieunterricht?

	Fachbiologisches Vorwissen	Fachdidaktisches Vorwissen	Unterrichtspraktische Handlungskompetenz
B3_Gy	33		
B6_Gy	70	60	80
B9_Gy	50	30	35
B10_GY	50	50	50
B13_Gy	80	80	10
B14_Gy	60		20
B7_HR	70	60	30
B8_HR	40	50	
B11_HR	60	60	30
B12_HR	80	50	60

So geht es der zweiten Phase häufig auch darum, dass Referendare sich für die Bewältigung des Schulstoffs relevantes biologisches Wissen aneignen müssten:

> *„ (…) die Gegenstände, die man im Studium betrachtet, eben kaum relevant für die Schule sind. Deswegen muss man sagen, wenn man hart ist, niemand ist wirklich gut. Deswegen muss man sich das aneignen, und darum geht es eher."* B9_GY

Entwicklung von Kompetenzen im Referendariat

Die Befragten wurden gebeten, die didaktischen Kompetenzen der Referendare zu Beginn und zum Ende des Referendariates hinsichtlich zehn Standards (aus GFD 2005; KMK 2004) auf einer 5-stufigen Skala von „sehr hoch" bis „schlecht" einzuschätzen (Abb. 3).

Anschlussfähigkeit der im Studium erworbenen Kompetenzen

Nur zu Beginn des Referendariates schätzten die Fachleiter die Gesamtkompetenz der HR Referendare im Mittel mit 3,73 ± 0,86 signifikant besser ein als diejenigen für die gymnasiale Ausbildung mit im Mittel 4,13 ± 0,83 (U-Test, p= 0,013). Zum Ende des Referendariates konnten statistisch keine Unterschiede zwischen den Schulstufen festgemacht werden, so dass eine Anschlussfähigkeit insofern gegeben ist, dass durch das Referendariat ein Ausgleich der Defizite z.T. stattfinden kann. Die Fachleiter bewerteten die Abstimmung der fachwissenschaftlichen und der fachdidaktisch-methodischen Inhalte zwischen der ersten und zweiten Phase im Mittel mit eher unbefrie-

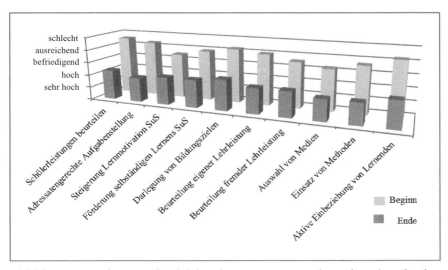

Abbildung 3: Einschätzung der didaktischen Kompetenzen der Referendare durch die Fachleiter (N= 12) zu Beginn und Ende des Referendariates anhand von zehn Standards (GFD 2005; KMK 2004) in der Skala von „sehr hoch" bis „schlecht".

digend (HR 3,0 ± 0,7; Gy 3,9 ± 1,9). Die Frage „Sehen Sie Unterschiede zwischen Absolventen verschiedener Studienorte?" bejahten elf Befragte.

Diskussion und Schlussfolgerungen für die Lehrerbildung

Die Frage nach den Kennzeichen guter bzw. schlechter Referendare wurde allgemein gehalten, um diesen Bereich offen zu erkunden. Nur so konnten Merkmale ohne verbindlichen Rahmen gesammelt werden. Es zeigte sich, dass manche Befragte den Fokus auf personale Merkmale, andere diesen eher auf das Vorwissen legten. In einer nachfolgenden Studie könnten darauf aufbauend Fachleitern Kennzeichen vorgelegt und um eine Einschätzung zur Wichtigkeit gebeten werden. Als Kennzeichen guter Referendare werden neben fachdidaktischen Aspekten vor allem der Aspekt der Weiterentwicklung sowie soziale und personale Eigenschaften genannt. Diese sind im Gegensatz zu fachlichen und fachdidaktischen Grundlagen z.T. nicht vermittelbar. Mängel im Zugang zu Schülern und in der Motivation wurden am häufigsten benannt. Dass die Lehrerpersönlichkeit den größten Einfluss auf guten Unterricht hat, zeigt Hattie (2009, 2011), wobei z. B. die Klarheit der Instruktion und das Feedback (zum individuellen Lernstand) eine hohe Bedeutung haben. Gerade bei diesen Fähigkeiten, nämlich sowohl in kommunikativen Bereichen als auch in der Diagnose von Schülerleistungen, sehen die Fachleiter die größten Defizite. Diese Befunde der vorliegenden Studie decken sich mit Forschungsergebnissen von Rauin und Meier (2007) an Lehramtsstudierenden an drei Pädagogischen Hochschulen Baden-Württembergs.

Besondere Bedeutung kommt der „Analytisch- kritischen Reflexionsfähigkeit" bzw. dem theoretischen Reflexionswissen und der Fähigkeit zur Selbstreflexion zu, die die Fachleiter als Kennzeichen guter Referendare herausstellen. Forschung zur Expertiseentwicklung zeigt, dass der Reflexionsfähigkeit in komplexen, sich verändernden Tätigkeitsbereichen eine Schlüsselrolle zufällt (Rambow & Bromme, 2000; Neuweg, 2004). Schön (1983) differenziert zwei Formen der Reflexion: die Reflexion von Handlungsroutinen und -anforderungen in einem Moment des Innehaltens vor Ausführung der Handlung (reflection-in-action) sowie die Reflexion nach Ausübung einer Handlung (reflection-on-action). Schmelzing et al. (2010) zeigten, dass die Reflexionsfähigkeit bei Studierenden mit dem Umfang absolvierter fachdidaktischer Lehrveranstaltungen nicht korreliert. Bei praktizierenden Lehrkräften nimmt die Reflexionsfertigkeit mit den Dienstjahren zwar zu, die Explikationsfähigkeit bei der Beschreibung und theoriegeleiteten Analyse von Unterricht nimmt jedoch ab.

Dem fachdidaktischen Wissen wurde bei der offenen Frage nach den Kennzeichen guter Referendare eine große Bedeutung beigemessen; das Fachwissen wurde von der Hälfte der Befragten genannt. Aufgrund der zeitlich langgestreckten Wirkungskette rät Terhart (2002) dazu, die Voraussetzungen zu berücksichtigen, die die angehenden Lehrkräfte bereits mit in die Ausbildung brächten. Die unterrichtspraktische Handlungskompetenz wurde von den Fachleitern am schlechtesten beurteilt, da die Referendare einen kurzschrittigen, lehrerzentrierten Unterricht durchführten und kaum Unterrichtsgespräche initiierten. Bei der Frage nach der Einschätzung des fachwissenschaftlichen Vorwissens bewerteten die Fachleiter dieses bei 60 % der Referendare positiv, betonen jedoch, dass schulrelevantes Fachwissen häufig fehle. Für das Handeln im Unterricht scheint dem vernetzten (Schul-) Wissen auf einem vertieften Niveau gegenüber rein universitärem Fachwissen offenbar eine größere Bedeutung zuzukommen (vgl. Riese und Reinhold, 2010). Die universitäre Ausbildung sollte kontextorientierter in Bezug auf Unterricht erfolgen, auch ist die Qualifizierung hinsichtlich der 2. Phase während der Schulpraktika nicht ausreichend.

Bereits vor einigen Jahren zeigten Krüger et al. (2009), dass sich Fachleiter und Universitätsdozenten eine bessere Kommunikation und Vernetzung zwischen den Lehrerausbildungsphasen wünschen. Dieser Wunsch nach Kooperation bestätigt sich in der vorliegenden Studie durch die Fachleiter erneut; es wurden jedoch zeitliche Hemmnisse und Arbeitsüberlastung als Grund für die mangelnde Vernetzung genannt. So wurde die Abstimmung der ersten und zweiten Phase auch im Mittel nur mit befriedigend bewertet und Verbesserungsbedarf gesehen. Da der Rückschluss von Universitätsstandorten auf die Kompetenzen von Referendaren möglich ist, scheint die hochschulübergreifende Standarderreichung noch nicht gelungen. Die Entwicklung der Kompetenzen hingegen innerhalb des Referendariats beurteilten die Fachleiter positiv; der größte Kompetenzzuwachs war in den Bereichen Diagnose, Aufgabenstellung und der aktiven Einbeziehung der Schüler zu verzeichnen. Die Kompetenzen in diesen Standards wurden aber zu Beginn des Referendariats als relativ gering beurteilt; hier könnte die Anschlussfähigkeit noch verbessert und eine größere Basis insbesondere durch die Praxis in der Schule gelegt werden. Den geringsten Kompetenzzuwachs sahen die Fachleiter bei der Steigerung der Lernmotivation der Schüler. Helmke (2009) hebt hervor, dass ein guter Lehrer u.a. eine Vielfalt von Motivationsstrategien einsetzen kann, sowohl intrinsische als auch extrinsische. Dazu ist es notwendig, die Schülerschaft oder auch den einzelnen Schüler in Hinblick auf ihre entwicklungspsychologischen Besonderheiten und ihre Persönlichkeitsmerkmale zu betrachten. Die Darlegung von Bildungszielen schnitt auch zum Ende des Referendariats am schlechtesten ab, daher könnten diese bereits im Studium als bessere Grundlage verstärkt thematisiert werden.

Die Ergebnisse geben wichtige Hinweise für eine Optimierung der inhaltlichen Verzahnung der beiden Phasen durch eine frühzeitige Einbeziehung der Schulwirklichkeit in die universitäre Ausbildung. Sie können bei den anstehenden Veränderungen in den BA/ MA-Studiengängen durch die Einführung einer kooperativen Praxisphase, wobei es zu einer Vernetzung von Fachleitern und Universitätsdozenten kommen soll, genutzt werden, um eine phasenübergreifende Kompetenzentwicklung zu fördern. Dass nicht vermittelbare personale Kompetenzen den Erfolg bzw. das Scheitern in der zweiten Lehrerausbildungsphase maßgeblich beeinflussen, sollte verstärkt bei den Studierenden thematisiert werden. Eine sich anschließende Untersuchung, ob es durch die kooperative Praxisphase zu einer Änderung in der Einschätzung der Eignung zum Lehrerberuf durch die Studierenden selbst kommt, wäre wünschenswert.

Danksagung

Wir danken allen beteiligten Fachleitern für ihre Bereitschaft zum Interview.

Literatur

Baumert, J. & Kunter, M. (2006). Stichwort: Professionelle Kompetenz von Lehrkräften. *Zeitschrift für Erziehungswissenschaft* 9(4): 469–520.

Baumert, J., Blum, W., Brunner, M., Dubberke, T., Jordan, A., Klusmann, U. et al. (2009). *Professionswissen von Lehrkräften, kognitiv aktivierender Mathematikunterricht und die Entwicklung von mathematischer Kompetenz* (COACTIV): *Dokumentation der Erhebungsinstrumente.* MPI für Bildungsforschung, Berlin.

Blömeke, S., Kaiser, G. & Lehmann, R. (2008). *Professionelle Kompetenz angehender Lehrerinnen und Lehrer – Wissen, Überzeugungen und Lerngelegenheiten deutscher Mathematikstudierender und -referendare – Erste Ergebnisse zur Wirksamkeit der Lehrerbildung.* Münster: Waxmann.

Bortz, J. & Döring, N. (2009). *Forschungsmethoden und Evaluation für Human- und Sozialwissenschaftler.* Berlin: Springer.

Fischler, H. (2008). Physikdidaktisches Wissen und Handlungskompetenz. *Zeitschrift für Didaktik der Naturwissenschaften* 14: 27–49.

GFD (2004). *Kerncurriculum Fachdidaktik. Orientierungsrahmen für alle Fach-*

didaktiken. http://www.fachdidaktik.org/cms/download.php?cat=40_Veroeffentlichungen&file=Publikationen_zur_Lehrerbildung-Anlage_3.pdf (21.08.13).

GFD (2005). *Publikationen zur Lehrerbildung: Fachdidaktische Kompetenzbereiche, Kompetenzen und Standards für die 1. Phase der Lehrerbildung (BA + MA) (Anlage 1) sowie die Anlagen 2-4*. Bad Salzau.

Gläser, J. & Laudel, G. (2009). *Experteninterviews und qualitative Inhaltsanalyse.* Wiesbaden: VS Verlag für Sozialwissenschaften.

Hattie, J. (2009). *Visible learning: A synthesis of 800+ metaanalyses on achievement.* London: Routledge.

Hattie, J. (2011). *Visible Learning for Teachers: Maximizing Impact on Learning.* London: Routledge.

Helmke, A. (2009). *Unterrichtsqualität und Lehrerprofessionalität: Diagnose, Evaluation und Verbesserung des Unterrichts.* Seelze-Velber: Kallmeyer.

Hemmer, I. & Hemmer, M. (2000): Qualität der Lehrerausbildung im Fach Geographie aus der Sicht der Fachleiter/Seminarlehrer. Ergebnisse einer deutschlandweiten Befragung. *Geographie und ihre Didaktik 2*, 61–87.

Hilfert-Rüppell, D., Eghtessad, A., Looß, M. & Höner, K. (2012). Kompetenzentwicklung in der LehrerInnenbildung – Empirische Studien zum Professionalisierungsprozess in den naturwissenschaftlichen Fächern der Lehramtsstudiengänge. *Lehrerbildung auf dem Prüfstand 5* (2), 157–179.

KMK (Kultusministerkonferenz) (2004). *Standards für die Lehrerbildung: Bildungswissenschaften.* http://www.kmk.org/fileadmin/veroeffentlichungen_beschluesse/2004/2004_12_16-Standards-Lehrerbildung.pdf (23.05.2013).

Krüger, D. (2007). Erwartungen an den Unterricht von Biologiereferendaren. *Schriften des deutschen Vereins zur Förderung des mathematisch-naturwissenschaftlichen Unterrichts e.v.* 65, 110–128.

Krüger, D., Kloss, L. & Cuadros, I. (2009): Was macht „gute" Biologielehrkräfte aus? Befragungen von Lehrenden in der Didaktik der Biologie und Biologie-Lehramtsstudierenden an deutschen Universitäten. *IDB 12*, 63–88.

Kunter, M., U. Klusmann & Baumert, J. (2009). Professionelle Kompetenz von Mathematiklehrkräften: das COACTIV-Modell. In: O. Zlatkin-Troitschanskaia, K. Beck, D. Sembill, R. Nickolaus & R. Mulder (Hrsg.), *Lehrprofessionalität. Bedingungen, Genese, Wirkungen und ihre Messung* (S. 153–165). Weinheim, Basel: Beltz.

Kuckartz, U. (2010). *Einführung in die computergestützte Analyse qualitativer Daten.* Wiesbaden: VS Verlag für Sozialwissenschaften.

Kuckartz, U. (2012). *Qualitative Inhaltsanalyse. Methoden, Praxis, Computerunterstützung.* Weinheim, Basel: Beltz.

Looß, M. & Buck-Dobrick, T. (2010). Qualität der Lehrerausbildung – Die Sicht von Lehramtsanwärtern auf das Studium des Faches Biologie. *Seminar – Lehrerbildung und Schule* 2/2010, 123–140.

Mayring, P. (2007). *Qualitative Inhaltsanalyse. Grundlagen und Techniken.* Weinheim, Basel: Beltz.

Merzyn, G. (2004). *Lehrerausbildung – Bilanz und Reformbedarf. Ein Überblick über die Diskussion.* Hohengehren: Schneider Verlag.

Neuweg, G. H. (2004). Die Beziehung zwischen Lehrerwissen und Lehrerkönnen. Zwölf Modellvorstellungen im Überblick. In: Krainz-Dürr, M., Enzinger, H. & Schmoczer, M. (Hrsg.): *Grenzen überschreiten in Bildung und Schule.* Klagenfurt: Drava, S. 74–82.

Rambow, R & Bromme, R. (2000). Was Schöns ‚reflective practitioner' durch die Kommunikation mit Laien lernen könnte. In: G. H. Neuweg (Hrsg.): *Wissen – Können – Reflexion: Ausgewählte Verhältnisbestimmungen,* S.245–263. Innsbruck: Studienverlag.

Rauin, U. & Meier, U. (2007). Subjektive Einschätzungen des Kompetenzerwerbs in der Lehrerbildung. In M. Lüders, M. & J.S. Wissinger (Hrsg.), *Forschung zur Lehrerbildung* (S. 103–131). Münster: Waxmann.

Riese, J. (2009). *Professionelles Wissen und professionelle Handlungskompetenz von (angehenden) Physiklehrkräften.* Logos: Berlin.

Riese, J. & Reinhold, P. (2010). Empirische Erkenntnisse zur Struktur professioneller Handlungskompetenz von angehenden Physiklehrkräften. *Zeitschrift für Didaktik der Naturwissenschaften 16,* 167–187.

Schmelzing, S., Wüsten, S., Sandmann, A. & Neuhaus, B. (2010). Fachdidaktisches Wissen und Reflektieren im Querschnitt der Biologielehrerbildung. *Zeitschrift für Didaktik der Naturwissenschaften 16,* 189–207.

Schön, D. (1983). *The reflective practitioner.* New York: Basic Books.

Schubarth, W. (2010). Lohnt sich Kooperation? – Erste und zweite Phase der Lehrerbildung zwischen Abgrenzung und Annäherung. *Erziehungswissenschaft* 21(40), 79–88.

Sieland, B. & Weber, S. (2008). Strategien zur Verzahnung der Lehrerbildung über alle Phasen. *Seminar – Lehrerbildung und Schule 1,* 62–75.

Shulman, L.S. (1986). Those who understand: Knowledge growth in teaching. *Educational Researcher 15* (2), 4–14.

Shulman, L.S. (1987). Knowledge and teaching of the new reform. *Harvard Educational Review* 57, 1–22.

Terhart, E. (2002). *Standards für die Lehrerbildung. Eine Expertise für die Kultusministerkonferenz.* Zentrale Koordination Lehrerausbildung. ZKL-Texte, 23.

Weinert, F. (Hrsg.). (2001). *Leistungsmessung in Schulen.* Weinheim, Basel: Beltz.

Benjamin Steffen/Corinna Hößle

„...es geschieht so ein bisschen aus dem Bauch heraus." – Diagnose von Bewertungskompetenz durch Lehrkräfte

Zusammenfassung

Urteilsfähigkeit im Zusammenhang mit bio- und umweltethischen Themen, wie sie im Kompetenzbereich Bewertung der bundesdeutschen Bildungsstandards (KMK, 2004a) gefordert wird, stellt eine große Herausforderung für Lehrende und Lernende des Faches Biologie dar. Insbesondere die Diagnose derartiger Prozesse ist für Biologielehrkräfte aufgrund eines Mangels an Hilfestellungen mit Schwierigkeiten behaftet. In anderen Fächern, wie z. B. der Politischen Bildung, erfährt die Förderung von Urteilsbildung traditionell eine stärkere Gewichtung.

In der vorliegenden qualitativen Studie sollen in einem fachübergreifenden Ansatz und basierend auf dem Forschungsstil der Grounded Theory, Konzepte von Biologie- und Politiklehrkräften zur Diagnose von schülerseitigen Bewertungsprozessen herausgearbeitet werden. Ergebnisse erster Fallstudien werden dargestellt.

Abstract

Decision-making in the context of bioethics and environmental ethics as stipulated by the competence domain 'evaluation and judgement competence' as part of the German standards for science education (KMK, 2004a) constitutes a real challenge for both, biology teachers and students. A lack of assistance on the part of the biology teachers renders the assessment of students' performances regarding so-called socioscientific issues particularly difficult. In contrast to the subject biology, subjects like political education traditionally put more emphasis on the fostering of decision-making competence.

The study at hand uses a qualitative, interdisciplinary approach between biology and politics to focus on teachers' diagnostic abilities concerning students' evaluation and judgement competence. Following the research strategies of grounded theory, teachers' concepts regarding diagnosis of students' evaluation and judgement competence are outlined. Findings of first case studies are presented.

Einleitung

Im naturwissenschaftlichen Unterricht erfolgte eine Förderung von Bewertungsprozessen und Urteilsbildung bislang nur peripher. In Übereinstimmung mit einem international feststellbaren Trend zur verstärkten Integration ethischer Belange in die Naturwissenschaften (Willmott & Willis, 2008; Jones, McKim & Reiss, 2010; Gresch, Hasselhorn & Bögeholz, 2013) ist durch die Einführung der Bildungsstandards (KMK, 2004a) der Kompetenzbereich Bewertung als einer von vier Kompetenzbereichen in die normativen Vorgaben für das deutsche Schulwesen eingeflossen. Damit ist auch die Behandlung kontroverser bio- und umweltethischer Themen in Verbindung mit Urteilsbildung im naturwissenschaftlichen Unterricht verankert.

Verschiedene nationale und internationale Untersuchungen zeigen jedoch, dass die Behandlung und Förderung von Bewertungsprozessen im Biologieunterricht mit großen Schwierigkeiten für Lehrende und Lernende der Biologie einhergeht (Lewis, 2006; Alfs, 2012; Mrochen & Höttecke, 2012).

Im Vergleich zum Fach Biologie erfährt die Förderung von Urteilsbildung im Politikunterricht traditionell eine stärkere Gewichtung. In dieser Studie sollen aus diesem Grund in einem fachübergreifenden Ansatz Konzepte von Biologie- und Politiklehrkräften zur Diagnose von ethischer Bewertungskompetenz bzw. politischer Urteilskompetenz am Beispiel des Themas Klimawandel herausgearbeitet werden. Im Zusammenhang mit den genannten Kompetenzbereichen arbeiten die Fächer Biologie und Politik an einer ähnlichen Domäne. Ziel der Studie ist es, anhand der Konzepte von Lehrkräften Probleme zu identifizieren und Möglichkeiten der Übertragbarkeit von Einsichten aus der Diagnose politischer Urteilskompetenz auf die Diagnose von Bewertungskompetenz aufzuzeigen. Darauf aufbauend können Implikationen für die Lehreraus- und -fortbildung abgeleitet werden.

Theoretischer Rahmen

Diagnose
Diagnostische Fähigkeiten werden als wichtiger Bestandteil des fachdidaktischen Wissens (pedagogical content knowledge, PCK; Park & Oliver, 2008) und damit des Professionswissens von Lehrkräften angesehen. In der Lehr- und Lernfor-

schung der naturwissenschaftlichen Fächer erfolgt in den letzten Jahren national wie international eine verstärkte Berücksichtigung dieses Aspekts (Hesse & Latzko, 2011; Pellegrino, 2012; Songer & Ruiz-Primo, 2012). Auch in Deutschland werden diagnostische Fähigkeiten von Lehrkräften spätestens seit den internationalen Vergleichsstudien zu Schülerleistungen (wieder) als ein wesentlicher Faktor in Bezug auf Qualitätsentwicklung im Bildungssystem angesehen (Artelt & Gräsel, 2009; Hesse & Latzko, 2011). So greifen auch die Standards für die Lehrerbildung (KMK, 2004b) explizit den Kompetenzbereich ‚Beurteilen' auf.

Innerhalb des Komplexes der diagnostischen Fähigkeiten von Lehrkräften erfolgen Differenzierungen auf unterschiedlichen Ebenen. So unterscheiden verschiedene Studien zwischen formellem und informellem Diagnostizieren (Helmke, 2009; Hesse & Latzko, 2011; Jahnke & Hößle, 2011). Informelle Diagnosen erfolgen unsystematisch und oftmals wenig bewusst, während formelle Diagnosen sich erprobter Methoden bedienen und gezielt sowie systematisch ablaufen. Informelles Diagnostizieren wird dabei unter Umständen der Komplexität von Lehr- und Lernprozessen nicht gerecht (Jahnke & Hößle, 2011) und sollte entsprechend nicht das vollständige Repertoire diagnostischer Fähigkeiten von Lehrkräften abbilden (Hesse & Latzko, 2011).

Im Rahmen dieser Studie sollen Diagnosen verstanden werden als „explizite Aussagen über Zustände, Prozesse oder Merkmale von Personen, die in einem reflektierten und methodisch kontrollierten Prozess gewonnen werden" (Hesse & Latzko, 2011, 25). Der diagnostische Prozess, der in einer solchen Diagnose resultiert, kann dabei durch ein Prozessmodell der Diagnose in Anlehnung an Helmke

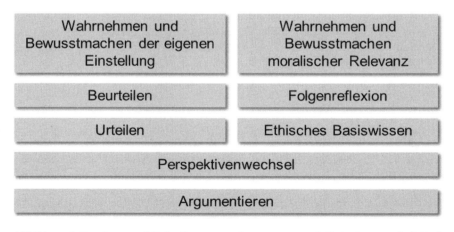

Abbildung 1: Strukturmodell der Bewertungskompetenz nach Reitschert et al. (2007)

(2009; vgl. auch Jahnke & Hößle, 2011) beschrieben werden. Dieses beinhaltet fünf Schritte: 1. Ein Schülermerkmal herausfiltern, 2. Prognosen zum Ergebnis formulieren, 3. Diagnoseinstrumente wählen/ konstruieren, 4. Daten sammeln, 5. Interpretieren.

Als Diagnosegegenstände bzw. Schülermerkmale sollen dabei in dieser Untersuchung Schülerleistungen im Rahmen der Kompetenzbereiche Bewertung bzw. Urteilen im Fokus stehen.

Bewertungskompetenz

Der internationale Trend einer verstärkten Integration ethischer Sachverhalte in den naturwissenschaftlichen Unterricht spiegelt sich auch in den normativen Vorgaben für das deutsche Bildungswesen wider. Die Bildungsstandards für den mittleren Schulabschluss (KMK, 2004a) geben für den naturwissenschaftlichen Unterricht an deutschen Schulen mit den Kompetenzbereichen Fachwissen, Erkenntnisgewinnung, Kommunikation und Bewertung vier übergeordnete Domänen vor, in denen Lernende gefördert werden sollen. Mit dem Ziel die Lernenden zu befähigen „sich [...] am gesellschaftlichen, z.T. kontrovers geführten Diskurs [zu] beteiligen" wird Bewertungskompetenz beschrieben als die Fähigkeit „biologische Sachverhalte in verschiedenen Kontexten erkennen und bewerten" zu können (KMK, 2004a, 12). Im Rahmen der Urteilsbildung soll erreicht werden, dass Lernende im Prozess des Beurteilens die Handlungsmöglichkeiten in einer gegebenen Situation mit den jeweils zugrunde liegenden ethischen Werten verbinden.

Für diese Studie soll in Bezug auf Bewertungskompetenz auf das Strukturmodell von Reitschert, Langlet, Hößle, Mittelsten Scheid und Schlüter (2007) zurückgegriffen werden, welches den Kompetenzbereich Bewertung in acht Teilkompetenzen abbildet (Abbildung 1).

Politische Urteilskompetenz

In den Bildungsstandards für das Fach Politik-Wirtschaft ist der Kompetenzbereich der politischen Urteilsbildung als einer von drei Kompetenzbereichen verankert (GPJE, 2004). Urteilskompetenz wird dabei beschrieben als die „Fähigkeit, politische und ökonomische Entscheidungen sachorientiert und begründet mehrperspektivisch zu beurteilen sowie die eigenen Denk- und Beurteilungsprozesse zu reflektieren" (NKM, 2006, 8). Lernende sollen unter anderem „Tatsachen unter [...] ethischen Wertvorstellungen und Normen [...] beurteilen" (NKM, 2006, 13).

Die Förderung von politischer Urteilsfähigkeit soll dabei im Unterricht durch die Thematisierung von Auswirkungen politischer Belange sowie die Einnahme und Beurteilung unterschiedlicher Perspektiven durch die Schüler stattfinden (NKM, 2006). Unterschieden wird dabei zwischen Sachurteilen – Feststellungen, Schlussfolgerungen oder Interpretationsmöglichkeiten politischer Ereignisse – und Werturteilen. Ein Werturteil beinhaltet die Beurteilung politischer Ereignisse, Fragen, Probleme oder Konflikte unter ethisch-moralischen Aspekten (GPJE, 2004).

Klimawandel als ‚socioscientific issue'

Da Aspekte des Themenkomplexes Klimawandel sowohl im Fach Biologie als auch im Bereich der politischen Bildung unter anderem im Bereich Bewertung und Urteilsbildung eine Rolle spielen können, wird das Thema in Form von im Unterricht durchzuführenden Rollen- und Planspielen (s. Datenerhebung) als fachlicher Hintergrund für die Durchführung der Untersuchung gewählt. Der anthropogen verstärkte Klimawandel wird in jüngerer Zeit auch verstärkt im naturwissenschaftlichen Fachunterricht sowie in der fachdidaktischen Lehr- und Lernforschung thematisiert (s. Niebert & Gropengießer, 2013). Der Themenkomplex Klimawandel kann dabei als „socioscientific issue (SSI)" bezeichnet werden. Derartige Phänomene sind in der Regel aus den Naturwissenschaften stammende, aber aufgrund von inhärenten sozial-gesellschaftlichen und ethischen Aspekten nicht ausschließlich mit naturwissenschaftlichem Wissen und entsprechenden Methoden lösbare Problemstellungen oder Dilemmata, die per definitionem komplex und umstritten sind sowie einer eindeutigen Lösung entbehren (Sadler, 2004). SSI haben damit strukturelle und thematische Ähnlichkeiten zum Kompetenzbereich Bewertung und den in diesem Zusammenhang behandelbaren Themen inne, auch wenn die Konstrukte Bewertungskompetenz und SSI gewisse Differenzen aufweisen, welche vor allem im Bereich der Argumentations- und Kommunikationsfähigkeiten liegen (Hostenbach, Fischer, Kauertz, Mayer, Sumfleth, Walpuski, 2011).

Fragestellung

Bezogen auf die eingangs umrissene Ausgangslage und die dargelegten theoretischen Hintergründe lautet die Forschungsfrage dieser Studie:

Über welche Deutungs- und Handlungsmuster verfügen Biologie- und Politiklehrkräfte zur Diagnose von Bewertungs- bzw. Urteilskompetenz?

Untersuchungsdesign und Methodik

Datenerhebung

Um Aufschluss über die Forschungsfrage dieser qualitativen Untersuchung zu erlangen, werden Daten in einem vierschrittigen Prozess erhoben. In einem leitfadengestützten Interview in Anlehnung an Witzel (2000) sollen Perspektiven, Einstellungen und Vorwissen der Lehrkräfte im Hinblick auf Bewertungs- und Urteilskompetenz und deren Diagnose erhoben werden. Es folgt die Durchführung und begleitende Videographie eines Rollen- bzw. Planspiels zu einem Aspekt des Themas Klimawandel im Unterricht der interviewten Lehrkraft. Aus der Videographie werden in einem dritten Schritt kurze Videosequenzen (Vignetten) ausgewählt, in denen Schülerleistungen zu Bewertungsprozessen sichtbar sind. Die Vignetten werden in einem zweiten Interview als Stimuli zur Diagnose von Bewertungsprozessen genutzt, indem sie den Lehrkräften zur Diagnose von Bewertungs- bzw. Urteilskompetenz vorgelegt werden (Abbildung 2).

Sampling

Die Fallauswahl orientiert sich an den Prinzipien des theoretischen Samplings (Strauss & Corbin, 1996). Aus forschungspraktischen Gründen und begründe-

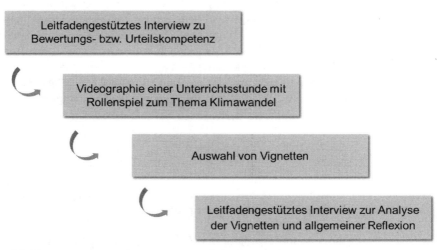

Abbildung 2: Der vierschrittige Datenerhebungsprozess

ten Vermutungen aus der im Rahmen dieser Studie durchgeführten Pilotierung mit einer anfallenden Stichprobe (Schreier, 2007) wurde die im Prozess des theoretischen Samplings grundsätzlich von der Auswertung erster bzw. vorliegender Daten geleitete Auswahl weiterer einzubeziehender Fälle jedoch modifiziert. Aufgrund der Fragestellung der Untersuchung wurde die Auswahl auf Biologie- und Politiklehrkräfte beschränkt, wobei die ersten erhobenen Fälle eine spezielle Professionalisierung in Bezug auf die Förderung von schülerseitigen Bewertungsprozessen durch partizipative Aktionsforschung (Eilks, 2014) erfahren hatten. Ausgehend von diesen ersten Fällen wurden anschließend weitere Fälle unter Berücksichtigung minimaler und maximaler Kontraste ausgewählt (Strauss & Corbin, 1996; Mey & Mruck, 2009).

Datenauswertung

Die Auswertung der anfallenden Interviewdaten erfolgte im Rahmen der vorliegenden Studie nach den Verfahren der Grounded Theory im Ansatz von Strauss und Corbin (1996; für eine ausführliche Beschreibung s. dort). Im Rahmen dieser Studie erfolgte eine Unterstützung der Kodierarbeit durch das Programm MAX-QDA, wodurch die Nachvollziehbarkeit der Kodierungen sowie das Auswerten in Gruppen erleichtert wurden.
Im ersten Schritt der ineinander verzahnten Kodierverfahren, dem offenen Kodieren, werden durch das Benennen von Textstellen mit Kodes Konzepte identifiziert und mit Hinblick auf ihre Eigenschaften analysiert (Strauss & Corbin, 1996). Das axiale Kodieren setzt die gebildeten Kodes durch das Herstellen von Beziehungen mittels des sogenannten paradigmatischen Modells (s. Abb. 3, 4) auf neue Art zusammen (ebd.). Ergebnis des axialen Kodierens sind zentrale Achsenkategorien, welche schließlich im selektiven Kodieren unter eine sich auf einem höheren Abstraktionsniveau herausbildende zentrale Kernkategorie untergeordnet werden können. Diese erklärt als in den Daten gegründete Theorie einen Großteil des untersuchten Phänomens auf konzeptualisierende Weise.

Ausgewählte Ergebnisse

Im Folgenden sollen ausgewählte Ergebnisse des offenen und axialen Kodierens aus zwei untersuchten Fällen vorgestellt werden. Dabei liegt der Fokus pro Fall auf einer Achsenkategorie, die sich im Verlauf des Kodierens durch wiederholte Verweise in den Daten als zentral herausstellte. Ausgewählte Ankerzitate sollen einen Einblick in die Daten geben und die Elemente des Kodierparadigmas verdeutlichen.[9]

Fall 1 (Biologie): Der Systemkritiker

Herr Degenhardt[10] unterrichtet seit neun Jahren die Fächer Biologie und Sport an einer integrierten Gesamtschule und hat die genannte Professionalisierung in Bezug auf die Förderung von Bewertungskompetenz absolviert. Die Fallbezeichnung ‚Systemkritiker' leitet sich aus seiner in Teilen kritischen Haltung dem bundesdeutschen Schulsystem gegenüber ab. Seine Einstellung zum System Schule gründet sich insbesondere auf bildungssystemisch-strukturellen Problemen wie der Charakterisierung desselben als ein „Korsett" sowie auf der Frage nach der Passung von Schülern und Unterricht. Seine Einstellung zum System Schule beeinflusst auch sein Verständnis von Biologieunterricht als ein möglicher Schlüssel zur Welt, dem Fragen nach Zusammenhängen und einer lebensweltlichen Anbindung sowie der Förderung naturwissenschaftlicher Denkweisen, statt der Anhäufung von enzyklopädischem Wissen. In dieses Verständnis von Biologieunterricht fügt sich die Einstellung zum Kompetenzbereich Bewertung ein:

> „Und da ist Bewertungskompetenz, [...] sicherlich der ganz, ganz, ganz richtige Schritt, weil er versucht ja, lebendige Fragen der Bewertung [...] in den Unterricht hineinzuholen. Aber oft ist es eher dann so ein Sahnehäubchen oder [...] eher der Pfefferminzkeks, an dem dann [...] schließlich sich alle übergeben müssen, weil es noch oben reingestopft wird." (Nach-Interview, Z. 548–553)

Trotz der Betonung der Relevanz von Bewertungskompetenz fällt Herrn Degenhardt die Diagnose von Schülerleistungen in diesem Kompetenzbereich schwer:

> „Eine Schwierigkeit ist natürlich die Bewertung von Bewertungskompetenz [...], so dass ich so eine Einheit oft so ein bisschen aus dieser Bewertung rausnehme." (Vor-Interview, Z. 392–393)

Ein zentrales Phänomen, auf das die Interviewdaten verweisen, ist das Phänomen der *Unsicherheit* in Bezug auf die Diagnose von Bewertungskompetenz (Abbildung 3).

---

9   Obwohl mit dem Kodierparadigma zumeist fallübergreifend gearbeitet wird, eignet es sich auch für die fallbezogene Darstellung von Phänomenen (vgl. Mey & Mruck, 2009).
10 Namen geändert

Diese Unsicherheit hat ihre Ursachen in der Tatsache, dass Bewertungskompetenz als etwas in dieser expliziten Form Neues für den Biologieunterricht betrachtet wird. Darüber hinaus wird ein Mangel an Diagnosekriterien als Ursache angeführt. Die Unsicherheit bedingt, dass das Diagnostizieren von Bewertungskompetenz tendenziell vermieden wird oder dass auf andere Schülermerkmale ausgewichen wird, die potentiell mit Bewertungskompetenz im Zusammenhang stehen: „Also du merkst, das was ich diagnostiziere, ist etwas ganz anderes, [...] was ich *wahrnehmen* kann" (Nach-Interview, Z. 84–85). Bedingungen, die auf diese genannten Strategien wirken, sind die Verfügbarkeit von Unterrichtszeit, von geeigneten Diagnosekriterien und Unterrichtsmaterialien. Konsequenz der Unsicherheit ist, dass Bewertungskompetenz entweder gar nicht oder informell diagnostiziert wird: „... es geschieht so ein bisschen aus dem Bauch heraus" (Vor-Interview, Z. 93).

Fall 2 (Politik): Der Umsichtig-Erfahrene

Herr Leidiger unterrichtet seit 19 Jahren die Fächer Politik-Wirtschaft und Deutsch an einem Gymnasium und hat nicht an der genannten Professionalisierung in Bezug auf die Förderung von schülerseitigen Urteilsprozessen teilgenommen. Die Förderung von politischer Urteilsfähigkeit stellt er als ein wesentliches Ziel des Politikunterrichts heraus. Den Fokus auf die hinter bestimmten Urteilen oder Handlungsoptionen liegenden Werte sieht Herr Leidiger als eine Hinwendung zu einem verstärkt kognitiven Zugang, der zwar einerseits für manche Lernende aufgrund vorhandener Emotionen im Urteilsprozess ein Hindernis darstellt, die Behandlung derartiger Prozesse für die Lehrkraft aber erleichtert:

> „Die Konzentration auf die Werte führt dazu, dass wir bei Weitem weniger emotional berührt diskutieren. [...] Also ich finde, dass das auch für mich als Lehrer überschaubarer wird und ich kann besser auf bestimmte Punkte eingehen, als mit einer emotionalen Betroffenheit zu arbeiten." (Herr Leidiger, Vor-Interview, Z. 225–233)

Ein zentrales Phänomen, das sich beim axialen Kodieren herausbildete, ist das Phänomen der *Offenheit* als Eigenschaft der Lehrkraft im Zusammenhang mit der Behandlung und Diagnose von Urteilsprozessen. Die Offenheit hat ihre Ursachen in der grundsätzlichen Einstellung der Lehrkraft und in ihrer Selbstwahrnehmung und -einschätzung: „Also Lehrer, die dann nur hören wollen, was sie selber denken, haben ein Riesenproblem" (Vor-Interview, Z. 298–299). Zur Entstehung und

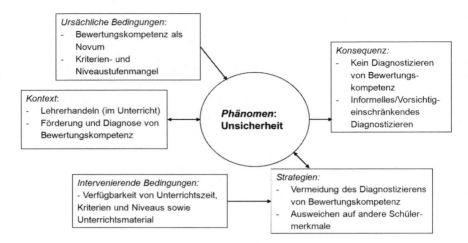

Abbildung 3: Achsenkategorie „Unsicherheit" als Ergebnis einer Fallstudie, dargestellt durch das Kodierparadigma nach Strauss und Corbin (1996)

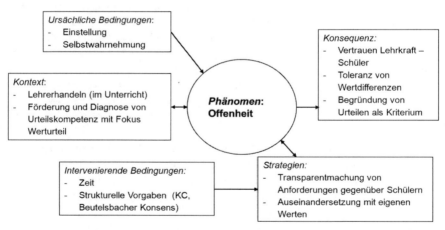

Abbildung 4: Achsenkategorie „Offenheit" als Ergebnis einer Fallstudie, dargestellt durch das Kodierparadigma nach Strauss und Corbin (1996)

Aufrechterhaltung des Phänomens der Offenheit trägt bei, dass den Lernenden die normativen Anforderungen (z. B. aus den Kerncurricula) transparent gemacht werden und sich die Lehrkraft auch mit ihren eigenen Werten auseinandersetzt und diese hinterfragt. Eine intervenierende Bedingung, die auf die eingesetzten Strategien einwirkt, ist einerseits der Faktor Unterrichtszeit. So führt Herr Leidiger (Vor-Interview, Z. 133–136) aus, dass Lernende „da einfach mehr Zeit brauchen […] und dass ich das nicht einfach abfragen kann, im Sinne von: ‚Haben wir auch mal gemacht, so!'" Andererseits spielen strukturelle Vorgaben wie das Kerncurriculum eine Rolle, die zum Teil Werte zur Diskussion bestimmter Thematiken vorgeben. Konsequenz aus dem Phänomen der Offenheit als Eigenschaft der Lehrkraft ist, dass zwischen dieser und den Lernenden ein Vertrauensverhältnis entsteht:

> „Schüler sprechen über ihre eigenen Einstellungen nicht mit jedem. Also der Grad der Reflexion, [der im Rahmen der Datenerhebungen erlebt wurde] der kommt zustande nach drei Jahren Vertrauen." (Nach-Interview, Z. 203–204)

Ferner trägt die Offenheit dazu bei, dass individuelle, intersexuelle oder intergenerationelle Wertdifferenzen toleriert werden: „Was *ich* für Werte habe, muss für die Zukunft der Schüler nicht unbedingt passend sein" (Vor-Interview, Z. 382–383). Des Weiteren kann auf der Basis der Offenheit die Begründung eines Schülerurteils als Diagnose- und Bewertungskriterium herangezogen und akzeptiert werden, ohne dass die Qualität des Urteils selbst im Fokus steht.

Diskussion

Die Datenanalysen in Form von Falluntersuchungen deuten an, dass bei der Diagnose von Bewertungskompetenz nach wie vor Probleme bestehen (vgl. Alfs, 2012) und machen vorhandenes informelles Diagnostizieren der entsprechenden Schülerkompetenzen deutlich (Hesse & Latzko, 2011). So nennt selbst Herr Degenhardt, der Bewertungskompetenz als einen wichtigen Bestandteil seines Biologieunterrichts ansieht und der darüber hinaus speziell fortgebildet ist, Schwierigkeiten bei der Diagnose von Schülerleistungen in diesem Kompetenzbereich.

Aus der Fallstudie des Politiklehrers ergeben sich erste Hinweise auf einen reflektierteren Umgang mit schülerseitigen Urteilsprozessen, insbesondere in Bezug auf die Rolle der Lehrkraft.

Der Fokus auf ethische Werte im Kontext der Urteilsbildung als eine Konzentration auf die kognitive Dimension von Bewertungsprozessen wird von Herrn Leidiger als hilfreich für die unterrichtende Lehrkraft angesehen. Dagegen wandten sich Dittmer und Gebhard (2012, 83) gegen eine „einseitige, rationalistisch verengte Diskussion über die Förderung ethischer Bewertungskompetenz" durch den stärkeren Einbezug von intuitiven Bewertungen.

Für die Diagnose von Bewertungskompetenz scheint die Bewertung argumentativer Strukturen wesentlich zu sein (Willmott & Willis, 2008). Auch Sampson und Blanchard (2012) forderten von Lehrkräften naturwissenschaftlicher Fächer – losgelöst von Urteilsbildungsprozessen – eine verstärkte Auseinandersetzung mit Argumentationsstrukturen. Bezüglich des Kompetenzbereichs Bewertung deutet sich an, dass eine Verknüpfung von Diagnose und Bewertungskompetenz anhand von „herausgehobene[n], verlangsamte[n] Situationen" (Herr Degenhardt, Vor-Interview, Z. 32), wie z. B. im Rahmen der Datenerhebungen in dieser Studie genutzter Videosequenzen, in der Lehreraus- und -fortbildung von großer Bedeutung für die Praxis sein kann.

Die Analysen bestätigen auch a priori vermutete Unterschiede zwischen Biologie- und Politiklehrkräften hinsichtlich der Diagnose von Urteilsprozessen von Lernenden. Auch wenn die Bereiche Bewertungskompetenz und Urteilskompetenz nicht identisch sind, so weisen sie doch strukturelle und inhaltliche Ähnlichkeiten auf und können somit durchaus als vergleichbare Kompetenzbereiche gelten. Die Vermutung von elaborierteren, da schon länger etablierten Deutungs- und Handlungsmustern seitens der Politiklehrkräfte kann jedoch aufgrund anderer potentieller Einflussfaktoren noch nicht als gesichert gelten. Einflüsse des jeweiligen Zweitfaches, des jeweiligen persönlichen Fachverständnisses sowie des Ausbildungszeitpunktes müssen ebenfalls Berücksichtigung finden.

Ausblick

Erste Ergebnisse der Untersuchung liegen in Form von Fallstudien vor. Die weiteren Schritte beinhalten fortlaufende Datenerhebungen sowie fallübergreifende Analysen zur weiteren Ausdifferenzierung der Ergebnisse und zur Generierung einer Theorieskizze zur Diagnose von Bewertungsprozessen.

Danksagung

Die Autoren danken allen an der Untersuchung beteiligten Schulen und Lehrkräften, Prof. Dr. Karsten Speck, Inga Bumke, Swantje Klose sowie der Deutschen Bundestiftung Umwelt (DBU).

Literatur

Alfs, N. (2012). *Ethisches Bewerten fördern. Eine qualitative Untersuchung zum fachdidaktischen Wissen von Biologielehrkräften zum Kompetenzbereich „Bewertung"*. Hamburg: Verlag Dr. Kovač.
Artelt, C. & Gräsel, C. (2009). Diagnostische Kompetenz von Lehrkräften. *Zeitschrift für pädagogische Psychologie 23*, 157–160.
Dittmer, A. & Gebhard, U. (2012). Stichwort Bewertungskompetenz: Ethik im naturwissenschaftlichen Unterricht aus sozial-intuitionistischer Perspektive. *Zeitschrift für Didaktik der Naturwissenschaften 18*, 81–98.
Eilks, I. (2014). Action research in science education – From a general justification to a specific model in practice. In T. Stern, F. Rauch, A. Schuster & A. Townsend (eds.), *Action Research, innovation and change: International perspectives across disciplines* (pp. 156–176). London: Routledge.
GPJE (Gesellschaft für Politikdidaktik und politische Jugend- und Erwachsenenbildung) (2004). *Anforderungen an nationale Bildungsstandards für den Fachunterricht in der Politischen Bildung an Schulen. Ein Entwurf.* Schwalbach/Ts: Wochenschau-Verlag.
Gresch, H., Hasselhorn, M. & Bögeholz, S. (2013). Training in Decision-making Strategies: An approach to enhance students' competence to deal with socio-scientific issues. *International Journal of Science Education 35*, 2587–2607.
Hesse, I. & Latzko, B. (2011). *Diagnostik für Lehrkräfte*. Opladen: Budrich Verlag.
Helmke, A. (2009). *Unterrichtsqualität und Lehrerprofessionalität. Diagnose, Evaluation und Verbesserung des Unterrichts*. Seelze-Velber: Kallmeyer-Klett.
Hostenbach, J., Fischer, H.E., Kauertz, A., Mayer, J., Sumfleth, E. & Walpuski, M. (2011). Modellierung der Bewertungskompetenz in den Naturwissenschaften zur Evaluation der Nationalen Bildungsstandards. *Zeitschrift für Didaktik der Naturwissenschaften 17*, 261–288.
Jones, A., McKim, A. & Reiss, M. (2010). Towards introducing ethical thinking in the classroom: Beyond rhetoric. In A. Jones, A. McKim & M. Reiss (eds.), *Ethics in the science and technology classroom: A new approach to teaching and learning* (pp. 1–5). Rotterdam: Sense Publishers.
Jahnke, L. & Hößle, C. (2011). Entwicklung diagnostischer Kompetenz in Lehr-Lern-Laborsituationen – eine Chance für die Lehrerbildung? In A. Fischer, V. Niesel & J. Sjuts (Hrsg.), *OLAW Tagungsband* (S. 115–128). Oldenburg: BIS-Verlag.
Kultusministerkonferenz (KMK) (2004a). *Bildungsstandards im Fach Biologie für den Mittleren Schulabschluss.* http://www.kmk.org/fileadmin/veroeffentlichungen_beschluesse/2004/2004_12_16-Bildungsstandards-Biologie.pdf. Zugriff 6.11.13.

Kulturministerkonferenz (KMK) (2004b). *Standards für die Lehrerbildung: Bildungswissenschaften.* http://www.kmk.org/fileadmin/ veroeffentlichungen_beschluesse/2004/2004_12_16-Standards-Lehrerbildung.pdf. Zugriff 6.11.2013.

Lewis, J. (2006). Bringing the real world into the biology curriculum. *Journal of Biological Education 40*, 101–106.

Mey, G. & Mruck, K. (2009). Methodologie und Methodik der Grounded Theory. In W. Kempf & M. Kiefer (Hrsg.), *Forschungsmethoden der Psychologie. Zwischen naturwissenschaftlichem Experiment und sozialwissenschaftlicher Hermeneutik* (S. 100–152). Band 3. Berlin: Regener.

Mrochen, M. & Höttecke, D. (2012). Einstellungen und Vorstellungen zum Kompetenzbereich Bewertung der nationalen Bildungsstandards. *Zeitschrift für interpretative Schul- und Unterrichtsforschung 1*, 113–145.

Niebert, K. & Gropengießer, H. (2013). Understanding the greenhouse effect by embodiment – Analysing and using
students' and scientists' conceptual resources. *International Journal of Science Education 35*, 1–27.

NKM (Niedersächsisches Kultusministerium) (2006). *Kerncurriculum für das Gymnasium Schuljahrgänge 5–10.* Politik-Wirtschaft. Hannover: Unidruck.

Park & Oliver (2008). Revisiting the conceptualisation of pedagogical content knowledge (PCK): PCK as a conceptual tool to understand teachers as professionals. *Research in Science Education 38*, 261–284.

Pellegrino, J. W. (2012). Assessment of science learning: Living in interesting times. *Journal of Research in Science Teaching 49*, 831–841.

Reitschert, K., Langlet, J., Hößle, C., Mittelsten Scheid, N. & Schlüter, K (2007). Dimensionen ethischer Urteilskompetenz – Dimensionierung und Niveaukonkretisierung. *Der mathematische und naturwissenschaftliche Unterricht 60*, 43–51.

Sadler, T.D. (2004). Informal reasoning regarding socio scientific issues: A critical review of research. *Journal of Research in Science Teaching 41*, 513–536.

Sampson, V. & Blanchard, M.R. (2012). Science teachers and scientific argumentation: Trends in views and practice. *Journal of Research in Science Teaching 49*, 1122–1148.

Schreier, M. (2007). Qualitative Stichprobenkonzepte. In G. Naderer & E. Balzer (Hrsg.), *Qualitative Marktforschung in Theorie und Praxis* (S. 232–245). Wiesbaden: Betriebswirtschaftlicher Verlag Dr. Th. Gabler.

Songer, N. B. & Ruiz-Primo, M.A. (2012). Assessment and science education: Our essential new priority? *Journal of Research in Science Teaching 49*, 683–690.

Strauss, A. & Corbin, J. (1996). Grounded Theory: Grundlagen qualitativer Sozialforschung. Weinheim: Beltz Psychologie Verlagsunion.

Witzel, A. (2000). *Das problemzentrierte Interview.* Forum Qualitative Sozialforschung 1, No.1, Art. 22. http://www.qualitative-research.net/index.php/fqs/article/view/ 1132/2519. Zugriff 6.11.2013.
Willmott, C. & Willis, D. (2008). The increasing significance of ethics in the bioscience curriculum. *Journal of Biological Education 13*, 181–208.

Autorenverzeichnis

Florian, Christine   105
Gebhard, Ulrich   89
Gogolin, Sarah   27
Heidinger, Christine   75
Hilfert-Rüppell, Dagmar   155
Hößle, Corinna   173
Holfelder, Anne-Katrin   89
Krämer, Philipp   121
Kratz, Julia   137
Krüger, Dirk   27, 43
Looß, Maike   155
Mayer, Jürgen   9
Nessler, Stefan   121
Patzke, Christiane   43
Pfeiffer, Vanessa   59
Radits, Franz   75
Sandmann, Angela   59, 105
Schaal, Steffen   137
Schachtschneider, Yvonne   59
Schlüter, Kirsten   121
Schwanewedel, Julia   9
Steffen, Benjamin   173
Sundermann, Lisa   105
Upmeier zur Belzen, Annette   43
Wenning, Silvia   59
Ziepprecht, Kathrin   9

Ute Harms/
Franz X. Bogner (Hrsg.)

Lehr- und Lernforschung in der Biologiedidaktik

Band 5

220 Seiten
€ 24.00
ISBN 978-3-7065-5137-3

In den letzten ca. zwei Jahrzehnten hat sich die Disziplin der Biologiedidaktik in Deutschland in ihren Aufgabenstellungen und Arbeitsweisen stark verändert. Aus dem traditionell sehr stark entwicklungsorientierten Fach ist eine Forschungsdisziplin hervorgegangen, die in ihren Arbeiten zunehmend empirisch vorgeht und dabei sozialwissenschaftliche Methoden einsetzt.

Der vorliegende Sammelband vereint Arbeiten zu aktuellen Forschungsthemen der Biologiedidaktik. Sie beschäftigen sich mit der Entwicklung von Kompetenzen durch und im Biologieunterricht. Diese Beiträge beziehen sich insbesondere auf Kompetenzen, die im Bereich der Erkenntnisgewinnung und der Bewertung liegen. Darüber hinaus geben die Arbeiten Einblicke in die Entwicklung, Erprobung und Validierung von Instrumenten der empirischen biologiedidaktischen Forschung und berichten über Untersuchungen zum Lehrerprofessionswissen.

Informationen zu weiteren Bänden finden Sie unter:

www.studienverlag.at